KB239417

자살론

| 일러두기 |

1. 인용한 자료의 글은 원문을 최대한 살리되 이해하기 쉽도록 현재 고시된 한글 맞춤법과 외래어 표기법에 따라 맞춤법과 띄어쓰기, 외래어 표기를 수정했다. 다만 당시의 표기법과 뉘앙스를 보여줄 필요가 있다고 판단되는 것은 원문을 그대로 두었다.
2. 단행본, 장편소설, 잡지는 『 』, 논문, 단편소설, 시는 「 」, 영화는 〈 〉를 사용해 표기했다. 단 신문명에는 따로 부호를 사용하지 않았다.
3. 한자로 표기된 조선어·일본어 책 이름, 신문기사 표제 등은 한글로 표기하고 필요한 경우 한자와 일본어를 병기했다.

천정환 지음

자살론

고 통 과

해 석

사 이 에 서

문학동네

자살에 대한 미메시스

자살에 관한 공부를 해보겠다고 처음 생각한 것은 2003년이었다. 그때 나는 막 박사학위를 받고 강사 생활을 하는 '백수'의 한 사람이었다. 퍼슨웹 사무실에 나가서 학위논문을 고쳐 쓰는 일과 퍼슨웹에서 기획한 책을 만드는 일을 하러 거의 매일 '출근' 비슷하게 할 때였다. 물론 그해에도 수많은 자살 소식과 보도가 있었다. 그 가운데에서 두 개의 사건이 나로 하여금 새삼 '자살'에 다시 눈뜨게 했다. 섬광처럼, 돈오처럼.

그날은 8월의 아침이었다. 막 집을 나서려다 TV에서 흘러나오는 뉴스를 듣게 되었다. 누군가가 변사체로 발견됐고 자살로 추정된다 한다. 나도 모르게 발걸음이 멈춰졌다. 자살한 이는 현대그룹의 정몽헌 회장이었다. 지하철역으로 가려던 발길을 돌려 시내버

자살론: 고통과 해석 사이에서

스를 탔다. 지하철에서와 달리 버스에선 뭔가 생각할 수 있다.

내가 정몽헌 회장이나 유명한 '현대가' 사람들과 일면식이 있을 리 없다. 주변에 현대에 다니는 지인도 정씨 성을 가진 친구조차도 거의 없다. 하지만 큰 충격을 받았다. 이유는 알 수 없었다.

아직 언어로 될 수 없는 단계의 느낌이 뱃속에서 꿀렁꿀렁 올라오며 두부처럼 엉기는 느낌이었다. 그러나 머리는 맑았다. 되도록 목적지에 좀 천천히 도착하면서 이 느낌에 대해, 일면식도 없는 그 사람의 죽음에 대해 생각해보고 싶었다.

버스 제일 뒷자리에 앉아 차창에 시선을 박은 채로, 두서없이 떠오르는 문장들을 화두로 생각하기 시작했다.

……모든 자살은 신비스러운 것이다.
……모든 자살은 반격反擊이다.

그러나 유감스럽게도 내 생각은 순조롭지 못했다. 앞자리에는 지극히 남루한 옷차림을 한 중년 여성이 있었다. 그녀는 눈동자가 평균적인 위치에 있지 않은, 이른바 '사팔뜨기'라 비칭되는 눈을 가졌다. 얼굴색도 나쁘고, 광대뼈가 툭 불거질 정도로 살도 부족했다. 어느 중소 도시나 농촌 마을에서 막 서울로 올라왔는지, 아니면 난곡이나 봉천동 달동네를 거쳐 왔는지, 한마디로 가난해 보였다.

옆자리에 앉은 역시 가난하게 생겨 먹은 고시생풍의 청년에게 버스 길을 묻는다. 청년이 비교적 친절하게 답을 하자, 계속 청년에게 말을 건다. 오가는 말, 쉼 없이 중얼대기에 때로 혼잣말이 되어버리는 그 말 덕분에, 그녀가 세브란스 병원을 찾아가는 길이라는 걸 나도 알 수 있었다. 그녀는 버스를 제대로 타긴 했다. 마른 얼굴에는 병색이 완연했다. 그러나 신산한 세월이 그렇게 만들었는지, 어울리지 않게 목소리와 제스처가 모두 컸다. 나는 틈입해 들어오는 그녀의 음성과 다투며 생각을 이어나가야 했다.

그해, 생활고에 떼밀린 한 주부가 두 아이를 아파트 베란다 밖으로 내던지고 자신도 몸을 날린 일도 있었다. '사회적 타살로서의 자살'에 대한 논의도 분분했다. 열정 있는 사람들은 당연히 슬퍼하고 분노했다. 1997년 IMF 이후 '최대의 불황기'를 대한민국 '국민'들은 견뎌내고 있었고, 특히 '저소득층'과 중소기업 운영자·자영업자들은 가장 힘든 날들을 보내고 있었다. 한국의 자살률은 경제위기 기간에 폭증했다가 잠시 가라앉았지만, 왠지 2002년 이후 다시 크게 높아졌다.

'생계형 자살'이라는 말은 참 가난하고 슬프다. 그것은 '세계의 비참' 자체다.

그러나 정몽헌 회장은 유類가 다른 인간이지 않은가. 대북경제 협력사업의 총지휘자이며, 진행되고 있던 커다란 정치적 사건의 당사자이며…… 그보다도 먼저 현대그룹의 계승자. 한국을 대표한다는, 세계적으로도 규모가 큰 재벌 그룹의 총수이며 '왕회장' 정주영의 아들로 '왕자의 난'의 당사자였다. 재벌 2세나 '자본가' 같은 존재가 자살할 수도 있다는 것을 그때까지는 생각해본 적이 없었던 듯하다. 단지 그래서 그의 죽음이 충격적이고도 기묘하게 느

자살론: 고통과 해석 사이에서

껴진 것일까. 그는 문제의 '국민'이나 '빈민'을 통치하는 예외적 존재다. 또한 수만 '현대 가족'의 '가장家長'이다. 우리나라에서 어떤 기업주들은 여전히 그런 위치에 있다. 한마디로 그는, 대체로 도피이며 약한 자의 수동적 공격이라는 자살을 남들이 택하게 할 위치에 있지 제 스스로 목숨을 끊을 위치에 있지는 않은 거 아닌가.

그래서일까. 정몽헌 회장의 죽음이 자살로서는 훨씬 완벽해 보였다. 생활고에 떼밀려, 혼란스런 마음의 벼랑 끝에 섰기에, 복수하기 위하여, 또는 우울증의 끝에 택해지는 자살들에 비하여.

……인간만이 자살을 선택한다.

부정확한 명제 하나가 밑도 끝도 없이 마음속에서 떠올랐다. 무엇이 이 자살의 아우라를 만드는 걸까. 철학자 질 들뢰즈의 자살이나 네덜란드에선가 행해진다는 터미널 케이스terminal case 환자들의 '자기 선택에 의한 안락사'도 왠지 훌륭하고 숭고하다 느꼈지만, 정몽헌의 죽음보다 완벽한 것 같지는 않다. 아무리 '대단한' 사회적 자아와 관계의 망도 어쩌지 못하는, 최후심급의 자自가 생의 정지와 공空을 결정한 탓인가. 그 도저함이 내 사고 범위를 넘어서 있는 탓인가.

버스가 남영동쯤 이르렀을 때, 버스 기사가 틀어놓은 라디오에서 정몽헌 회장의 자살을 알리는 뉴스가 또다시 흘러나오고 있었다. 그러자 정말 '타자의 시선'으로는 자살해도 하나도 신비할 것

없이 '이유 충분'이라 할지도 모를, 병색에 찌든 얼굴과 가난한 외양을 가진 예의 아낙이 옆자리에 앉은 청년에게 묻는다. 얼굴을 한껏 찡그리며.

"정주영 아들이 왜 죽었대유?"

답하는 청년의 목소리는 잘 들리지 않았다. 그러나 가난하고 착한 청년은 보도에 입각해 성실하게 설명하는 듯, '압박감…… 검찰 수사…… 북한' 같은 단어들이 들린다. 여인이 대북송금 사건의 복잡한 구도를 알고 있을까. 그러나 청년의 말이 끝나자 정몽헌의 세계와 가장 먼 데서 왔을 이 사람이 혀를 제대로 찼다.

"에유~ 쯧쯧!"

아, 그렇게, 따라서, 죽음 앞에 인간은 평등해진다…… 자본가나 '왕자'에게조차 무한정 연민compassion 받아 마땅할 풀꽃같이 여린 삶이, 또는 두부같이 무른 실존이 있는 것인가. 누구나 돈이나 권력이나, 그보다 더한 권위나 관계를 다 무無로 만들어도 좋을, 지기 힘든 제 몫의 삶의 무게에 짓눌린다는 것인가. 모든 산 자는 죽은 자를 위해 혀를 차며 동정할 권리를 가진 것인가.

하늘은 낮게 보였다. 삼보일배가 서해 갯벌을 위해서만이 아니라, 메마른 서울역 앞을 오가는 인간종人間種 모두를 위해서 필요한 것 같았다.

자살론: 고통과 해석 사이에서

그로부터 얼마 지나지 않아 듣게 된, 충격을 준 또다른 자살담은 정몽헌 회장의 그것과 사뭇 다른 것이었다. 그 젊은 자살자의 '자살 이유'나 자살에 병행된 의례가 자살에 대해 무지했던 나를 또 '충격'했다.

그 이야기를 일간지나 통신사 사회부 취재기자식으로 써보면 다음과 같은 게 될 것이다.

지난 9월 2일 새벽 5시경, P사 사원 K모씨(여, 26세)가 서울의 한 특급 호텔 뒷마당에서 숨진 채 발견되었다. 경찰은 8월 28일 밤 호텔에 혼자 투숙한 K씨가 이날 새벽 8층 객실에서 투신해 숨진 것으로 보고 사인을 수사하고 있다.

그러나 실제로는 그녀의 자살 소식은 신문 지면에 단 한 줄도 실리지 않았다. 젊은 그녀의 죽음은 그야말로 '단신短信'도 안 됐던 것이다. 그녀의 케이스는 아마 어쩌면 세상에서 가장 흔한 종류로 간주됐는지 모른다.

두세 개 경찰서를 돌며 매일 밤을 새다시피 하는 언론사 사건사고 담당 기자는, 이른 아침에 검시가 이루어진 그녀의 죽음 자체를, 또는 자살한 그녀가 문화계에서 이름 있는 K씨의 무남독녀 외동딸이었으며 소위 '명문대'를 나온 '미모의 소유자'라는, 스포츠신문 정도에는 어울릴 법한 '뉴스 밸류'를 갖고 있다는 사실을 놓쳤는지 모른다. 늘 과로에 시달리는 그는 자살에 무감해졌는지 모른다.

차라리 단신거리도 못 됐기에 다행이다. 자살을 다루는 수없이 많은 단신들은 자살이라는 복잡한 인간 드라마를 그야말로 단신화한다. 그런 단신은 자살자의 개별성을 다 뭉개놓는다. 주변 사람들이 그녀라는 사람을 표현할 때 쓰던 상투적인 평가적 언사, 즉 '귀여운' '발랄한' '똑똑한' 같은 관형어조차. 물론 그녀 스스로가 자살을 택함으로써 자신에 대한 그 어떤 타인들의 기억과 기대와 평가를 단번에 뭉개버리고 싶었는지도 모르겠지만 말이다. 하지만 단신은 독자에게도 단신으로서의 효용을 갖는다. 단신을 읽은 '타인'들은 감정이나 연민을 갖지 못한다. 저 많은 경우들은 신문에 늘 실리는 일기예보나 두 줄짜리 부음보다 못한 것이다. 통사들의 배열 방법 덕분이다.

1991년 5월

그렇지 않은 경우도 있었다. 학부 동기 여학생 하나가 1991년 5월에 자살했다. 5월 20일 새벽 5시쯤 그녀가 살던 아파트의 경비원이 그녀의 시신을 발견했다 한다.

스물셋이었다. 우리들은 그녀의 '자살 동기'를 '전혀' 모른다. 우리가 아는 건 '단신'이 전하는 것밖에 없었다. 중앙지의 지방판에만 "평소 우울증을 앓던 대학 휴학생 S모양이 J시의 자기 집 아파트 옥상에서 투신해 스스로 목숨을 끊었다"는 기사가 그야말로 단신으로 실렸다. 세월이 한참 흐른 뒤, 그 뉴스를 검색 서비스로 찾아냈을 때 기사 전체는 단 125자로 되어 있었다.

그게 전부였다. 그렇게 죽기 약 일 년 전에 휴학했으며 친구들과 연락을 거의 끊었다 한다. S는 토요일 밤(또는 일요일 새벽)에 죽었고, 우리가 소식을 알고 학교 근처 지하 호프집에 모인 건 월요일 저녁이었다. 그날 아침에 이미 S의 젊은 육신은 화장장의 연기가 돼버렸기 때문에, 우리들은 별로 할 일이 없었다. 할말도 없었다. 술들도 잘 안 먹었다.

1991년의 봄이란 세상에서 가장 어두운 날들이었다. 80년대가 종막을 고하는 진통은 엄청나게 컸다. 많은 사람들이 평생 잊지 못할 만큼 다치고 앓았다. 수십만의 사람들이 거리로 나왔지만, 결국 그들에게 지고 말았다. 90년대는 불길하고 처절한 패배로 시작되었다. 와중에 많은 이들이 스러졌다. 김기설이나 박승희 들처럼 스스로 목숨을 끊거나, 강경대·김귀정·박창수들처럼 타살되기도 했다.[*] 또 세상에서 가장 상투적인 비유를 써서 말하건대, 죽은 사람들 모두 '꽃 같은' 존재였다.

유감스럽게도 우리는 4학년이었다. 마음은 개처럼 쫓기고 있었다. 얼굴을 맞댄 것도 오랜만이었다. 모두 입이 점토처럼 무거웠다. 지하 호프집의 침묵을 깨나가며 겨우겨우 띄엄띄엄 말했다.

그러나 S의 죽음은 그런 '마지막 5월'의 '진통'과는 무관한 듯했다. '단신'이 그런 생각을 확실히 보증해주었다. '5월의 죽음'임에도 의혹은 없었다. '우울증을 앓아왔다'는 진술은 확실한 보증이었다.

• 김소진의 『열린 사회와 그 적들』이나 백민석의 『내가 사랑한 캔디』 그리고 김연수의 여러 소설, 김원·김정한의 연구들에 1991년의 봄이 묘사되어 있다. 박창수의 죽음에 대해서는 논란이 있다. 경찰은 그의 죽음을 투신자살로 발표했으나 나중에 병원 벽을 뚫고 시신을 탈취했다.

‘우울증’은 모든 자살 원인 중 가장 객관적이며, 확실한 ‘원인’이다. ‘남편과의 불화’ ‘신병 비관’ ‘염세적인 성격’은 모두 자살자의 주관에만 ‘원인’을 맞춘, 그래서 도무지 어이없는 설명이다. 그것을 어떻게 기자나 경찰 따위들이 안단 말인가. 그러나 ‘우울증’이라는 화소는 좀 다르다. 그것은 사전에 실린 객관적 ‘용어’다. 물론 역설적이게도 우울증의 원인은 불명확하다.

S의 자살 소식을 듣고 1986년 5월 투신자살한 서울대 여학생 박혜정(1965~86년)을 떠올렸다. 말하자면 박혜정은 S의 과 선배다. 80년대 후반 90년대 초, 매년 5월 21일경 박혜정이 졸업한 그 과에서는 추도식이 열렸다. 그녀의 유서가 목소리 좋은 후배 여학생에 의해 낭독되었다. 아프고 아름다운 문장으로 써진 유서가 낭독되면 박혜정과 일면식도 없는 여러 후배 여학생들도 울음을 참지 못했다.

유서는 “숱한 언어들 속에 나의 보잘것없는 한마디가 보태진다는 게 무슨 의미가 있겠니? 그러나 다른 숱한 언어가 그 각각의 것이듯, 나의 언어는 나의 것으로, 나는 나의 언어로 말할 수 있겠지”로 시작하고, “아파하면서 살아갈 용기가 없는 자, 부끄럽게 죽을 것. 살아감의 아픔을 함께할 자신 없는 자, 부끄러움일 뿐만 아니라 죄지음이다”로 이어지다 “욕해주기를 모든 관계의 방기의 죄를. 제발 나를 욕해주기를, 욕하고 잊기를”로 끝난다. 그녀의 죽음은 여느 ‘열사’의 죽음과는 조금 구별되는 것이었다.

그러나 잊어달라는 소망과 달리 박혜정은 꽤 오래 후배와 동료들에 의해 기억되었다. 박혜정의 죽음은, 마치 문학 자체가 그러하듯 지극히 개인적이면서 동시에 역사적인 것이었다. 부끄러움을, 예민한 양심을, 그리하여 죽음에 다가갈 정도로 아픈 살아감을, 후배와 동료 들은 공감하고 애도해주었던 것이다. 그런 대학생들이 살아내기에 80년대의 한국사회와 대학은 거칠고 폭력적인 데였다.

오늘날의 관점에서 보면, 저 유서의 첫 대목뿐 아니라 전체 글에서 박혜정이 개인의 삶과 사회(또는 역사)를 연결 짓는 방법은 단정적이고 공격적이기까지 하다. 이제 우리는 박혜정의 시대보다 천 배, 만 배는 더 파편화된 인간들의 시대에 살게 되었다. 인간은 훨씬 더 섬 같은 존재가 된 것이며, 우리는 둔감해지고 바빠서 아픈지도 모르거나, 아파도 그냥저냥 살아낼 수 있는 인간이 되었다.

그러나 그 시대는 조금 달랐던 것 같다. 인간들은 더 강하고 깊게 서로 연결돼 있었던 듯하다. 타자들의 가난과 죽음이 나의 실존에 영향을 끼치는 중요한 변수였던 듯하다. 또는 그래야 한다고 믿었던 것 같다. 그러니까 그중에서도 지나치게 선하고 예민한 사람들은 '5월'을 넘어 살아내기가 어려웠다. 자기 자신이라도 내던지고 공격해 세계의 비참과 불의에 작은 생채기라도 내고 싶어했던 듯하다. 마치 1991년처럼, 1986년의 봄에도 많은 어린 사람들이 다치고 죽었다.

그러나 그렇게 단신이 전하는바, S가 '우울증을 앓아왔다'는 것. 그 이상 이하도 없었다. 죽음의 이유를 더 캐려 하지도 않았다. 우리는 그렇게 그녀를 쉽게 접었다. 이 대목이 사실은 아직도 이상하고도 이상하다. 한참 시간이 지난 뒤에 동기 모임이 재개됐을 때도 아무도 그녀의 이야기는 꺼내지 않았다.

그 죽음의 소식은 당시의 내게는 그저 어리둥절하거나 불가해한 것이었다. 많은 죽음에 둔감해져 있었기에? 아니면 S을 잊고 있어서였기에? 이렇게 말하니 더 이상하다. S는 1학년 때는 나와 친한 (이런 형용사를 써도 되는지는 모르겠다) 편이기도 했었기 때문이다.

그녀는 '눈에 띄게' 조용하고 차분한 말씨와 표정을 갖고 있는 타입의 여학생이었다. 때로 그러한 '차분함'은 '어두움'이나 '우울함'과 결부되기도 한다. 그러나 말수가 적고 침착해 뵈는 사람들 중 어떤 부류는 다른 사람들에게 큰 존중을 받는다. 그런 사람들은 모임에서 있는 듯 없는 듯 앉아 있다 사라지지만, 요란하게 자기를 표현하지 않는 대가가 뭔지를 잘 알고 있고, 그것을 누린다. 그들의 침묵과 차분함 속에 감추어진 힘을 사람들은 은근히 경이원지하는 것이다.

여름방학이 되자마자 농활을 가게 되었다. 1학년 중에서 선발대부터 참여하기로 한 사람은 S와 나, 둘뿐이었다. 그러나 S는 결국 같이 갈 수 없게 되었다. 농활 가기 전날, 학생회와 대학 당국 사이에 큰 사단이 났다. 그 대학교 사상 첫 총장실 점거였다 한다. 총학생회 간부들은 총장실의 집기를 모두 꺼내 창문 바깥으로 던져버렸고, 보직 교수들과 몸싸움도 했다. 사건은 불필요하게 비화되고 학생들에게 불리한 방향으로 9시 뉴스를 탔다. 다음날 아침 S의 아버지가 와서 딸의 손을 끌고 고향으로 내려가버렸다.

자살론: 고통과 해석 사이에서

그 첫 여름방학에 나는 그녀와 편지 딱 한 통씩을 주고받았다. 이메일이나 핸드폰이 없던 때다. 시외전화를 한다는 것에도 별로 익숙하지 않았다. 오간 편지의 내용은 잘 기억하지 못한다. 대학 1학년다운 내용을 갖고 있었던 것 같다. S는 '나는 이제 더 열심히 잘, 용기 있게 살겠노라'는 요지의 글을 썼던 것 같다. 편지의 내용보다 더 기억나는 것은 그녀의 특이했던 필체다.

7월에 보낸 편지에서 힘이 있었던 것과 달리, 9월 초하루 개학날 S는 학교에 없었다. 휴학했다는 것이다. 소식을 듣고 곧 공중전화 부스로 가서 시외전화를 했다. 휴학한 이유를 물었겠지만, 답은 흐릿했던 거 같다. 며칠 뒤 다른 친구 하나와 함께 J시로 가는 기차를 타고 S를 만나러 갔다. 집 근처에서 만나 그녀가 나온 고등학교도 가보았다. 셋이서 여러 이야기를 나눴다. 오후 늦게 다시 서울 가는 기차를 탔다. 헤어질 때 날씨는 잔뜩 흐려 있었다. S는 굳이 제 우산을 괜찮다는 우리 손에 쥐여주었다.

나는 S가 어떤 인간이었는지, 어떤 여성이었는지 모른다. 한때 그녀는 분명 말이 잘 통하는 친구였지만, J시에서의 그 만남 이후에는 별로 이야기를 나누지 못했다. 나는 그해 여름 가을 이후, 스무 살 이전과는 다른 청년으로 자라났다. 그녀도 다른 사람이 되어갔을 것이다. 그녀가 나 같은 애송이는 전혀 짐작도 할 수 없는, 연애를 했다는 것도 나중에야 들었다.

죽은 자의 미소

그녀의 젊은 육신이 재가 돼버린 5월 그날의 술자리에서 나는 머리와 입이 마비되어 있었다. 막막하고 답답했다. 하지만 다른 동기 하나는 꽤 술을 많이 먹고 "S가 죽은 건 자기 탓"이라며 울었다. 이미 늦었고 고립의 시간들은 너무 길었다고 느꼈다. 휴학생이자 '잠적 상태'였던 나는 부음을 듣고 오랜만에 그 동네 대학가로 갔다. 그래서인지 뭔가 시니컬하기도 했었다.

얼마 뒤 그날 많이 운 친구가 연락을 해왔다. 제가 갖고 있던 S의 사진들을 맡아달라고 했다. 섬세한 그는 정말 자책감을 크게 느꼈던 것인지, 또는 모종의 주술적 심사에 사로잡힌 건지, 자기로서는 죽은 S의 사진을 더이상 가지고 있지 못하겠노라 했다.

나는 덤덤하게 그러마 했고, 정말 그 친구는 며칠 뒤 열 장이 채 안 되는 S의 사진을 모두 챙겨 보냈다. 정확히 말하면 그것들은 S의 사진이라기보다는 S가 '찍힌' 사진이었다. 얼굴들이 모두 쌀알보다 작게 나온 단체사진도 있었다. 집에 가서 앨범을 꺼내고는 빈 칸에 덤덤하게 사진들을 한 장 한 장 꽂았다.

사진에서 그녀는 모두 조연이다. 수줍은 표정을 지으며 항상 프레임의 구석에 서 있다. 나는 이제는 내가 사는 세상에는 존재하지 않는, 죽은 사람의 얼굴을 깊이 들여다보았다. 일부러 눈을 마주치고 눈 속을 들여다보는 것처럼.

찬란한 봄의 사진에서 스무 살이던 S는 선배 여학생의 팔에 한쪽 어깨를 맡긴 채, 꽃잎이 지기 시작한 벚나무 아래에 서 있다. 마른 몸에 남자애처럼 보일 커트 머리를 하고, 까만색 후드티를 입었다. 키가 컸다. 그리고 기억하는 표정대로 조용히 희미하게 웃고 있다. 비로소 슬펐고 목소리도 들리는 듯했다. 또다시 상투적인 말로 '형

자살론: 고통과 해석 사이에서

언하기 어려운', 심장의 파동이 손끝을 떨게 했다.

……스무 살에서 스물셋까지, 그녀의 생에는 무슨 일이 있었던 것일까.

……도대체 이십 대란 뭘 생각하는 종자들이냐.

"chlgndml Rmsgdmf shgsmsek" 예고된 도피

자살자들은 일상의 공간에서 함께하던 주변 사람들에게 심대한 충격을 안긴다. 그래서 자살은 그들에 대한 매우 극단적인 공격이다. 자살자들은 그것을 예측해보기도 하고 전혀 예측해보지 않기도 한다. 이 예측이 너무 강하거나 너무 약하면 자살을 기도할 확률이 높아진다. 어떤 자살자는 그러한 충격 자체를 자살기도의 목표로 삼기도 한다. '내가 죽으면 엄마가 슬퍼하겠지.'

사람들이 타인의 자살에 충격을 받는 이유 중 가장 중요한 하나는 전혀 자살의 징후를 미리 짐작할 수 없음은 물론, 사후에도 '이유'를 잘 알 수 없기 때문이다. 그 '한 길 사람 속'을 알 수 없었다는 배신감과 죽음을 막지 못했다는 죄책감이 상승작용하며 살아 있는 사람들은 크게 당혹한다.

한 주 전에 죽은 P는 아직 친구들과 회사 동료들의 메신저 창에 남아 있다. 물론 '오프라인off-line'이다. 그녀의 이름 위에 커서를 두고 del키를 눌러버린 사람은 거의 없을 것이다. 'chlgndml Rmsgdmf shgsmsek'가 아직 남아 있는 그녀의 대화명이다. 즉, '최후의 끈을 놓는다'. P에게 관심이 있거나 메신저로 대화를 나누

는 사람들은 'chlgndml Rmsgdmf shgsmsek'가 영어 자판에서 한
글을 입력한 것이라는 걸 알았겠지만, 일부러 한글 문장으로 바꿔
보지는 않았다.

그래서 남은 자들은 저 말을 곱씹으며 모두 다시 제 가슴을 치거
나, 섬뜩해했다. 그녀의 자살은 '아무도 모르게' 준비된 것이 아니
었다. P는 자신의 죽음을 예고했던 것이다. 직장 동료에 의하면 P
가 대화명을 저 말로 바꾼 건 죽기 이틀 전이었다. P는 가끔 영타로
대화명을 써두기도 했다. 그렇게 쓴 것을 동료는 한글로 바꿔보기
도 했었다 한다. 그런데 마지막 건 바꿔보지 않았다, 며 안타까워했
다. 저런 결정적인 메시지가 들어 있을 줄을 누가 짐작했겠나.

자살자가 자살의 전조를 숨긴다는 것이 자살에 대한 큰 오해의
하나라 한다. 사실은 정반대다. 모든 자살자는 어떤 형태로든 자신
의 자살을 주변 사람들에게 시사하거나, 직접 토로하기도 한다는
것이다. 마지막 순간까지 자살자는 구원을 기대하고 SOS 구조신
호를 발신한다. 그것은 구체적일 수도, 추상적일 수도, 사소한 것
일 수도, 자살과 전혀 무관해 뵈는 것일 수도 있다.

이 명제는 아프다. 자살자는 최후까지 구원을 기대한다. 자살자
주변 사람들은 흔히 자신의 주관에 기대 '그(녀)에게 자살할 이유가
전혀 없었다'고 말한다. 사람들은 뒤늦게야 '이유'를 생각해본다.
자살한 타인에게 죽을 이유가 없었다든지, 또는 죽은 자가 괴팍하
거나 우울증 같은 치명적인 '마음의 병'이 있었다고 생각하는 반응
은 동전의 양면이다. 또 자살자가 자기에게 '나 죽을 거같이 힘들

자살론: 고통과 해석 사이에서

어. 어찌할지 모르겠어. 살려줘'라는 메시지를 보냈는데 둔하게도
알아듣지 못했다는 사실이, 말로 표현 못할 자책감을 가져다준다.
죽은 사람이, 신호signal를 알아채지 못하는 자신에게서 '소통 불가
능'만 느끼고는 죽음의 길을 걸어갔을 거라는 데까지 생각이 미치
면, 남은 자는 좌절한다. 그 메시지를 못 본 게 아니라, 자기가 (고
의로) '씹었다'고 생각하게 되는 것이다.

그러나 자살자의 메시지는 직설적이지 않은 경우가 많다. '죽고
싶다'는 말도 일상에 널린 상투어의 하나다. 어떻게 그 메시지들을
디코딩할 것인가.

마지막 의식

'chlgndml Rmsgdmf shgsmsek' 최후의 끈을 놓는다, 그러니
까 사실 그녀는 자신의 자살 계획을 알리고도 싶었고 감추고도 싶
었던 것이다. 전조는 또 있었다. P는 자살 당일, 즉 2003년 11월
28일에 (그녀의 시신은 29일 아침에 발견됐는데 사실 사망 시간이 11월
28일 밤인지, 29일 새벽인지 확실히 모른다. 그녀는 혼자 투숙했고 유서
가 발견됐기 때문에, 사인이 확실하다 하여 시신을 부검하지 않았던 것이
다) 3년 넘게 운영하던 개인 홈페이지의 게시판을 닫았다. 홈페이
지 주인은 다음과 같은 글을 마지막으로 썼다.

11월 28일에 남기신 글

ⓝ 집을 닫을 예정입니다. 조회수 [56]

더이상 뭐 올릴 것도 없고 해서

집을 닫을 예정입니다.

이제껏 와주신 분들께 너무나 감사드립니다.

^＿＿＿^

이 글은 오랫동안 주인 없는 사이버 공간에 덩그러니 남아 떠 있었다.

그리고 P는 11월 28일 저녁, 몇몇 친구들을 모아 술을 샀다. 그때 한 말들과 행동들에서 '전조'가 보였는지 아닌지 알 수 없다. 전조에 대한 판단은 사후적일 수밖에 없다. 그 술자리가 일종의 이별 의식이었던 것은 분명하다. P의 마지막 홈페이지 게시판 글에도 술자리에서의 행동에도, '평소와 전혀 다름없는' 언행과는 섬세하게 다른, 낯선 언행이 섞여 있었을 것이다. 저 게시판 글에서 "더이상 뭐 올릴 것도 없고 해서"는 전조임에 분명하다 할 수 있겠다.

P는 저 말을 쓰면서 자신의 자살 결심을 곱씹었을 것이다. 그러나 ^＿＿＿^라고 크게 미소 지은 그녀는 평소와 같이 발랄 쾌활했던 자기동일성(의 일부)도 유지하고 있었을 것이다.

죽음은 순간이지만 결정적인 권능을 가진다. 우리가 죽으면 영원할 것 같은 자기동일성의 이 시간들이 완전히 끝날 것이다. 그러나 알 수 없는 죽음의 시간 전까지, 우리는 살아온 대로 산다. 누군가를 향한 웃음은 삶의 연장이지 중단은 아니다.

그녀가 치른, 꽤 복잡한 이별의 의식들이 이 자살의 성격을 규정

자살론: 고통과 해석 사이에서

하는 중요한 요소일 것이다. 메신저 대화명을 바꾸고, 호텔과 식당을 예약하고, 홈페이지에 글을 남기고, 친구들에게 전화를 걸고, 같이 밥을 먹고. 과연 그녀는 나름대로 준비한 의식을 하나하나 해내면서 자신의 자살기도가 성공해 그 삶을 완전히 중단하게 될 것을 실감했을까. 그것이 자살의 미스터리 중 하나다. 자살도 삶만큼 운명이다. 뛰어내리거나 뛰어내렸거나, 극약을 먹으려 하거나 먹은 그 순간이거나 그 일을 행한 인간이 자신의 '앞날', 그 뒤의 시간을 예견할 수 있을까. 죽음이라는 무無이며 공空이며, 자유의 일종인 그 순간을 과연 만나게 되는가. '죽음'이 무엇인지 아무도 모른다. 누구에게나 삶이 딱 한 번이듯, '죽음'도 딱 한 번인 것이다. 그런데 이 어려운 타자의 '딱 한 번'에 우리가 개입되어 있는 것이다.

○ ○ ○

　그렇게 자살에 대한 공부는 시작됐다. 그러나 성실하지 못했으며 꾸준하게 이어지지도 않았다. 뜨문뜨문했다. 죽음이나 죽은 자에 대한 두려움과 연민이 그것을 막았다.
　그 불성실은 '죽음에 대한 망각'과도 유관한지 모른다. '죽음에 대한 망각'은 삶의 작용이다. 산다는 것은 그 자체가 죽음에 대해 잊거나, 현상적인 삶의 기능과 작용 들에 함몰된다는 것을 의미한다. 죽음은 거의 절대적인 일인칭이지만, 삶은 일인칭이며 동시에 다인칭이다. 그래서 타인의 죽음은 언제나 내 삶의 연속과 병렬/병행 가능한 것이다. 우리는 목숨만큼 사랑하는 사람이 죽어도, 살아갈 수 있다. 부모나 아들딸이 죽어 하늘이 무너지고 가슴이 다 져며져나가도, 밥을 먹고 똥을 눌 수 있다. 물론 많은 시간과 고통 이 필요하다.

'메멘토 모리memento mori'라는 오래된 금언도 있다. '죽음을 기 억하라.' 이 가르침 자체가 삶의 맹목적인 힘을 반증한다. 그러나 삶의 작용 자체도 결코 거짓은 아니다. 그것은 죽음의 권능으로부 터 오히려 삶을 지켜주는지 모른다. 산 자는 삶의 작용을 부끄러 워할 필요는 없다. 다시 말해 절대적인 죽음과 상실이 곁에 있는 데도, 밥 먹고 시시덕거리는 자신을 부끄러워할 필요가 없다는 뜻 이다. 다만, 삶의 작용이 진리 전체는 아니며, 삶은 오로지 죽음과 함께로써만 진리라는 점을 알면 되는 것 아닐까?

그런데 죽음에 대한 공부를 성실하게 하지 못한, 그보다 더 큰 이유가 있다. 어쩔 수 없이, 나의 삶은 (본의 아니게) 누군가의 우 울과 소외에 연루되어 있을 것이다. 그게 '과실'이건 '인식 있는 과 실'•이건. 그런데 어떻게 감히 이런 문제에 대해 떠든다는 것인가. 이는 일인칭으로서의 삶의 작용 문제와 또다른 차원에 있다. 이 같 은 깊은 한계는 좀체 해결되지 않는다.

또다른 차원에서 자살이란 우리네 삶과 사회의 한계 자체다. 그

• 『두산백과사전』에 따르면, 형법상 과실은 '인식 없는 과실'과 '인식 있는 과실', 보통의 과 실과 업무상 과실, 보통의 과실과 중대한 과실 등으로 구분된다. 인식 없는 과실은 일반적 인 고유의 과실이며, 인식 있는 과실은 결과 발생을 예견(인식)은 했으나 그 결과가 발생하 지 않으리라고 확신한 경우다. 과실과 고의의 중간 영역에 있는 심리 상태로 미필적 고의와 의 구별이 어렵다. 그러나 미필적 고의는 그 결과를 인정하고 받아들인 경우고, 인식 있는 과실은 그 결과를 부정否定한 심리 상태인 점에서 구별된다.

자살론: 고통과 해석 사이에서

런데 우리는 자살을 함부로 다룬다. 오늘날 한국에서 자살은 그야 말로 일상적이고 '만연한' 사건이다. 자살자에 대한 모독과 죽음의 사건들을 성찰하지 않는 자세도 흘러넘친다. 직접성을 잃고 신자유주의의 효율에 '저당잡힌 삶'은, 죽음을 아무것도 아닌 사건으로 만들어버린다. 쌍용자동차에서는 스무 명이 넘는 노동자와 그 가족 들이 목숨을 잃었고 카이스트에서는 연달아 다섯 명의 인재가 아까운 자기 목숨을 버렸음에도, 우리의 직장과 학교는 달라지지 않았다. 아무 일도 없었던 것처럼, 사람들은 여전히 부당하게 직장에서 쫓겨나고 학교는 오로지 경쟁을 연습하는 막장이다.

그런 상황이 저당잡힌 삶, 타인에게 잔인하고 죽음에 둔감한 삶을 양산할 것이다. 이는 죽음에 저항하기 위해, 또는 죽음에 저항하면서 삶을 옹호하는 정당한 삶의 작용이 아니라, 오히려 죽음의 권능에 굴복한, 무명無明의 삶이다. 글의 서두에서 정몽헌씨의 자살 같은 것이 삶과 죽음의 궁극적 동등함을 보여준다 했지만, 기실 재벌 회장의 죽음과 '생계형 자살자'의 죽음이 같을 수 없다. 역설적으로 정몽헌씨의 자살이 좀더 '자살 그 자체'에 가까운 것은, '생계형 자살자'의 죽음이 타살로서의 성격이 훨씬 더 강하기 때문이다.

19세기가 끝나는 시점에서 쓰인 뒤르켐의 명저 『자살론*Le Suicide*』(1897년) 이래, 여러 분야의 학자들과 작가들에 의해 자살은 탐구돼왔다. 죽음 그 자체와 마찬가지로 자살은, 물론 그려질 수 있고 관찰될 수 있으나, 어떤 접근법과 '과학'으로도 완벽히 재현되거나 '이론화'되기 불가능하다고 생각한다. 이 책에서 내가 택한 방법은 '불가능'에 대한 나름의 우회 방법이자, 여러 얼굴을 가진 괴물을 정면으로 다루지 못하는 데 대한 하나의 핑계다. 그저 내가 조금 알고 있는 한 가지 방법으로 자살이라는 현상·사건들에 대해 '미메시스'해보고자 했다.

책의 부제에서 표현된바, 자살은 '고통과 해석 사이'에 있는 무엇이다. 고통과 해석은 자살과 관계하는 주체성의 두 계기, 즉 경험과 인식을 뜻한다. 또는 자살의 '실재'와 '표상된 것'에 대응한다. 인간은 자살할 가능성이 있는 존재로서 고통을 경험하며, 고통을 회피하거나 극복하기 위해 자살한다. 그리고 인간은 타인의 죽음과 죽음에의 의지를 해석하며 삶의 의미를 성찰한다.

죽음을 초래한 고통과 죽음에 대한 해석과 표상은 시간에 따라 변해왔다. 이 책은 특히 '한국에서의 자살'의 '고통과 해석의 역사'를 조금 다룬 것인데, 주로 '자살의 근대'의 국면과 계기에 대해 말하는 걸로 채웠다. 물론 '자살의 근대'는 오늘날에 그대로 연결된 근과거다. '자살의 근대'는 주체성과 사회적 문제상황의 변화뿐 아니라, 통치성과 자살에 대한 문화적 의미화의 변화에 의해 주어진다.

그러니까 이 글을 읽는 독자께서는, 사람이 자살하는 존재라는 사실을, 인간이 비참하고 구차스런 자기 삶과 육신을 이런저런 방법으로 스스로 처리해버릴 수도 있다는 사실을, 어떻게 알게 되셨는지? 그리고 그 앎과 느낌을 어떻게 다스리고 관리해오셨는지?

자살은 전승되고 전염되는 문화적인 사건과 행동 들의 이름이다. 자살은 자기표현이자 자기행위 양식의 하나일 것이다. 자살은 끝없이 전승/교육되고, 과잉(또는 과소)되게 구성·표현된다는 점에서 전통사회의 그것과 결정적으로 구분될지 모른다. 소위 '베르테르 효과'는 유명인의 자살에 영향받아 일시적으로 자살이 전염되는 현상을 일컫는 불충분한 용어이지만, 기실 우리는 늘 그 효과 안에 살고 있다. 우리는 자살하는 사람의 심정과 행위양식 들을 알고 있다. 대략 틀지어진 어떤 인식의 틀 안에서 그렇다. 그 앎의 효과는 문화적 매개물을 통해 발현된다. 따라서 '근대의 자살'은 '자율적 개인'이라는 근대인의 것일 뿐 아니라, 미디어와 국가기구의 것이기도 하다.

자살은 숭고하고 가장 비극적인 죽음이다. 이 책이 그런 죽음들에 대한 우리들의 불충분한 애도, 불충분한 성찰에 대해 성찰하기 위한 작은 시도로 읽혔으면 할 뿐이다. '지금─여기'도 너무 많은 죽음 앞이며, 산 자로서 죽음을 다루는 방법을 영원히 잘 모른다. 죽음과 자살을 '호삿거리'로 만들지 않는가 하는 두려움도 언제나 글을 가로막는다. 하지만, 죽음에 대하 더 많은 앎이 삶을 더 존중하게 하는 것이라는 점을 믿기에 이런 글을 쓴다. 이 책은 그 첫번째 묶음이다.

1장

자살과 자기계발 사이에서
: 자살 문제를 보는 관점

1

한국에서의 자살

　

노무현 전 대통령의 자살만큼 그 이유와 후과가 정치적인 자살은 없다. 노무현 전 대통령이 부엉이바위에서 몸을 던져 세상을 떠난 2009년 5월 23일, 죽음의 '원인'을 제공한 자들이 '노무현의 유령'과 싸우느라 온 힘을 다해야 할 것이며, 저 원한을 감당하기 어려울 것이라는 예감이 들었다. 그날 이후, 실제로 한국 정치판 전체의 감정정치Politics of Sentiments* 구조가 새로 짜여졌다.

제일 먼저, 숭고한 '유령'을 감당할 수 없는 무이념·무이상 집단이었던 이명박정권은 철저한 원한의 대상이 되었다. 홀로 삼년상을 치르기 위해 검은 양복만 입었다는 김어준씨가 잘 보여주는 것

---

* 감정 또는 감성을 수단화하고 사용하는 정치. 또는 정치에 의해 위계화·조직화되는 감정과 감성의 상황을 가리키는 용어.

자살과 자기계발 사이에서: 자살 문제를 보는 관점

처럼, 노무현 전 대통령에 대한 애도감정 또는 죄책감은 물론 이명박정권에 대한 증오와 곧장 연결된다. 다른 한편 자살에 대한 혐오나 공포는 쉬이 노무현 전 대통령과 그의 팬들에 대한 증오로 바뀌었다. 그것도 광범위한 보수적 대중이 공유하는 바다. 이 사회적 양가감정이 때로 왜곡된 진보 대 보수의 대결로 번역되기도 해서 문제인데, 이는 만연한 자살(자)에 대한 오늘날 우리 한국인의 감정 중에서 가장 생생하게 살아 있는 집단무의식이다. 그리하여 2012년 대선이나 2013년의 NLL 소동에서 보는 것처럼, 그 죽음의 '원인'을 제공한 간교한 자들뿐 아니라, 우리 모두가 다 같이 그 죽음의 후과에서 여전히 허우적거려야 한다.

노 전 대통령의 자살은 그 자신을 비극적 영웅으로 만들었다. 그래서 노무현정권의 사소하지 않은 오류들과 한계는 어떤 사람들에게는 잘 뵈지 않게 되었다. 하지만 노무현정권 초기인 2003년에서 2004년 사이 단 일 년 만에 십여 명의 노동자가 분신하거나 목을 매 자살했다. 노무현은 자기가 집권한 것이 곧 '민주화'라 착각했던 듯하다. 그는 노동자들이 죽어나가던 바로 그때, "지금과 같이 민주화된 시대에 노동자들의 분신이 목적을 달성하기 위한 투쟁수단으로 사용되어서는 안" 된다며 분신한 노동자들을 모욕하기도 했다.[1] 그리고 역사상 최고치를 기록하고 있고 세계 어느 나라보다도 높은 한국의 자살률은, 노무현정부 시절에 달성되고 이명박정부 때 굳어진 것이다. 1998년 IMF 구제금융 시절에 폭등한(1997년 대비 42.6% 증가) 자살률은 경제 위기를 탈출하자 잠시 낮아졌지만, 2002년 이후 다시 반등했다. 양극화의 심화와 노인 자살자 수의 급증이 세계 최고의 자살률을 유지하게 만들었다. 2000년대의 자살률은 십 년 사이 두 배 이상 커졌다.

이제 자살은 우리 사회에서 말 그대로 '흔한' 사건이다. 경찰청 통계에 따르면 2012년 한 해 자살자는 14,779명 하루 40여 명 꼴이다. 우리 주변에서 자살자를 찾기란 어려운 일이 아니며, 자살자의 남겨진 유족·친구·동료들을 만나는 일도 마찬가지다. 사실상 우리 모두는 자살생존자survivor◦다.

자살의 '문화와 사회'는 최근에도 급격히 변하고 있는 것이다. 자살의 폭주는 공적 공간에서 그야말로 '만연한' 담론으로 우리 앞에 현상한다. 정부와 언론은 높은 자살률을 언제나 걱정하고 그 치유를 고민하는 듯한 자세를 취한다. 그러나 그것은 대부분 위선이며 기만이다. 뒤에서 다시 말하겠지만, 자살 '사태'의 배후에 있는 계층적·세대적 상황을 제대로 분석하고 진단하며 치유할 대안을 만들어내지 않을 뿐 아니라, 자살자의 가족이 받는 상처에 대해서도 아직은 무관심하기 때문이다. 그들은 말로는 높은 자살률을 걱정하면서, 다른 한편으로는 여전히 양극화와 투기를, 그리고 무한 경쟁을 고무·조장한다.

다른 나라에서도 그런 경우가 적지 않지만 우리 문화에는 특히 자살에 대한 터부가 강하다. 가족 중에 누군가가 자살했다거나, 내가 혹은 주변 사람이 자살충동을 느낀다는 것을 타인에게 말할 수

◦ 자살학에서 '생존자survivor'는 주변의 자살자 때문에 충격을 받거나 트라우마를 갖게 된 자살자의 유족·친지 등을 가리키는 개념이다. 최진실씨나 노무현 전 대통령 같은 유명인의 자살도 광범위한 충격을 야기한다.

자살과 자기계발 사이에서: 자살 문제를 보는 관점

있는 한국 사람은 별로 없다. 이는 오랜 유교 전통이나 자살을 무조건 죄악시하는 위선적인 종교 문화와도 관계있다. 오랫동안 한국에서는 아예 자살이라는 죽음, 그리고 그에 대한 발화 자체를 인정하지 않았다. 최근에는 달라졌다지만 자살자의 시신은 집 안으로 들어오지도 못한 채 화장장으로 직행한 경우가 많았다. 자살자에게는 빈소를 차려 장례를 치러주지도 무덤을 만들어주지도 않았던 것은 산 자들의 '보복'이라 할 수도 있다. 자살은 저항이거나 일탈, 죄이기 때문이다. 이는 오늘날에도 통계청과 경찰청의 자살률 통계가 차이 나는 것으로 현상한다.[2] 사람들은 사망 신고서에 자살한 자기 가족의 사망 원인을 허위로 기재한다. 자살은 죽은 자에게뿐 아니라, 그 가족에게도 삶의 '실패'로 간주되기 때문일 것이다.[3] 그것은 '실패'를 '내 탓'으로만 전가하는 태도다.

그러나 오늘날 한국의 자살은 '내 탓'이나 '내 가족의 탓'이 아니라 기실 한국사회의 모든 모순, 즉 한국 자본주의의 한계뿐 아니라 인권·교육 및 노동의 상황, 그리고 한국식 가족주의와 효 윤리의 허상, 한국식 가부장제와 젠더 상황의 모순을 폭로하는 매우 기초적인 '팩트'다. 그렇지 않다면 왜 허다한 청소년과 노인 들이, 또 노동자와 약자 들이 자살자의 대열에 서 있을까? 더 큰 규모의 우리도 입으로는 자살률이 높다고 떠들어대면서도 그 실상을 감추고 싶어하며 제대로 직시하려 하지 않는다.

그래서 나는 다른 방식으로 자살을 담론화할 것을 의도하며 이 글을 시작한다.[4] 제한된 범위에서나마 계보학적인 관찰을 통해 한국 사회/문화의 어떤 문제점과 자살이 연관되어 있는지 살피는 한

자살론: 고통과 해석 사이에서

편, 자살행동에 연루된 여러 가지 '문제상황'들이 어떻게 서로 다른 계층·젠더 주체들에 작용하는지도 서술해보려 한다.

여전히 우리는 자살에 대해 무지하다. 이는 한편으로 죽음에 대한 무지의 일환이기도 하다. 죽음을 은폐하고 그것을 직시하지 않으려는 문화에다, 자살에 관한 공포와 터부가 더해져 있다. 그러나 당연히, 무지와 기피는 자살을 방조하는 효과를 발휘한다. 자살에 대해 더 잘 아는 것은 사실상 '자살생존자'로 살아가는 우리 모두에게 필요하다. 우선 자살의 문화와 역사를 다루기 위해 필요한 몇 가지 관점을 제시해보려 한다. 이 장에서 다룬 내용의 일부는 다시 2장 이후에 상론된다. 예컨대 경제와 자살의 문제는 5장에서 자살과 정신질환의 문제는 6장에서 국가와 자살은 7장에서 다뤄진다.

감상적인 사람들은 자살이 가진 실존 추구의 계기 때문에 자살과 시적詩的인 것을 연관시키려는 경향이 있다. 또한 자살이 가진 상징과 은유에 압도되어 그 비극성을 직시하지 않으려 하는 경향도 있다. 반면, 사회학이나 통계학이 원용된 자살학은 자살에 개재된 비극을 추상화하고 숫자로 바꿔 '사회 현상'으로 다룬다. 개별 인간의 고통은 사라져 지워지고 죽음도 추상화된다. 나는 자살이라는 죽음의 산문적 성격, 말하자면 사회적이며 초超개인적인 현상으로서의 자살과, 자살의 시적 성격 즉 실존적이며, 개별적인 '삶으로서의 자살' 사이의 관계나 간극을 들여다보고 기술하고자 한다. 자살의 실재와 표상된 것 사이의 차이는 죽음을 대하는 우리 문화의 어떤 궁극을 드러내준다. 여기에서 다루는 자살은 분명 '사

자살과 자기계발 사이에서: 자살 문제를 보는 관점

회적’ 고통이지만, 개별자를 압도하며 개별자에게 일어나는 죽음
이라는 절대적인 사건은 ‘재현 불가능한’ 것이다.

한편 이 책에서 다루는 자살은 ‘한국인의’ 자살이 아니라 ‘한국
에서의’ 자살이다. ‘한국인의’가 아닌, ‘한국에서의’라는 관형구는
자살하는 사람이 놓이는 삶의 구체적인 조건을 표현하기 위해서
다. ‘한국인의’는 문제를 잘못 끌고 갈 수도 있다. 그것은 우리가
처한 시공간의 조건과 맥락을 망각하고, 종족적인 존재성으로 문
제를 호도할 수 있다. ‘한국인 고유의’ 심성과 그 집단적 발현태가
있다고 믿지 않는다. 특정한 시대의 사회문화·정치경제의 상황과
그것과 상호작용하는 집합적 심성의 구조가 있을 뿐이다.

2

사자死者의 고독 + 살아야 하는 이유

자살은 복잡한 사건이다. 우선 그것은 실존의 사건이며 '개인적인' 사건이다. 자살이라는 죽음은 가장 '고독한' 종류의 죽음이다. 자살을 기도하는 순간, 그들은 모두 외롭디 외로운 단독자이며 일종의 '천애고아'가 된다. 그 불행과 우울은 아무도 모른다. 자살을 갈 길로 선택한 자는 자신의 의지로써 죽음을 맞이하여 제 인간 됨을 최후로, 그리고 외롭게 '성취'하고자 한다. 그들은 완전히 혼자가 되어 유서를 쓰고, 제 발로 걸어서, 혼자 힘으로, 약을 마련하거나 아파트 옥상이나 강물을 향한다. 고로 적어도 그 절대적인 시공간에서 자살은 사회적 행위가 아니다.

그런 '마음'도 온전히 자기만의 마음이다. 부모나 자식도, 친구나 애인도, 아무런 필요가 없다. 그들이라 한들 자살자의 마음속에

자살과 자기계발 사이에서: 자살 문제를 보는 관점

서 일어난 일을 알 수가 없다. 미국의 저명한 정신의학자 에런 벡
Aaron Beck 등이 고안한 '자살의지 척도'는 꽤 객관적이고 유용한
척도를 제공하는 듯한데, 이 표의 중요한 문항이 '고립도'에 관한
것이다.* 이 항목에서 "근처에 아무도 없거나, 시각적 혹은 음성적
접촉이 가능"한지 여부가 '자살 성공'에 크게 영향을 미친다는 것
이다. 남겨진 이들에게 모든 자살이 일종의 '의문사'가 되고, 대단
히 커다란 마음의 상처로 남는 이유도 여기에 있다. 그 '한 길 사람
속'을 알 수 없었다는 배신감과 함께, 죽음을 막지 못했다는 죄책
감이 상승작용하며 자살자의 가족, 친구, 지인 모두 크게 상처받는
다.[5] 이런 측면에서 자살은 '비도덕적인' 죽음에 속한다. 또한 자살
은 '사회적'으로도 결코 '잘 죽는 것'이 아니다. 그것은 '사회 유지'뿐
아니라, 모든 생명에 가해지는 '죽음의 의료화' 또는 '관료주의화'를
초월해버리는 죽음의 형식으로 간주될 수 있다.[6]

충분한 숙고와 평가

그러나 어떤 경우 자살은 '잘 죽는 것'일 수도 있다는 것도 진실
이다. 자살은 '실존적인' 죽음이라 할 수 있고, 자살은 '생의 본래
성'이 있다고 믿는 인간이 그것을 추구하기 위해 하는 행동이라 할
수 있기 때문이다. 다시 말해 어떤 자살자들은 삶의 고통을 참아내
다 못해, 그리고 '살아감'의 과정 속에서는 도저히 회복될 수 없는
자신의 본연성과 인간으로서의 존엄을 지키기 위해 자살을 선택한

---

* 정신의학계에서 통용되는 자살 위험성 관련 척도는 몇 종류가 있다. 인터넷에서 쉽게 찾을
수 있다.

자살론: 고통과 해석 사이에서

다. 셸리 케이건의 말대로, 세상에는 '비존재'보다 더 나쁜 삶이 얼마든지 있으며, 충분한 숙고를 거쳤다면 자살은 전혀 비합리적인 선택이 아닐 수 있다.[7]

하지만 별로 충분하지는 않다. '합리성'과 '충분한 숙고'가 다시 문제될 터이기 때문이다. 죽음을 선택하는 데 있어 합리적이고 윤리적이기 위해서는 과연 얼마나 오래고 깊은 사고가 필요하고 충분한 것인가? 이는 단지 현재(까지)의 삶에 대한 충분한 평가뿐 아니라, 아직 다가오지 않은, 그리고 인간이 예측할 수도 없는 미래에 대한 기대까지 포함하는 총체적인 것이어야 한다.

이는 자살의 윤리성·합리성 문제와 관련해 매우 중요한 논점이라 생각된다. 충동적으로 행해지는 자살뿐 아니라, 거의 모든 10~20대 젊은이의 자살이 '충분한 숙고'를 거친 것이라 믿을 수 없는 이유가 여기 있다. 숙고의 충분성 문제는 물론 주관적인 것이지만, 그럼에도 젊은이들의 요절이 노인의 죽음과 다른 의미를 갖는 객관적 이유도 여기에 있다. 짧게 산 그들에게는 더 숙고해야 할, 아니 심지어 막연해도 좋을 '희망의 이유'와, 예상 불가능한 훨씬 더 많은 '시간'이 객관적으로 남아 있는 것이다.

누가 미래를 예측할 수 있는가? '살면 얼마나 더 살겠느냐'라든가 '산 날보다 살 날이 더 적다'든가 하는 노인들의 말은 대부분 농담이 아니다. 즉 노인에겐 노인으로서의, 그 자신만의, 살아온 자기 생에 대한 누적된 상당한 양의 '평가' 자료가 있다. 그리고 그것을 바탕으로 더 적게 남은 미래를 꽤 객관적으로 예측할 수 있는 근거도 있다. 물론 젊은이와 똑같이 대개의 노인도 죽음에의 공포

자살과 자기계발 사이에서: 자살 문제를 보는 관점

나 낯섦을 다 떨치지 못하겠지만, 경험해온 많은 원근의 타인의 죽음을 통해 노인은 자신의 죽음을 고구考究하고 서서히 마음의 준비를 하기도 한다. 또한 세네카Seneca의 말처럼, 현명한 노인은 생이 완수되는 종막에서 신처럼 삶 전체를 굽어보며 생과 사 양쪽을 진정 대칭적인 것으로 놓을 수 있다.[8]

그러나 젊은이들에겐 그런 게 있을 턱이 없다. 따라서 젊은이의 자살은 거의 비윤리적일 뿐 아니라, 또한 비합리적이기도 하다. 물론 이는 도움받고 구제받아 당장 지금의 고통으로부터 벗어나야 하는 긴급성에 관련된다. 어떤 젊은 사람의 자살생각이 구체적인 것이라면, '지금 당장' 누구에게든 도움을 요청해야 하고, 또한 받아야 한다.

자살론: 고통과 해석 사이에서

3

병리로서의 자살과
'우울'이라는 테제

개인적인 사건으로서 자살은 심리학적·인지학적 현상이자 생물학적·유전학적 현상이기도 하다. 자살의 (정신)병리학을 연구하는 사람들은 자살자의 심리와 인지에 자살의 '원인'이 들어 있다고 믿는다. 그리고 특히 '우울'을 결정적인 자살 원인으로 지목한다. 이 우울은 단지 기분 상태나 지적 장애인 것만이 아니라, 삶 전반에 영향을 미치는 물질적이고 생물학적인 현상이다. 그때 자살생각˙과 자살행위는 인간 육체의 생물학적 차원으로 소급될 수도 있다. 즉, 노르에피네프린이나 세로토닌 같은 신체 내 화학물질의 수치 변화가 자살과 유관한 심리적·생물학적 상황이라는 것은 '과학

˙ 자살학 용어. '죽고 싶다'는 막연한 생각, 지속적이거나 급격한 자살충동, 나아가 구체적인 자살 계획까지를 모두 일컫는다.

자살과 자기계발 사이에서: 자살 문제를 보는 관점

적'으로 입증되어 있다고 한다. 그래서 우울과 자살충동을 프로작 Prozac 같은 항우울증 약물로 조절하는 것은 현대 정신의학의 기본적 처방이자 '믿음'이다.[9]

물론 그 효과와 방법론을 부정하기 어렵다. 특히 급격한 우울감과 자살충동을 느낄 때, 정신의학의 힘을 빌리는 것은 정말 중요하다. 아마도 정신의학에 관한 우리의 생각이 달라지고 자살자에 대한 정신의학의 '개입' 범위가 커진다면 한국의 자살률은 상당히 낮아질 수도 있을 것이다. 어쨌든 '자연과학'과 정신의학은 자살충동과 행위를 '개인'에게 일어나는 '병'으로 간주하며, 그런 인식을 보증한다. 이는 '자살의 근대'의 과학적 차원이기도 하다. 즉 근대의 자살 인식은 처음부터 의학 담론에 의해 구성됐으며, 자살을 '의료화'했다. 이는 자살의 '개인적' '실존적' 차원을 신체적이고 생리학적인 차원으로 치환한 것이라 볼 수 있다.

'우울증'이라는 화두

근래 자살 사건을 보도하는 언론의 자살 '원인'에 대한 설명 중 가장 빈도가 높은 것은 '자살자가 우울증을 앓고 있었다'는 진술이다. 오늘날 '우울증'은 모든 자살 '원인' 중 가장 객관적이며 확실한 것으로 간주된다. 배우 최진실씨나 이은주씨도 우울증 환자였(거나, 우울증 치료를 제대로 받지 않았)다고 말해진다. 그것은 정립된 '의학용어'이며, 자살과 우울증 사이의 연관성은 '통계'의학이 보증한다. 즉 우울증은 자살이라는 사회 현상에 관한 한 오늘날 가장 강력하고 거부하기 어려운 표상이자 '과학적' 패러다임이다. 그러

자살론: 고통과 해석 사이에서

나 역설적이게도 우울증의 원인은 불명확하다. 즉 우울증 패러다임은 '원인의 원인'을 말하는 데 무능하다.[10] 왜 그 사람은 자살에 이르도록 한 우울증에 걸리게 됐을까? 사회적 고난과 소외, 개인적 상실과 고통 등 여러 가지 복잡한 '외적' 원인이 주체에게 지속적으로 혹은 급격하게 작용했을 것이다. 우울증은 자살의 원인이 아니라 자살하게 만든 '진짜' '원인'(만약 그런 게 있다면)의 현상이거나 외적 표현일 뿐일 수도 있다.

그런데 근래 우울증은 때로 그 의미를 지나치게 확장하고 있다. 심지어 '만유 우울증론'이라 부를 만한 논리도 있다. 지나치게 수줍거나 시끄러운 성격뿐 아니라, 문학·예술, 그리고 비판적 지성과 결부된 파토스도 우울증의 일환으로 치부되기도 한다. 뿐 아니라 '상식'을 벗어났다고 판단되는 사상과 주의도 그렇게 간주될 수 있다. 미국에서 생산되어 그 나라 일각을 지배하는 이 같은 사고는 속류적 생물학주의의 소산이다.[11]

여러 종류의 정신장애나 '증후군'과 동렬에 놓이는 '병으로서의 우울증'은 자살을 '편하게' 설명하는 방편으로 사용되고 있는 것이다. 그러나 그것은 '과학적으로' 혹은 '논리적으로' 자살을 설명할 수 있는 불패의 패러다임이 아니다. 우울증이라는 진단명과 그 사용은 역사적이다. '근대적' 자살이 본격적으로 조선사회를 지배하게 된 1920년대에도 '우울'이라는 단어는 사용되고 있었지만, '우울증'이 병리학적 서술어로 등장한 경우는 거의 없었다. 물론 이때에도 의학은 인간 행위를 설명하는 중대한 틀을 제공하고 있었는데, 설명이 어려운 정신적 고통과 자살의 이유를 설명하고자 할 때

자살과 자기계발 사이에서: 자살 문제를 보는 관점

'신경쇠약'이나 '정신착란' 같은 용어가 널리 사용됐다(상세한 논의
는 6장을 보라).[12] 이는 근대 초 조선에만 적용되는 사실이 아니라
'세계적인' 상황이었다.

자살과 사회, 그리고 경제

이처럼 한편에서 자연과학과 의학이 자살을 탈脫신비화함에도 불구하고, 여전히 많은 사람들은 자살과 시적詩的인 것을 연관시키려 한다. 과연 인간이란, 윤리적이며 또한 어떤 단순한 원인으로 환원되지 않는 신비를 품은 복잡한 존재로 사고될 수도 있기 때문이다. 이러한 인간관은 테크놀로지의 무한 발전이나 '신자유주의' 같은 새로운 야만에도 불구하고, 결코 후퇴하지 않는 것 같다. 아니, 오히려 제어되지 않는 기술 발전과 자본주의의 야만은, 한쪽에서 기만이 더욱 커지게 하고 다른 한쪽에서는 환상이나 종교 같은 데 의지하려는 경향을 더 심화시키기도 한다. '인간'이나 가족을 강조하는 '글로벌 대기업'들의 광고들은 전자에 속하고, 종교나 점집, 타로나 명상 산업의 여전한 호황은 후자와 유관하다.

　그러나 자살을 삶 자체처럼 '복잡하게' 이해하는 것은 중요하다. 자살한 사람들은, 삶을 살았던 사람들이다. 즉 그들은 모든 우리처럼 삶의 구체적인 조건을 가진 존재들이며, 자살에 관련된 '객관적인' 상황과 맥락 들을 갖고 있다. 그 상황과 맥락을 곧 '자살 이유'라 등치시켜 말하기는 어렵다. 즉 자살의 '이유'가 아니라 자살의 '문제상황'이 있다.[13] 자살 생각과 행동에 작용할 수 있(거나 없)는 그 상황과 맥락의 작용은 언제나 복합적이고 비등질적인 것이다. '인과'와 '환원'의 유혹은 언제나 강력하지만 그것은 항상 오류와 오해의 결정적인 이유 아닌가.

통계학적 사회 상황과 자살의 미시적 경제

　자살의 사회학은 특히 사회·경제적 상황과 결부된다. 자살을 '양적'으로 연구하는 통계학적 접근이 자살에 관한 인간적 진실을 전혀 못 보여준다는 공박이 있다. 통계는 자살행동에 처하는 인간 내면의 드라마와 또한 사적 관계의 문제를 보여주지 못하고 결국 자살이 지닌 의미를 가려버린다는 것이다. 그러나 자살의 통계학에도 분명 진실이 있다. 그것은 우리가 사는 인간-동물 '군락'의 진실이다. 즉 그것은 인간이 무리지어 사는 동물의 일종이라서 나타낼 수 있는 진실이다. 우리는 약육강식과 적자생존이 유일한 '진리'인 야만적인 사회에서 살고 있다. 양적 연구는 그 '진리'의 작용에 대한 대체적인 추세를 가시화하고 표상화할 수 있다.

　인간이 자살에 매혹되는 것은, 무無에의 충동과 지금 당장의 고

자살론: 고통과 해석 사이에서

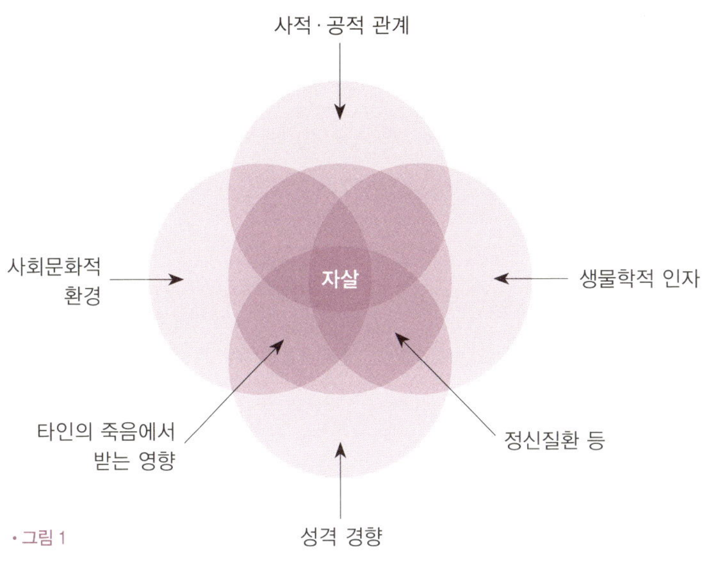

• 그림 1

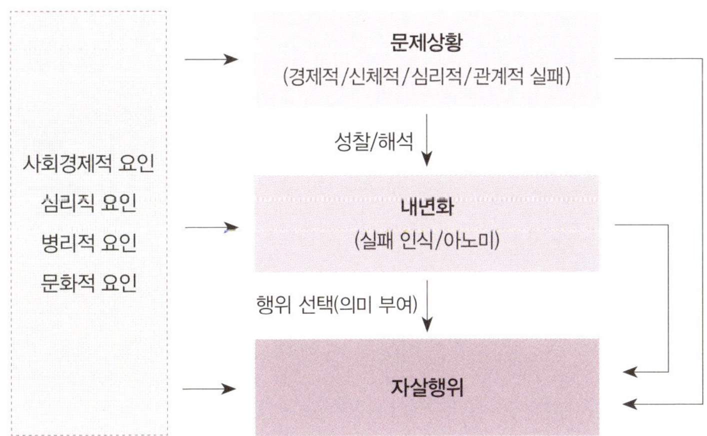

• 그림 2

자살의 작인과 자살행동 과정

그림은 각각 자살을 야기하는 복합적인 '문제상황'과 자살행동 과정을 설명하기 위해 다카하시 요시토모, 『고독의 병: 자살의 심리학』(변은숙 옮김, 알마, 2007) 및 박형민, 『자살, 차악의 선택』(이학사, 2010, 97쪽)의 도표를 재구성하고 변용한 것이다. 그림1에서는 원래 그림에 없던 관계의 요인과 문화적 상황을, 그림2에서는 '요인'을 수정 보완하고 자살행동에 닿는 경로를 더 표시했다.

자살과 자기계발 사이에서: 자살 문제를 보는 관점

통으로부터 탈출하고 싶은 욕망 때문이다. 자살자들은 '돈 때문에' '빚에 쪼들려' '왕따를 당하여' 이미 자존과 인간 됨의 '0도 이하'를 맛보았을 것이다. 대부분의 자살은 깊고도 오랜, 반복되고 누적된 절망, 갑갑하고 초라한 일상 때문에 천천히 예비된 것일 가능성이 높다. 오늘날 특히 '생활고 때문에' '빚에 내몰린' 자살자가 무수히 많다는 것은 죽은 그들뿐 아니라, 우리 또한 한갓된 축생일 뿐이라는 점을 말해준다. 죽은 그들은 좀더 여린 짐승이며 살아 있는 우리는 좀더 질기고 냉정한 종임을 말해준다. 그리고 우리가 사는 이곳이 제대로 된 의미의 '사회'가 아니라 아귀지옥임을 말해준다. '사회'란 인간의 교통과 연대에 의해 유지되는 곳일 터인데, 버려지는 인간─짐승과 자해하는 '왕따'가 많은 곳이 '사회'일 리가 없다. 그러니 차라리 우리는 자살자들에게 감사해야 할까? 그들이 탈락함으로써 무한경쟁을 향한 우리의 질주와 동물적 공격성에 숨통이 트인다. 게다가 그들은 희생양이 되어 우리의 가해를 대속하고 있다.[14] 자살이야말로 우리 사회와 현대 자본주의에 대한 '살아 있는' 비판이다.

경제의 미시적·윤리적 드라마를 바꿔라

자살의 통계학은 그러한 야만의 거시적 동향을 지시해줄 수는 있다. 통계에 기입된, 늘어나거나 줄어드는 자살자 수는 야만의 강도를, 그리고 우리 중에서 약한 유전자를 가진 동료 동물의 개체수 변동을 나타낸다. 사회적 타살로서의 '생계형 자살'은 온전히 경제 연동적인 현상이다. 경제지표들이 나쁘면 자살률은 높게 되어 있다 한다. 좀더 정확하게(?) 말하면 자살의 통계학은 소위 '경기景氣'와 자살의 거시적 상관성을 나타낸다. 한국 자본주의는 특히 자연법칙처럼 이를 예민하게 관철해왔다.

앞서 잠시 언급했지만, 세계 최고라는 한국의 자살률은 1998년 IMF 구제금융 시기의 기록적 증가와 2002년의 반등, 그리고 이후의 꾸준한 상승으로 달성된 것이다. 1998년의 자살자는 1997년 대비 42.6% 증가했다 한다. 이 엄청난 폭증의 기록은 단군이 나라를 연 이래 최고가 아니었을까? 앞으로도 이 기록은 쉽게 깨지기 어려울 듯한데, 자살이 경제와 관계 깊은 사회적 사실이라는 점은 이 시기 자살자의 구성에도 나타나 있다. 모든 연령대의 자살이 늘었지만 특히 25세~44세 남성 자살자는 49.7%, 45~64세의 남성 자살자는 무려 67.8%가 늘었다. 실업자, 사업 실패자, 주식 투자 실패자 들이 폭증을 주도했던 것이다. 그런데 그후 자살률은 1999년과 2000년에 각각 −17.4%와 −8.3%로 낮아졌다. 자살이 극적으로 줄어들 수두 있다는 것을 부여준 이 기록적, 역사적 양상을 'IMF 극복·경기 활성화' 이외의 다른 이유로 설명할 길이 별로 없다. 이 감소 또한 역시 청장년층 남성의 자살이 20% 이상 줄었기 때문에 가능했던 것이다.[15]

그러나 자살 통계는 자살에 이르게 만드는 '경제'의 구체적 양상에 대해서는 별로 말하지 못한다. 즉, 그것은 빈곤의 구체적 의미와 그것이 자아들에 미치는 상태를 전혀 말하지 못한다. 사회학자 박형민의 말대로 자살하는 구체적인 행위는, '문제상황'으로부터 "성찰"과 "의미 부여"를 거치고 난 뒤에만 일어난다. 이는 매우 중

자살과 자기계발 사이에서: 자살 문제를 보는 관점

요하다. 경제적 곤란이나 신체적 고통 같은 외적인 문제상황에 대한 자살자들의 평가와 자신에 대한 성찰의 과정이, 외적 '고통'을 내면화된 주관적 고통으로 만든다. 그리고 이 같은 주관적 상황이 자살이라는 실제 행위로 이어지기 위해서 주체는 자살행위가 가져올 효과를 다각도로 평가한다. '내가 죽으면 어떤 일이 벌어질까?'를 고찰, 상상한다는 것이다. 나아가 이를 통한 소통의 욕구를 충족하고 표현하려 한다. 이 '의미 부여'의 과정이 충족될 때 비로소 자살이라는 행위가 일어난다(앞의 그림을 보라).[16]

따라서 '세상의 흔한' 통계들은, 오늘날 한국 남성 자살자 중 실업자와 '독거노인'이 많다는 '현상'은 말해주지만, 자살에 이르게 하는 그들의 미시경제와 남성−자아의 드라마들은 못 보여준다. 자본주의 경쟁사회에서는 어떤 상수처럼 일정한 수의 약자들이 자살해왔다. 아마 앞으로도 그럴 것이다. 그럼에도 그 약자들이 그냥 벌레나 초식동물이 아니라 언제나 자기의식적이며, 또한 소통적인 인간−주체라는 사실을 잊어서는 안 된다.

GDP, 실업률, 환율 등의 거시경제 '지표'와 숫자 들로 가득한 통계적 상황 이면에는 무엇이 있나? 문화정치의 구체적이고 미시적인 '현실'들이 있다. 즉, 우리는 무슨 돈으로 학교를 다니거나 어떻게 집을 얻을 돈을 구하는가? 어떻게 '보통 사람들'이 돈을 융통하거나 빚을 지는가, 또는 그렇지 못하는가? 이를 통해 민사民事의 관행, 즉 '생활인'들을 실제로 사로잡고 있는 자본주의의 법적·일상적 수행성이 드러남과 동시에, 그 법적 체제의 저층을 구성하고 또 그것을 넘어서는 문화정치의 문제도 드러난다. 고통스러운 민

자살론: 고통과 해석 사이에서

사를 처리하는 개인의 개별적 방식 기저에는 무엇이 움직이고 있는가? 법이 움직이고 있는가? 물론 그러하다. 그리고 그 근저에 '양심'과 '인정人情'을 구성하는 '망탈리테mentalité'가 기능한다. 개인은 생존 투쟁 앞에서 자신이 보유한 상징자본도 총동원해야 한다. 예컨대 "아는 변호사, 판검사 없나?" 그러나 이런 말은 일정 수준의 사회적 연줄을 가진 중간층 이상의 사람들이 하는 말일 테다. 자살은 이런 문제와도 깊은 관련이 있다. 말하자면, 가난해도 돈을 빌릴 데가 있고, 사금융 이자율과 대부금 추심 방법이 달라지면 자살률은 낮아질 것이다. 또한 실업급여 지급기간과 급여액이 높아지면 자살률이 낮아질지 모른다. 이러한 상황들을 '자살의 도덕경제'라 부를 수도 있겠다.

• 도덕경제(moral economy)는 원래 영국의 문화사가 E. P. 톰슨이 18세기 영국의 식량폭동의 원인과 과정을 해명하기 위해 쓴 개념이다. 사회적·문화적 관계들로부터 격리된 물질적 경제 개념을 보완하기 위한 것이다. 단지 봉건적인 사회에서 작동하는 경제 외적 원리뿐 아니라 전통과 관습, 계급과 신분 등 문화적·윤리적 요인을 일컬을 때 사용되는 용어다.

자살과 자기계발 사이에서: 자살 문제를 보는 관점

5

국가와 자살

근대국가는 삶을 낳고 증대하고 조직하는 생체통제권력bio-power으로서, 개인의 안녕이 아닌 사회 전체의 '가장된' 안정성 유지에 관심을 두고 자살의 이유에 대해 캐묻고자 했다. 구성원이 스스로 목숨을 끊는 행위는 사회의 구성원리와 자기이해에 대한 전면적 도전이자 치명적 위협이 아닐 수 없기 때문이다.[17] 뿐 아니라 국가는 생체권력(체)으로서 적극적으로 모든 죽음을 알고 통제하려 하고, 그리하여 결국 생 전체를 통제하려 한다. 물론 이는 근대국가의 본연적 기능과 연관된 것이지만 '통치성'에 따라 차이가 있다. 박정희정권 시절과 현 박근혜정권하는 자살률이 비슷하게 높다. 그러나 자살의 사회적인 내용은 서로 다르고, '아버지 정권'에 비하면 '딸 정권'은 좀더 자살에 관심이 많은 것 같다.

자살론: 고통과 해석 사이에서

1980년대 중반의 동독을 배경으로 한 영화 〈타인의 삶Das Leben Der Anderen〉(2006년)에서 전체주의 국가였던 동독 당국은 자살 통계를 극력 감춘다. 그 은폐에 대해 고발하고자 한 작가가 비밀경찰 슈타지에 의해 추적당하고, 작가와 그 가족의 삶 전체가 국가에 의해 위협당한다. 국가와 자살의 관계를 잘 보여주는 이야기다. '국민의 행복'을 (전적으로) 책임질 수 있다고 믿거나, 또는 '국민이 행복하다'고 (거짓)말하는 권력은 자살률을 감추고 싶어하는 것이다. 스탈린주의 국가였던 동독은 역설적으로 개인에 관한 국가의 역할이 무엇이어야 하는지 극명하게 보여준다. 그런데 단지 동독만 그랬던 것은 아니다. 소련도 자살자들을 '계급의 적'으로 다루고 자살을 정신병리학적 관점에서 취급했다. 쉽게 말해 자살의 '사회문화적' 의미를 무화하기 위해 자살자를 정신병자로 다뤘다는 것이다.

구舊소련 연방이었던 리투아니아의 로마스 칼란타(Romas Kalanta, 1953~72년)라는 19세 소년은 소련의 리투아니아에 대한 지배정책에 항의하며 1972년 5월 15일 분신자살했다. 그의 자살은 무려 열세 명의 연쇄 분신자살을 초래했고, 소년은 리투아니아의 민족 영웅으로 떠받들리게 됐다. 그러나 당시 소련 당국은 그의 자살을 정신질환에 의한 것으로 공표하고 그를 정신질환자로 만들기 위해 힘을 썼다.[18] 자살의 '원인'을 개인의 정신질환으로 돌린다는 건, 오늘날 자본주의 사회 일각의 태도와 상통하는 데가 있다.

그리고 이는 전체주의의 속성 자체와 관계 깊은 사안이다. 1970년대 유신체제가 극악을 내달릴 때 박정희정권은 각종 국가 통계를 비밀문서로 분류·통제했고, 자살 통계도 은폐했다.[19] 그런

자살과 자기계발 사이에서: 자살 문제를 보는 관점

데 오늘날의 한국 같은 국가는 엄청나고 부끄러운 자살률을 전혀 감추지는 않는다. 그러면서 자살에 대한 실질적이며 근치根治적인 대책을 내놓지도 않는다. 대자본과 시장이 국가의 모든 것을 지배하기 때문이다. 자살과 통치성의 관계는 이처럼 미묘하다.

한편 북한의 정신질환자나 자살 문제의 실상도 거의 밝혀진 게 없는데, 최근 서울대 의대 박상민 교수팀은 탈북 의사 3명을 면담해 논문을 발표했다. 겨우 3명을 면담한 것이니 한계가 있겠지만, 이만한 증언도 드물다. 이 논문에 따르면 북한 언론은 남한의 높은 자살률에 대해서는 '체제 우월'의 증거로서 보도하면서도 정작 자기네 국민의 자살에 대해서는 거의 취급하지 않는다 한다. 놀랍게도, 북한에서 십 년 이상 정신과 의사로 일한 이들이 자살 케이스를 거의 보거나 듣지도 못했다고 했다. 그리고 북한에서 자살자는 민족에 대한 반역자, 조국에 대한 배반자, 변절자 취급을 받는다 한다. 그래서 북한 사람들은 아무리 힘들어도 자살을 하나의 선택으로 생각하지 않는다는 것이다.[20] 비非근대사회가 '이북'에 있는 거 같다.

그런데 북한을 떠나 남한에 정착한 '탈북자'들의 자살률은 어떨까? 그들은 세계적으로 자살률이 가장 높은 남한 주민들 중에서도 가장 자살률이 높은 그룹에 속한다. 최근 5년간 북한을 이탈해 남한에 정착한 탈북자들의 자살률은 전체 남한 자살률보다 무려 3배 가까이 높은 것으로 나타났다.[21] 자 그렇다면, 북한과 남한 중 어느 쪽이 더 인간이 살 만한 국가인가? 또는 과연 자살률은 이런 물음에 대한 적절한 증거나 답이 될 만한 것인가?

자살론: 고통과 해석 사이에서

이 문제는 자살과 개별자의 '자유'가 맺는 복잡한 관계를, 그리고 남한 사람들이 누리는 '자유'의 문제를, 그리고 자살과 사회경제적 상황이 갖는 복잡성을 예시하는 듯하다. 또한 빈곤이나 물질적 결핍이 '자살의 사회적 원인'으로 쉽게 단순화될 수 없다는 것도 보여준다. 북한 사람들은 '조국의 배신자'라는 의미화나 처벌이 두려울 뿐만 아니라, 복합적인 정치·문화적 정황이 그들의 생사관을 바꿔놓았기 때문에 덜 자살할 것이다. 물론 이 논의는 북한의 자살 실태를 알지 못하고 말하는 불완전한 것이다.

자살에 대한 '사회'의 태도는 국가의 그것과 겹치면서도 다르다. 자살에 대한 '사회'의 입장 또한 양가적이며 복합적이다. '사회'의, 즉 종교계 교육계 등과 시민사회와 '전문가 집단'의 자살에 대한 태도는 개인들의 사생관, 심리 상태, 그리고 사적 관계들과 국가의 차원(보건·안보)과 함께 노동력 및 윤리의 재생산 문제를 포함한다. 또한 '사회'는 자살에 관한 표상을 생산하며 태도를 생산·유통하며, 자살 문제에 대한 서로 다른 심급의 개입을 시도한다.

오늘날 한국에서 반복적으로 빚어지는 일이지만, '국가'의 자살 통계 발표에 '사회'는 놀라는 제스처를 취한다. 종교계 및 시민사회는 물론 자살을 혐오하며 국가로 하여금 자살률을 통제하게끔 압력을 행사한다. 대한민국에서는 2012년 봄에 역사상 처음으로 '자살예방법'이 제정됐다. 언제나 자살 관련 통계는 언론의 주요 기삿거리다. 그런데 한국 언론만큼 자살 사건에 대한 무원칙하고 비윤리적인 보도 태도를 가진 언론이 있을까?

6

자아·관계·표상으로서의 자살

자아 : 자기계발 시대와 자살

자살이라는 사건의 최종적인 심급과 '장소'는 개별 자아와 신체다. 따라서 '자아'들의 역사적·사회적 상황에 대해 기술하는 것은 자살론의 중요한 과제다.

앞서 한국에서는 우울증에 대한 일반의 인식이 좀더 확대될 필요가 있다고 말했다. 그런데 실제로 근래 우울증 환자가 대폭 늘었다. 2012년 건강보험심사평가원이 국회에 제출한 자료에 따르면, 등록된 요양기관의 우울증 진료 건수는 2007년 248만여 건에서 2011년 344만여 건으로 5년 동안 38.9%나 증가했다 한다. '관련 전문가'는 "우울증 자체가 단기간에 급속히 늘어나지는 않았을 것"이라며 우울증에 대한 인식이 높아지자 병원을 찾아 진단받는 환자가 늘었다는 것이다. 마치 "변화한 환경과 섭생 때문에 폐암이나 대장암 환자가 늘어난 것처럼".[22] 즉 우울증이 이 기간에 실제로 만연한 병이 되었는지는 잘라 말하기 어렵다. 또한 정신과 전문의 중에는 증세나 발병 원인 등에 있어 최근의 우울증이 '고전적인' 의미의 우울증과는 다른 경향을 띤다고 주장하는 이들도 있다. 이에 따르면 미국 의학계의 진단 기준(DSM-IV)에 따른 '주요 우울증 major depression' 환자보다는, 뭔가 진화하거나 변이를 일으킨 양상의 우울증이 더 늘고 있다는 것이다.[23] 물론 변화하는 사회적·인간적 관계 때문이다.

어쨌든 이 같은 통계는 한국에서도 '우울증 패러다임'이 확장됨으로써 정신과 병원을 찾는 사람이 많아졌다는 것을 보여주는 증거로는 하자가 없다. 또한 '우울'이 이 시대의 정념이라든가 '자아'들의 감성적 상황을 나타내는 가장 강력한 표상이라 말할 수 있는 데도 크게 나쁘지 않은 자료다. 그런데 과연 실제로 우울증 환자의 증가와 자살률이 어떤 상관관계를 갖고 있을까는 쉽게 답하기 어려운 문제다. 감히 예측건대, 한국인의 우울증 진단 건수는 당분간은 더 늘어날 것이다. 하지만 2008년 같은 급격한 경제 위기가 닥치지 않는다면 향후 한국의 자살률은 정체하거나 다소 감소할 가능성이 높다. 허점이 많고 부분적이라 해도 이전에 비해서 자살과 예방책에 대한 한국사회의 관심은 서서히 커지고 있기 때문이다.

우울증 진단과 자살 문제는 '자아의 테크놀로지' 즉 '자아'에 대한 '자아'의 태도인 자기계발·자기돌봄 같은 문제와 관련이 있기

자살과 자기계발 사이에서: 자살 문제를 보는 관점

때문에 중요하다. 그 문화적 의미는 다음과 같은 것들일 테다.

첫째, 늘어난 정신과 치료는 육신의 병뿐만 아니라 영혼과 정신을 포함한 자아의 '총체'가 '의료'의 대상으로 간주되기 시작했다는 것을 보여준다. 우울증 외에도 불안장애, 강박장애, 스트레스 관련 및 적응장애 등으로 인한 진료 청구건수와 총 진료비도 2000년 후반 이후 해마다 크게 늘어나고 있다 한다.[24] '자기관리', 자기돌봄에 대한 의학의 간섭과 자아의 의학에 대한 의존은 이전보다 총체적으로 커진 셈이다. 오늘날 자신의 정동情動*뿐 아니라, 외모·체중·피부 등에 불만을 가진 많은 사람들도 자진해서 '환자'가 되어 병원에서 '치료'받는다. 이처럼 모든 것을 병원 진단과 치료의 대상으로 삼고 대하는 태도를 '의료화'라 부른다.

둘째, 그 같은 정신과적 치료는 적극적인 자기돌봄의 일환으로 간주될 수 있다. 정신과 치료는 별자리·타로·신점 같은 점 보기라든가, 여러 형태의 심리 치료, 그리고 미술·춤·독서 등과 결부된 각종 '세러피'(therapy≒치료)와 비슷한 현상이라 할 수 있는 것 아닐까? '힐링' 담론을 보라. 종교를 포함해서, 자아의 정신적 고통과 그 치료에 관한 여러 산업과 심리학 담론이 호황을 누리고 있다. 다만 정신과 치료는 더 강하고 질적으로 분명한 병病의 패러다임에 의지한다.

• 정동(affection, affect)은 원래 정신분석학에서 주관적 경험, 인지적 요소 그리고 생리적 요소를 포함하는 복합적인 심리생리학적 상태를 말하는 용어로, 최근 인문사회과학에서 중요한 대상으로 떠오르며 새로 의미를 부여받고 있다. 정동은 단지 주관적 요소만이 아니라, 사회적으로 움직이고 서로 감염되는 마음이거나 심성의 구조다. 논자에 따라 마음, 감정(feelings, emotions), 감성 등의 용어를 정동과 유의어로 쓰기도 한다.

자살론: 고통과 해석 사이에서

셋째, 병원이 '자아'에 대한 토로와 치료의 장으로 확장되고 있다는 점은 기본적인 인간·사회관계망, 즉 가족(부모형제)·친구·학교 등이 제 기능을 못 하고 있다는 데 대한 방증이 된다는 점도 중요하다. 이는 '우울한' 개인들이 주변의 '친밀한' 관계들로부터 구조받지 못하고 있으며, 그들이 넓고도 깊은 고립에 처해 있다는 증거라 볼 수 있다.

오늘날 대한민국 '자살 공화국'은 자기계발 공화국이기도 하다. 우리는 자기계발 담론의 홍수 속에서 허우적대고 있다. 서동진의 설명에 따르면 1990년대 이후 국가는 새로운 교육과 '국가인적자원개발' 정책을 형성하고, 대자본과 함께 노동 주체를 관리하고 지배하는 새로운 담론을 확산시켰다. 이 시기부터 한국 자본주의는 본격적으로 유연화와 탈규제화, 전지구화 등으로 요약되는 변화를 겪었기 때문이다. 오늘날의 개인은 단지 소비자나 노동자가 아닌 새로운 경제적 주체로 호명되고 있고 또 자신을 그렇게 '관리'하고 있다. 성공학·처세술 같은 기존의 수양 및 자조自助 담론이 수렴되고 변화한 결과인 자기계발 담론은 개개인의 삶을 사업(기업)으로 대상화하고, 개인이 자기 삶과의 관계에서 스스로를 '기업가'처럼 주체화하도록 한다. 담론·규범·테크닉의 차원에서 개적 '자아'들은 큰 전환적 국면을 맞고 있다. 자기계발 담론은 한국에 사는 모든 주체에게 강요되거나 내면화되고 있는 규범이자 '테크닉'이다.[25]

'스펙 쌓기'에 골몰하는 대학생이나 재테크에 열중하는 직장인

자살과 자기계발 사이에서: 자살 문제를 보는 관점

뿐 아니라, 어린이에서 노년에 이르는 모든 '자기'들은 '자기'의 모든 것, 즉 돈과 경력, 라이프 스타일과 몸, '마음'과 '관계' 및 '사랑'을 돌아보고(알기·성찰), 관리하고(관리·경영), 발전하게(계발·자조)하기 위해 처절하게 노력하지 않으면 안 된다. 특히 경제활동을 해야 하는 모든 연령대의 개인들에게 외모와 능력, 출신과 관련된 모든 것들은 '경쟁'의 무기로 '관리'되고 단련되지 않으면 안 된다. 그래서 인간이 '자신'에 대해 혼자 져야 하는 책임의 부담은 엄청나게 커졌다. 머리끝에서부터 발끝에 이르는 신체 모든 부분, 그리고 부모의 재산과 토익 점수에 이르는 그 모든 계량 가능하거나 그렇지 않은 것을, 타인과 끝없이 비교(당)하지 않으면 안 되기 때문이다. 이는 신자유주의의 심화·확장이 가져다준 문화정치의 총체적 변화, 그리고 그것이 개적 자아들에 부여한 엄청난 고난이다. 개인들은 늘 '합리적'으로 긴장하지 않으면 안 된다.

　그래서 살아가기 어렵다. '자기계발'의 문화는 정반대의 두 방향을 가지고 있다. 하나는 경쟁에서 승리하기 위한 제반의 수단을 체화하고 실천적 방법을 익히기. 다른 하나는 경쟁에서 지치거나 관계 때문에 위기에 처한 자아를 구제하고 위로하기. 전자는 그야말로 온갖 육체와 정신 차원의 처세술과 돈에 관한 정보 등으로 구성되고, 후자는 '마음'을 다스리기 위한 온갖 정신주의적 회피술에 관련된다. 『천 번을 흔들려야 어른이 된다』 따위의 베스트셀러나 최근의 '힐링' 현상이 그 증거다. 물론 처세와 자기관리는 근대가 개막되고 난 뒤에 지속돼온 것이다.[26] 그러나, IMF 체제와 신자유주의의 심화는 그 모든 것을 더 심각하고 더 잔인하게 재구성했

자살론: 고통과 해석 사이에서

다. 요컨대, 오늘날 만연한 자살은 '자아'들이 덮어쓴 양면 가면의 어두운 뒷면이며, 그 앞면은 경쟁의 전쟁터를 그야말로 홀로 '각개약진'하는 '자기계발' 전사의 '쿨하고' 잔인한 얼굴이다. 이 야누스는 심약하고 허약하다. 각도를 조금만 틀면 가려진 그의 뒷면이 보인다. 쓰러지도록 지치고, 더 외로운.

관계와 표상

'자아'가 처하는 고난은 단지 취업과 경제 문제만은 아니다. 한국의 이성애와 젠더 상황, 젠더 및 계급 내부의 경쟁과 분할, 가족과 결혼 제도가 처한 과도기적 양상 속에서, 자아는 '우울'에 빠져들고 있는 것이다. 또 이런 '관계'들이 개적 자아를 '지지'해주는 힘이 약화되고 있다.

자살은 특히 지지의 문제와 깊은 관련이 있다. 즉, 막연하거나 구체적인 자살생각을 할 때, 혹은 자살행동의 심리적 원인이 되는 '고립감'에 힙써어 있을 때, 그것을 제어하고 '위로'해줄 타인과이 '관계'가 곧 지지다. 자살생각과 자살행동은 지지에 의해 결정적으로 제어될 수 있으며, 반대로 자살행동에 이르게 하는 것도 곤경에 처한 관계와 그에 대한 주체의 평가다. 그래서 최근 미국 자살학 연구에서 각광을 받았다는 토머스 조이너 Thomas Joiner 라는 심리학자는 "타인에게 짐이 된다는 느낌"과 "좌절된 소속감"을 가장 중요한 자살의 주관적 요인이라 주장했다. "요즘 나는 다른 사람들과 유대를 이루고 있다" "요즘 나는 사회적 상황에서 국외자가 된 듯 느끼곤 한다" "요즘 나는 나를 아껴주는 사람들과 자주 교류

한다” 등의 척도에 대해 어떻게 답할 수 있는지가 소속감에 관련된 것이다(한편 각자 평가해보라). “짐이 된다는 느낌”과 관련된 것은 “나는 사회에 보답한다” “내가 아끼는 사람들은 내가 없으면 더 나은 삶을 살 것이다” “나는 내 삶 속의 사람들을 실망시켰다” 등이란다. 이같이 책은 단순 소박한 언어로 성찰성과 관계의 문제를 설명하고 여기에 ‘습득된 자해 능력’이 격발하면 자살행동이 야기된다는 것을 이론으로까지 격상시키려 시도하고 있다.[27]

그런데 현재 우리는 말 뜻 그대로 ‘각자도생各自圖生’의 사회에 살고 있다. 〈모래시계〉의 김종학 PD가 고시텔에서 목숨을 끊었다던가. 모두들 마음속에 고시원 방 한 칸 지어놓고 산다. 모든 유대와 연대감이 깨지고 ‘친밀성의 구조’가 나쁜 방향으로 재편된다. 누군가를 ‘지지’하기에는 우리는 너무 바쁘거나 제 앞가림하기도 버겁다.

자살은 ‘관계’의 사건이다. 이 ‘관계’에 개적 자아의 상황과 사회경제적, 그리고 문화적 상황이 결절·절합하는 지점이 있겠다. 개별 인간의 ‘자아’가 처한 아포리아들, 즉 해결하기 어려운 사적인 삶의 모순과 함께 사회적 삶의 질곡이 만나는 접점들의 ‘관계’가 있고, 그것이 모두 파탄에 이를 때 자살이라는 비극이 야기된다.

이제 이 장에서 말한 것을 종합하려 한다. 자살이라는 현상은 심리학·정신병리학의 대상(개인)이거나 사회학(사회)의 대상으로 이분법화할 수 있는 것이 아니라 생각한다.[28] 자살의 심리학과 병리학은 자살을 ‘개인 탓’으로 돌리는 잔학하고 우파적인 견해에 수렴

되지 않도록 주의해야 한다. 반대로 자살에 대한 사회학적 접근은 거시적인 기술과 통계 수치 속으로 개인이 처한 구체적 삶과 고통이 사라져 보이지 않게 된다는 점을 의식해야 한다. 즉 '개인적이고 사회적인' 자살의 복합성을 개인의 '실존' 차원이나 병리로 환원하거나, 반대로 사회경제 문제에 일의적으로 환원하는 것은 적절하지 않다. 따라서 언제나 '사례'들을 재현하거나 묘사하는 일과 함께 그것을 '사회' '문화'와 연결하는 방법이 필요하다.

자살은 '윤리적 개인—사적 관계—사회적 상황'의 연쇄 고리 위의 어느 점에서 일어나는 사건이다. 거기에는 언어와 표상이 결부되며 문화적 전통도 작용한다. 죽음에 대한 관념과 그 언어적·문화적 표현이 언제나 자살에 대한 인식과 현상을 구성해왔다. 다시 말해 타인의 자살과 '자살의 문화'가 언제나 개별자들의 자살에 영향을 미친다. 시간과 공간을 포개면서 이 같은 각도에서 자살에 대해 살펴보려 한다.

자살과 자기계발 사이에서: 자살 문제를 보는 관점

2장

'마음의 봉건'으로부터의 이행

1

'역적' 양반가 사람들의
집단자살

1884년 12월 4일, 한국 근대사의 결정적인 한 장면이 될 사건이 벌어졌다. 바로 김옥균, 홍영식, 박영효 등이 일으킨 갑신정변이었다. 알다시피 이 정변은 '삼일천하'로 막을 내렸고 젊은 귀족들이 꿈꾼 '위로부터의 개혁'은 물거품이 되었다. 거사의 주역이었던 김옥균과 박영효, 서재필 등은 겨우 일본으로 달아나 목숨을 건졌다. 그러나 우정국 총판이었던 스물아홉 살 청년 홍영식은 도피하지 못하고 대역죄인으로 처형당했다. 그런데 대역의 죄과가 정변 주역의 가족들로 하여금 어떤 일을 겪게 했는지는 별로 알려져 있지 않다.

홍영식의 아버지 홍순목은 자살했다. 대원군 집권 시절 영의정까지 지낸 그는 제 손으로 어린 손자를 독살한 후에 그랬다. 홍영식의 부인도 스스로 목숨을 끊었다. 남양 홍씨 집안만 그랬던 것은 아니다. 박영효의 아버지 박원양도 열 살 난 어린 아들을 죽이고 자살했다. 훗날 독립신문의 주필이 되는 서재필의 집안에서도 그 랬다. 서재필의 아내와 아버지가 연이어 제 목숨을 끊은 것이다.[1]

이 같은 끔찍한 연쇄 동반자살은 조선식 공포정치와 봉건적 법체계가 지닌 잔인성을 보여준다. 갑신정변에 가담했다가 처형당한 자들의 시체는 머리와 손발이 절단된 채로 서울 시내 네 군데 동네별로 나뉘어 길바닥에 뿌려져 전시되었다. 동네 개들은 시신을 뜯어먹으며 한바탕 인육 잔치를 벌였다. 사지를 찢어 죽이는 '육시'와 법의 엄격함을 과시하기 위해 시신을 전시하는 '효시'의 엄한 적용을 받은 것이다.[2] 조정의 중신들은 '역적'의 자식이나 계집뿐 아니라 몸종들까지 모두 효수해야 한다는 상소를 고종에게 올렸다.[3]

'역적'이 된 자들의 아내와 아비가 스스로 목숨을 끊어버린 것은 그런 수치스러운 죽음과 잔혹한 처벌을 스스로 피하기 위함이었을 것이다. 그리고 무고한 아이들까지 동반자살 '당한' 것은 연좌제 때문이다. 그들은 권력에 도전한 정적의 가족 모두에게 가해지는 잔혹한 보복을 피하기 위해 자살했다. 자살하지 않았다면 감옥에서 고문을 당하다 죽거나, 비참한 노비 신세가 됐을 것이다. 서재필의 동생은 참형을 당하고, 두 살배기 아들은 길바닥에 버려져 굶어죽었다고 한다. 김옥균의 아버지와 동생은 옥사하고 아내는 딸과 함께 관비로 전락해 비참하게 목숨을 이어갔다.

그런데 왜 홍영식, 서재필, 박영효의 젊은 아내들은 그런 상황에서 스스로 목숨을 끊는 것이 당연하다고, 또는 어쩔 수 없다고 생각했을까?[4] 새로운 사회질서를 꿈꾼 거사의 주역들은 과연 이 죽음들에 대해 어떻게 생각했을까?

19세기 말 대표적인 조선의 최고 명문 반가의 족원族圓들이 겪어야 했던 저 같은 비극은 전통사회의 자살과 오늘날의 자살을 비교해볼 첨예한 소재가 된다. 적어도 이 같은 죽음에 있어 전통사회 구성원의 사생관과 그 윤리적·법률적 맥락은 확연히 오늘날과 다른 것 같다. 저러한 자살의 양상과 동기, 그리고 그것을 가능하게 한 법적·정치적 압력은 오늘날에는 없다고 말할 수 있는 것이기 때문이다.

물론 자살은 초시대적이다. 시공을 초월해, 인간은 심하게 모욕당했을 때, 감당하지 못할 곤경을 겪을 때, 우울이나 다른 신체적 질병 때문에 절망에 빠졌을 때, '자기보존'이라는 본능의 원칙을 거슬러 스스로 목숨을 끊어왔다. 동서고금에서 그랬다.

『삼국사기』『삼국유사』『고려사』 같은 데 등장하는 한반두의 고대·중세인들도 사살했다. 백제 시조 온조의 형이며 동명성왕의 둘째 아들인 비류는 비류국을 세웠다가 자살했다 하며, 신라 헌덕왕 14년(822) 웅천주 도독이던 김헌창도 반란을 일으켰다가 실패하자 자살했다.[5]

이 같은 영웅적인 인물들의 정치적 책임과 결부된 자살들 외에도 조선의 문헌에서 자살 사건은 꽤 많고 다양하다. 세종 11년(1429)에 경기도 광주에 살던 노비 원만과 주인집 처녀 고음덕은 서로 눈이 맞아 아이까지 낳고, 전라도 순천까지 사랑의 도피행각을 벌였으나 원만이 자살했다.[6] 또한 세종 21년(1439)에는 전라도 옥과현玉果縣의 호장戶長 조두언이라는 사람이 조정이 함길도 이주 정책에 따라 주거지를 옮기라 하자 멀리 이사 가는 것을 꺼려 자살했다고 한다. 이 자살자의 가족은 처벌을 받았다.[7] 16세기 초 수군 병역을 하던 조선인들은 관료들의 가렴주구에 못 이겨 자살하기도 했다.[8] 병자호란 때 민성이라는 양반은 일가를 모두 데리고 강화도로 들어가 싸우다 청나라 군에게 붙잡힐 위기를 맞자, 자기 첩과 아들 삼형제에 서자 한 명 그리고 며느리 세 명에 시집 안 간 딸들까지 해서 가족 총 13명이 함께 집단자살을 했다.[9] 또한 조선 후기에는 먼저 죽은 남편을 따라 죽은 '열녀'들이 속출했다. 사회 문제가 될 정도였고, 진정한 '열녀'의 기준을 정하느라 논쟁이 벌어질 지경이었다.

17~19세기의 고전소설에서도 빈번하게 자살 모티프가 다루어졌다. 자살이 심각한 문제상황으로 받아들여졌기 때문일 것이다. 이를테면, 김만중의 『사씨남정기』나 남영로의 『옥루몽』처럼 양반 작가가 쓴 소설에서 곤경에 처한 양반가 여성이나 실절失節한 여성이 자살을 기도한다. 『조웅전』 『유충렬전』 『최척전』 『권익중전』 등 남성 군담軍談류 소설에서도 자살은 중요한 행동의 계기이자 서사의 터닝 포인트다. 여기서는 고난을 당한 남성 인물이 자살을 기도한다. 또한 『장화홍련전』 『숙향전』 『운영전』 『정을선전』 『양산백전』 등 가정 소설 혹은 여성 비극에 속하는 작품들에서 사랑을 잃거나 억울함을 당한 외로운 여성이 스스로 목숨을 끊는다.

그러나 인간을 절망에서 죽음에 이르게 하는 행동 방식, 그것을

자살론: 고통과 해석 사이에서

가능하게 하는 징죄와 선악 판단 시스템, 그리고 그 정신적 토대를 이루는 '마음의 구조'는, 자살의 사회·문화적 내용과 형태를 바꾸어왔다. 특히 사회학적 탐구대상인 자살은 '개인'과 근대적 개인주의가 성립한 이후의 사회 현상인 것으로 간주된다.

과연 그러할까? 타나토스(죽음충동)에도 역사가 있는 것일까? 과연 근대적 개인만이 진정한 자살의 주체일까? 자살하고 싶은 사람의 '마음'은, 또 생사관은 어떻게 '근대'로 이행해왔을까? 그리고 무엇이 그렇게 바뀌게 만들었을까?

자살이라는 극한적 행위와 그에 대한 재현 방식을 고찰해, 자살의 사회·문화적 변화 과정의 한 단면을 살펴보려 한다. 자살은 개인적·단자적 주체의 행위이며 가장 근본적인 '자기보존 욕망'을 위배하는 행동이기에, 그것을 목격하거나 인지하는 타자에게는 당혹스러운 사건이다. '타자들'은 죽음을 극복하고 공동의 삶을 보존해나가야 하기 때문에 인지하거나 재현할 수 없는 자살자의 심리를 유추하고 서사narrative할 언어가 필요하다. 또는 죽음이라는 삶의 엄연한 '실재'를 '상징화' '언어화'하기 위해 당대의 지식을 동원해야 한다. 이런 해석 작용을 자살의 지식화 또는 표상화라 부를 수 있을 것인바, 자살행동의 양상뿐 아니라 자살에 대한 지식과 표상도 계속 변해왔고 따라서 자살 담론도 바뀌어왔다. 정신의학, 심리학, 사회학뿐 아니라 문학과 예술과 함께.

그 표상과 담론 중에서 특히 '자살 원인'에 대해 말하기가 중요하다. 누군가의 자살 '원인'은 가족을 포함한 자살자 주변인, 경찰,

그리고 이데올로기적 국가기구에 의해 해석되고 발화된다. 그러나 그것은 언제나 결코 정확한 '원인'이나 '동기'가 아니다. 이는 인과의 복잡하고도 논리학적인 사유를 요한다. 자살행위를 야기하는 '원인'은 언제나 복수이며 복합적이기 때문이다. 미국 자살예방협회, 정신과의학회 등에서 마련해놓은 진단기준 등에는 이런저런 범주의 '자살 위험요소'가 75개에 이른다 한다.[10] 몇 가지 단어로 자살에 이른 사람의 절망, 우울, 분노를 설명할 수도 없거니와, 속화된 지식에 사자死者의 기나긴 삶의 곡절을 대응시킬 수도 없다.

그러나 언제나 권력기관은 앙상한 몇 단어로 '자살 이유'나 '원인'을 설명하고자 한다. 발화되는 '자살 원인'이란, 알 수 없고 장악할 수 없는 타인의 마음 그리고 짐승 같은 죽음의 권능을 길들이고 완화하기 위한 필사적인 노력이다. 치안권력police과 미디어를 통해 재단되고 발화된 자살 서사에 대해 '살아남은' 사람들은 다양하게 반응하며 수용한다. 그리고 자살 서사는 문예를 위시한 미디어와 공론장을 통해 가공되고 재현된다. 현대인들은 매일매일 누군가의 자살 사건을 접한다. 자살은 일상화된 사건이다. 그래서, 자살에 대한 표상과 자살 서사는 다시 누군가의 자살 생각과 행위에 영향을 미치게 된다. 자살의 양상과 함께 그 표상화 방식의 변화를 살피는 일도 문화론적 과제다. 특히 이 책에서는 근대 이행기의 자살과 그 표상의 변화 과정에 대해 주목하고자 했다.

분에서 고통으로, 부끄러움에서 우울로
: 자살의 심리적 동기와 표상의 변화

'분함을 이기지 못해 죽다'

자살은 윤리적 곤경이나 심리적 위기 상태에서 행해진다. 오늘날의 '자살 원인'과 그 지배적인 심리적 표상어는 '우울'이다. 물론 '분에 못 이겨' 또는 '홧김에' 충동적으로 자살을 시도하는 경우들이 있겠으나, '우울(증)'이야말로 자살 서사에서 가장 흔히 등장하는 '담론소談論素'다.

그러나 이전 시대에는 그렇지 않았다. '우울' 혹은 '우울증'이라는 말 자체도 거의 사용되지 않았지만,[11] 자살 동기도 다르게 유추, 표상되었다. 조선 후기의 형사 판례집이라 할 만한 『심리록審理錄』에서 자살한 사람들은 '수치와 분노 때문에' 그렇게 했다. 또는, 그렇게 말해진다. 『심리록』의 남성 자살 사건 가운데 10건, 여성 자살 사건 중에 14건이 '분노' 때문에 자살했다는 분석이 있다. 이는 "죄를 저지른 뒤에 죽음을 택하는 경우나 궁지에 몰렸을 때 자살했던 경우"[12]보다 많다.

1781년 강원도 양양에 살던 평범한 백성 박성제는 억울하게 도둑 누명을 쓰고 주리를 트는 사형私刑을 당한 후 자살했다. "부끄럽고 분하여"[羞憤] 목을 맸다.[13] 한편 1784년 충청도 청주에서 살던 유여인柳女人은 이웃 남자 박만세와 속오군 편입 문제로 심하게 다투고 난 뒤, "부끄럽고 분한 나머지"[羞憤] 목을 매 자살했다.[14] 즉 조선시대 이 땅에 살던 사람들은 '분하고 수치스러워서' 자살하는 경우가 많았다고 할 수 있다. 그것은 광의의 명예자살이라 부를 만하다. 자살은 처벌의 수단으로 강요되거나 절의節義를 증명하기 위한 방편으로 선택되거나, 훼손당한 명예를 지키고 억울함을 하소연하기 위해 선택되었다.[15]

사대부나 상층 계급에 속한 자가 생활고나 우울증, 혹은 염세나 처지 비관 등의 '심리적이고' '개인적인' 이유로 자살했다는 기록을 찾기는 어렵다. 또한 조선의 문헌에서는 분이나 수치가 개별자의 자살을 야기한 심리적 과정 자체에 대해 상세히 서술하지 않는다. 이는 근대 이후의 자살 서사와 가장 다른 점이다.

조선 사람들이 남긴 유서

유서에 해당하는 글을 남기고 자살한 조선 사람들도 있다. 절명시絕命詩나 절명사絕命辭가 대표적인 예인데, 이들 대부분은 성리학적 세계 안에서의 삶과 죽음을 말한 것이다. 즉 죽은 남편을 따라

자살론: 고통과 해석 사이에서

목숨을 버린 '열녀'들이나 왕조의 몰락과 함께 순사한 지배계급의
구성원들이 남긴 글들이다. 물론 그런 문장 안에서 조선 사람들도
오늘날 사람들과 비슷하게, 죽음 앞에 홀로 서서, 남은 사람들에게
일일이 당부의 말을 전하기도 하고 자살을 결심하게 된 운명을 한
탄하기도 했다.

다음의 유서를 보자. 글의 '나'는 27세에 과부가 되고, 16년 뒤
인 43세에 음독자살했다. 이 글은 피가 군데군데 묻어 있어 해독
이 불가능한 부분이 있다. 자기 손가락을 끊어 피로 쓴 것이기 때
문이다. 좀 섬뜩하지만 사실 이 유서는 사랑하는 아들에게 보낸 마
지막 편지다. "운문이 전혀 섞이지 않은 완전한 산문 형태의 구어
체"[16] 한글 문장으로 써 있어 절절하고도 단정하다. 유서를 통해
알 수 있는 '죽음의 원인'은 무엇이며, 이 자살은 현대인의 그것과
어떻게 다른가?

> 몽아비 보아라.
>
> 내 집 가난하니 백사에 네 가슴 태우는 일 알겠고 네 머리 반백 되었
> 으니 내 가슴 아프고 넉○지 못한 살림 살며 가슴 태우는 일 알겠고
> [혈흔으로 해독 불가] 네 내 자식 된 지 해 [혈흔으로 해독 불가], 내 초년
> 일은 오히려 네 모를 듯하니 대강 이르노라. 슬프다, 네 아버지 초상
> 에 함께 죽기가 무엇이 어려우리마난 팔십 시어머니 의지하실 데 없
> 고, 가장의 후사를 잇지 못하고 두 딸이 어리니 차마 함께 죽지 못하
> 고, 그후 시어머니 삼년상 지내고, 네가 장성하고 딸도 다 시집을 갔
> 으니 벌써 죽을 것인데, 네 효성 지극하여 연전에 내 병이 위중하여

어쩔 줄 모르니, 단지도 극진하거든 초상을 당하면 얼마나 큰 슬픔이 겠냐? 네 마음 이러하니 내 차마 일시에 속이지 못하여 내 죽기를 지금까지 슬퍼 머뭇거렸더니 [혈흔으로 해독 불가] 아마 남은 생애가 많지 아닐 듯하고, 병들어 죽고 싶지는 않고, 한날 죽기로 한 '맹서'는 고치기 어렵고 이 맹서를 바꾸면 지하에 가서 남편을 대할 낯이 없을 듯하여, 네 효심을 다 보지 못하고 돌아간다. 며느리 태기가 있는 듯하니, 아들인지 딸인지 보고 죽을 것인데 내 마음 일시 급하여 [혈흔으로 해독 불가] 하기 절박하여 마지못하여 죽는다.[17]

숙종 42년(1716), 경남 진주에서였다. 그녀는 더 살아야 할 이유가 많지만 '마지못해' 죽는다고 썼다. 늙어 고생하다 맞을 죽음이 효성스런 아들을 고생하게 할 거 같기도 했지만, 그보다도 더 결정적인 것은 젊은 날에 한 '맹서'를 지키기 위해서다. 그것은 젊어 죽은 남편을 따라 죽어야 한다는 당위이며 자기 다짐이다. 대단한 남성중심사회였던 조선은 이처럼 여성들의 삶 자체나 '사랑'을 절개나 정조 밑에 종속시킬 수 있었다. 그래서 저 여인들은, 부모에 대한 효나 자식 키우기라는 또다른 막중한 의무 앞에서 잠시 순사를 미뤄둔 '집행유예' 즉 '미망未亡'의 삶을 살다가 결국 '자발적'으로 죽은 것이다. 이씨의 죽음은 효심 깊은 아들에 의해 조정에 알려져 그녀는 '열녀'로 정려됐다. 즉 '나'는 저렇게 살다 죽어 국가가 인정한 '공식 열녀'가 된 것이다.

이외에도 1758년 남편이 28세의 젊은 나이로 갑자기 죽자 장례를 다 치르고 난 뒤 90일 만에 자살하며 가사 형식의 시로 유서를

자살론: 고통과 해석 사이에서

남긴 한산 이씨의 「절명사」, 역시 남편이 죽은 지 딱 백 일이 되던 날 아버지를 비롯한 남은 가족에게 아홉 통의 유서를 남기고 33세의 나이로 음독자결한 남원 윤씨의 「명도자탄사命道自歎辭」, 그리고 근대 이행기인 1901년 다른 유서에 비해 좀더 짙은 '여성으로서의 분노'를 담아 쓴 「김부인 유훈서」 등이 남아 있다.[18] 한결같은 '미망인'의 절사節死이며 순사의 변이다. 조선에서 자살한 이 중 이렇게 이름 없이 성姓만 남은 여인들만 유서를 쓴 것은 아닐 것이나, '열녀'들의 유서가 특히 보존되고 기려졌다는 것은, 조선사회에서 그들만이 자살에 대한 공인받는 '정당한' 사유를 갖고 있었다는 뜻도 된다. 대개 저런 유서들은 사건을 접한 주변의 엘리트 남성들이나 가문의 명예를 높이고자 한 후손들에 의해 그녀들의 행장기와 함께 책으로 묶임으로써 보존됐다. 그 죽음은 성리학적 젠더윤리의 진정성을 증명하는 '모범'이었고 '살아 있는' 증거였기 때문이다.

한편, 1905~10년 사이에 조선(대한제국)이 망하자 절명시나 절명기를 남기고 죽은 '충신'들이 있었나. 이 죽음들의 위치는 과도기적이고 이중적이다. 한편으로 이 죽음들은 나라가 망하자 순사한 중국의 굴원이나 고려 유신 등의 매우 오래된 '선비' 전통을 따른 것이면서, 다른 한편 죽음의 동기나 후과에서는 근대적인 면을 포함하고 있었기 때문이다. 조선의 마지막 유생 몇몇이 서로 엇비슷한 방법으로 글을 남기고 죽음을 맞았으나 가장 유명한 것은 황현의 절명시다.

'마음의 봉건'으로부터의 이행

금수도 슬피 울고 산하도 찡그리니

무궁화 세상은 이미 망해버렸다네

가을 등불 아래서 책 덮고 회고해보니

인간 세상 배운 자 노릇 참으로 어렵구나

(황현, 「절명시」 제3수)

이 시가 많이 회자되고 지금껏 인용되기도 하는 이유는 내용이 직설적이고, 또 '배운 자' 즉 식자 노릇 어렵다는 자탄이 지식인들의 공감을 불러일으킬 만하기 때문이다. 특히 마지막 4연은 단지 고루한 조선의 선비가 아니라, 각성한 '낀 존재'로서의 근대적 지식인의 자기의식을 토로하고 있는 것으로 읽힐 수 있다.

그리고 자살과 관련된 담화 중 상당 부분을 차지하는 것은 자살의 고사古事들인데, 말한 대로 초나라 충신이었다는 굴원이라든가 고려의 유신들이 인용되는 자살 서사의 주인공들이다. 그 같은 자살 담론의 기본은 '절사節死'인바, 자살에 관련된 조선의 사회적 무의식이나 환유의 구조를 이루던 것이 무엇인지 짐작해볼 수 있다.

분하고 억울해서 죽다

조선시대뿐 아니라 근대로의 이행 초기까지 자살과 결부된 강력한 담화소의 하나는 '분憤'이었다. '분'은 자살을 야기한 심리적 정동의 표현이자, 그에 대한 윤리적 서사─표상의 일반적인 도구였던 것이다.

그러나 주의할 것은 '분'은 단순히 '분노'나 '화'가 아니라는 점이

자살론: 고통과 해석 사이에서

다. 정확히 말하면 '분'은 '수치·억울함·분노' 등의 복합체다. 자전에도 '憤'은 '결을 내다, 분한 마음, 번민하다, 괴로워함'의 뜻을 갖고 있다. 1896년 6월 27일자 독립신문 기사는 '슬픔+분노' 때문에 자살을 택한 경우를 보여준다. 이 케이스는 근현대 한국인의 자살 유형 중 가장 일반적인 것이기도 하다. 인천 항구의 병막지기 김소성이라는 사람이 "생애(생계)가 없는 데 슬프고 분한 마음을 이기지 못하여" 자기 집 건넌방에서 목을 매 죽었다. 신문은 김소성에게 품을 파는 칠십 된 노모와, 오십 된 병든 처가 있었다며 그의 어려운 형편을 '서사'하고 있다. 이른바 '생계형 자살'로 분류될 만한 사건이다. 신문은 김씨 부부에게 자녀가 하나도 없었고, 김씨의 네 형제도 모두 흩어져 살고 있었다는 점을 부기했다. 의지하거나 '지지받을' 가족이 충분하지 않았기 때문에, 김씨의 고통이 인내될 수 없었다는 것으로 자살 '동기'를 설명하고 있는 것이다. 가족 사이의 갈등이나 가족에 의한 억압이 분명 자살의 유력한 동기가 되기도 하지만, 정반대 경우도 많다. 효孝가 지상 최고의 가치이며 대가족 형태로 유지되는 가족 공동제에 속한 개인이 자살을 선택하기란 쉽지 않을 것이다. 뿐 아니라, 공동체에 '마음'을 위탁해놓은 개인이나 그 속에서 누리는 지위가 확고한 사람이 자살할 확률은 낮다. 어쨌든 주목할 점은, 이런 나름의 복잡한 원인이 있는 '자살'도, "슬프고 분한 마음을 이기지 못하여"를 써서 표상되고 있다는 점이다.

한편 '분노+수치' 혹은 '분노+슬픔'이 아니라 '분노'로만 표현한 경우들도 있다. 독립신문에 의하면, 1896년 8월 남편이 송사 끝에 감옥에 갇히게 되자 그 아내가 소송 상대방 남자에게 소訴를 중단할 것을 하소연했다가 모욕을 당하고 "분함을 못 이겨" 자살한 일이 있다. 같은 해 1896년 11월에는 띄골 김성삼이라는 사람의 아내가 부부싸움 끝에 "분함을 이기지 못하여" 우물에 빠져 죽었다. 반면 1897년 2월에는 마포 공덕리에 살던 부부가 싸움을 한 후 남편이 "분함을 이기지 못하여" 불을 질러 자살을 기도했다.[19] 이처럼 1890년대 후반 독립신문에서 자살＝분사라 할 수 있을 정도인데, 이러한 수사修辭를 사용한 것이 이 신문만은 아니었다. 1909년 6월 철도 역무원 강성근이라는 사람이 아편을 먹고 자살했다. 대한매일신보는 일전에 그의 아내가 도망을 갔는데 "분한 마음이 났던지" 그랬다고 썼다.[20]

물론 '분노'에는 억울함이나 원怨도 결합·함축돼 있다. 특히 힘없는 존재가 다른 방법으로 분과 원을 풀 길이 없을 때, 자살한 사례들도 있었다. 세종 때 평안도·함길도로 전라·경상도의 백성을 강제 이주시킨 적이 있었다. 명분이야 백성을 위한 것이라 했지만, 저항할 수 없는 힘없는 백성 가운데에서 이주를 거부하다가 자살한 사례가 속출했다. '성군' 세종은 당황했다. 세종은 "백성이 모두 원망하여 스스로 손을 끊고 혹은 자살하는 자까지 있으니" "나의 박덕薄德한 소치"라며, '어린 백성'의 역설적으로 '적극적인' 저항에 당혹감을 표현했다. 그러나 유사한 사건을 다룬 전라도 관찰사는 자살한 자들은 국가의 은혜를 모르고 "죽을 땅에 가는 것처럼 여기어 자살하기에까지 이르렀으니 악역惡逆이 막심한 것"이라며, 그대로 두면 "후래에 잔인하고 생명을 가볍게 여기는 무리들이 계

자살론: 고통과 해석 사이에서

속해 일어날 것이니" 자살자의 유족을 처벌하자고 했다.[21]

결국 이러한 자살 서사를 통해 두 가지를 유추할 수 있다. 첫째, 옛 문헌 속의 자살자들이 '분함을 이기지 못하여' 자살했다는 점이다. 여기에 수치와 같은 다른 감정의 문제를 결부시킬 수도 있다. 복수할 수 있다면 분노도 수치도 풀리는데, 다른 방법이 없었기 때문에 자신을 공격하는 방법을 쓴 것이다. 윤리적 자존감의 구조는 문화에 따라 어떻게 다를까? 이 자살은 타인(외계)의 힘에 떠밀린 수동적인 성격을 띤 것일까? '분사'라는 자살에는 능동성과 수동성이 역설적으로 결합되어 있다.

그런데, '분하고 수치스러워서'라는 심리적인 동시에 윤리적인 자살 동기를 표시하는 말은, 조선 사람들의 충동적이고 즉자적인 감성·성벽을 표시하는 말이 아니었다. 그것은 유교 공동체인 조선을 떠받치던 주자학 이념과 깊이 연관된 정동이었다. 사단四端 중 하나인 수오지심羞惡之心의 '부끄러움'을 가리키는 '수'는 자신의 부도덕에 대해 부끄러워하고 반성하는 자세를 가리키고, 증오를 말하는 '오'는 타인의 부도덕에 대한 판단과 교정의 자세를 말한다. 수와 오는 서로 다르지 않은 하나다. 즉, 자기 잘못을 부끄러워해야 하고 타인의 잘못을 미워해야 한다. 그런데 의분義憤과 즉통하는 이 수오는 공격적이다. 의분은 자기 스스로나 타인에 의해 어떤 근본적인 도덕적 가치가 훼손됐을 때 당연히 일으켜야 하는 감성이다. 의분 없는 인간은 윤리적이지 않은 것이다. 수오와 의분의 논리에 따르면 자기 스스로에 대한 처벌[自處]과 타인에 대한 의로운 폭력도 모두 정당화될 수 있었다. 죽임이나 죽음은 의를 행하는 유력

'마음의 봉건'으로부터의 이행

한 한 가지 방법이었던 것이다.[22] 이런 견지에서 명예자살과 타인에 대한 의살義殺의 경계는 주자학적 세계 안에서는 좀 흐릿했던 것같다. 하기야 자살을 타인에 대한 공격성이 자기로 향한 것이라 간주하는 프로이트의 논리에서도 죽임과 죽음의 차이는 불분명하게다뤄진다. 그러나 실제로는 이 경계가 매우 복잡하지 않겠는가.[23]

둘째, '분'은 당시 사람들의 자살에 관한 앎과 표상이다. 실제로자살자들이 '분을 못 이겨' 자살했을 수도 있고 아닐 수도 있다. 중요한 것은 독립신문을 위시한 여러 옛 문헌이 독자들이 납득하게끔 '자살 원인'을 '사실'로 쓸 때, '분함을 이기지 못하여'라는 관용구를 동원하는 것이 가장 적절했다는 것이다. 이 짧은 구절에서 당시조선인의 자살과 윤리에 대한 생각의 단면을 볼 수 있다. 즉 이해할수 있는 '자살'은 모욕을 당하거나 '분을 못 이기는' 상황에서 결행되는 것이다.

그렇다면 이 같은 감성＋윤리(≒망탈리테)의 차원에서 '자살의 근대'는 무엇일까? 의분의 이념적·문화적 기반이 해체되는 것, 다시말해 타자와 자신에 대한 도덕적 처벌로서의 자결이나 의살의 주자학적 가치체계와 그 수행성이 무너지고 난 뒤에 '자살의 근대'가시작되는 것이라 해도 좋을까? 또는 '분'을 이길 합리적 방법을 찾는 것, 다시 말해 '분을 못 이겨' 제 목숨이나 남의 목숨을 끊을 수있는 정동이, 합리적이고 절차가 차갑고 지루한 법과 제도의 과정으로 대체되게끔 하는 과정과 근대화·문명화가 긴히 관련된다고해도 좋을까?[24] 단언하기 어렵다. 조선 후기에 들면서 격쟁·상언

자살론: 고통과 해석 사이에서

같은 평범한 백성들의 '법적' 행위가 엄청나게 증가한 사실도 있기 때문이다. 하지만 '부모의 원수' 등 타인을 '의살'하는 '윤리적' 관행과 이에 대한 법의식 자체가 근대에 들며 바뀐 것은 사실이다. 조선총독부에 의해 1912년에 간행된 『관습조사보고서慣習調査報告書』에도 이런 사실이 적시돼 있다.

이런 변화는 자아에게 지우는 윤리적 부담이 '법'의 테두리 안이나 혹은 그 이하에 머물게 하고, 선악에 대한 판단도 '법'조항과의 관계나 그 이하에만 닿는 과정, 그리고 죽임과 죽음의 경계를 보다 확실하게 하는 과정에 다름 아닐 것이다. 그리고 봉건적 잔혹성·단호함이 근대적·자유주의적 인권의 논리로 대체되며 육체와 신체형에 대한 생각이 바뀌게 된 과정도 그를 둘러싼 맥락을 이루고 있을 것이다.

분사의 이념적·정치적 코드

지금은 '분사'라는 말 자체가 사어死語가 되다시피 했지만, 분사가 진한 정치적 맥락을 가진 용어였다는 점도 지적되어야 한다. 앞에서 본 것처럼 전근대인에게 분은 의義에 대한 자각으로부터 나오는 것이며, 이는 치욕을 참지 못하고 타인에게 폭력을 가하거나 스스로 목숨을 끊는 행동을 합리화하는 근거가 돼왔다.

의는 당연히 집합적이며 또한 이념적인 가치다. 한국사에서 정치적 반향을 불러일으킨 자살 사건은 모두 분사의 일종이라 볼 수 있다. 근대 초, 대한제국이 일본에 의해 망한 1905~10년에 이르는 동안, 애국주의적 동기로 자살한 '지사志士'들이 많았다. 이한

'마음의 봉건'으로부터의 이행

응, 이준, 민영환, 조병세, 박승환, 황현 같은 엘리트 계급의 인사
들은 조선이라는 나라와 함께 순사殉死하기 위해 '분사'했다. 이들
의 자살은 분노를 민족적 각성과 연결시키려 한 시도였고, 경우에
따라서는 큰 반향을 끌어내기도 했다.

주지하듯, 그중 당시 대한제국사회에 가장 큰 충격을 준 것은
1905년 11월의 민영환의 죽음이었다. 그는 한문으로 된 세 통의
유서를 남겼다. 근대국가로의 전환에 실패하고 제국주의에 의해
멸망하게 된 국가의 최상층 엘리트로서 민영환은, 자신의 죽음이
'국민적' 저항의 수단이 되기를 바라고 호소했다. 그의 죽음은 조
병세 등의 연쇄자살의 도화선이 되는가 하면, 일반 사회에도 큰 반
향을 불러일으켰다. 가장 대표적인 것은 그가 죽은 자리에서 혈죽
이 피어났다는 소문이다. 대나무[竹]는 물론 봉건적 절개의 상징이
다. 대중은 그의 죽음에 대해 다분히 봉건적인 표상과 미디어(소문)
를 동원해 수용하고 반응한 것이다. 그런데, 이 같은 소문을 위시한
그의 죽음과 후과는 모두 황성신문, 대한매일신보 같은 최초의 근
대 미디어에 의해 전파되고 소개됐다. 따라서 민영환의 '정치적' 자
살은 봉건과 근대 사이에 있는 성격의 것이었다고 볼 수 있다.

1907년 6월 30일에 일어난 정재홍의 자살 사건도 1905년에서
1910년 사이의 긴박한 정세와 자살의 문화사적 전이 상태를 보여
준다. 정재홍이라는 무명 청년은, 외국에 갔다가 귀국한 박영효를
환영하기 위해 전직 고관대작 부부들이 모인 공개석상에서 권총
으로 자신의 배를 쏘았다.[25] 정재홍은 즉사하지 않고 병원에 옮겨
졌다. 박영효가 보낸 위문 사자 앞에서 그는 "내 평생의 나라 근심

자살론: 고통과 해석 사이에서

하던 뜻과 일을 이루지 못하고 죽사오니 원하건대 대감께서는 나랏일을 더욱 담착하여 신명을 아끼지 마시고 국권을 회복하며 창생을 구제하오면 죽어도 여한이 없다"고 말하고 절명했다. 정씨의 시체를 남소동(지금의 장충단공원 근처)의 집으로 옮겨 갔다. 그런데 "정씨 모친이 슬피 왈, '이 자식이 살아서 능히 나라를 위하여 공을 세우지 못하고 졸지에 나를 버리고 죽었으니 그 시체를 볼기 치는 것이 가하다' 하였더라" 한다.[26]

이런 기준에서라면 1970~80년대에 결행된 많은 노동자·학생 '열사'들의 자결도 '분사'라 볼 수 있겠다. 또 만약 옛사람에게 노무현 전 대통령의 죽음에 대해서 이야기해준다면 '분사'라는 해석을 내릴 것이다. 그러나 그 죽음은 오늘날의 정신과 전문의로부터 '급성 우울증'이라는 사후 '진단'을 받기도 했었다.[27]

염세와 우울 : 새로운 자살과 근대문학의 시발

'분'의 코드 또는 분사의 자살 서사는 1910년대에 들면서 차차 사라진다. 내신 차츰 "세상을 비관하여"라든가 "세상에 살기 싫은 까닭"[28]과 같은 새로운 화소가 등장해 "분을 이기지 못하여"를 대신해 자살을 해석하게 된다.

일제는 조선의 사회와 형사刑事를 지배하면서 전에 없던 새로운 통계들을 내놓았는데 그중 자살에 대한 것도 있었다. 일제 경찰이 내놓은 1910년치 통계에서 자살 원인은 "정신착란" "병의 고통" "치정 또는 질투로" "가정 또는 친족과의 불화" "지난 잘못을 후회하거나 뉘우침" 등이었다. 실로 엉성한 분류가 아닐 수 없다. 그

'마음의 봉건'으로부터의 이행

런데 1912년에는 중요한 세 가지 이유가 추가되었다. "부채에 의한 자살" "원한에 의한 자살" "염세에 의한 자살"이 그것이었다. 그리고 1913년 이후에는 "죄의 발각을 두려워하거나 형을 면치 못할 것을 알고 자살"한 경우, "장래의 일을 근심해서" "음일淫佚·방탕 끝에" "고용주 또는 부형의 징계 또는 나무람으로 인해" "이혼의 슬픔으로" "남편이나 자식의 행동이 바르지 않음을 탄식하여" "사통私通 임신을 근심하여" "신체의 노쇠나 부자유를 고려해서" "결혼을 꺼려서" "신체 불구를 탄식해서" 등 매우 기술적記述的인 이유들이 추가되었다. "우울로 인해"도 그중 한 항목이었다.[29]

과연 자살의 이유들은 새로워지고 있었을까? 아니면 '자살 원인'을 생각하고 서사하는 방법과 태도가 달라지고 있었던 것일까? 또는 둘 다일까?

이와 같은 공안적·관료적 자살 서사에서와는 별도로, 1910년대 이후 '우울한 주체'는 근대 문예의 주인공이나 서술자로서 낭만성과 개인성을 구현하는 가장 중요한 역할을 맡는다. 여기서 자살충동은 분과 같은 급격하고 폭발적인 마음의 작동이 아니라, 만성적인 마음의 질환과 누적된 우울의 결과로 서술돼 있다.

(…) 나는 늘 적막하다. 늘 춥고 늘 괴롭다. 사방에서 고마운 친구들이 내 몸을 덥게 하려고 입김을 불어주건마는 대한大寒에 벌거벗고 선 나의 몸은 점점 더 추워갈 뿐이다. 여러 고마운 친구들의 훗훗한 입김이 도리어 내 몸에 와서 이슬이 되고 서리가 되고 얼음이 되어, 더욱 내

자살론: 고통과 해석 사이에서

몸을 얼게 할 뿐이다. 차라리 이렇게 고마운 친구들까지 없어서 나로 하여금 '세상이 춥구나' 하고 원한의 장태식長太息을 하면서 곧 얼어죽게 하였으면 좋겠다. (…) 세상이 나에게 이러한 애정을 주는 것은 마치 임종의 병인에게 캄프르 주사를 시施하는 것과 같다.

이 글은 1918년 3월 이광수가 발표한 「방황」(『청춘』 12호)의 일절이다. '우울'과 결부된 죽음충동이 이처럼 '나'를 화자로 해서 상세하게 기술된 것은 이전에는 없던 일이었다. 이 우울해져서 무기력하고, 그러면서 비꼬인 '나'는 가족이나 친구 같은 타자들로부터 자기를 완전히 격절시킬 수 있는 독립적인 내면을 갖고 있다. 또한 타인의 관심과 애정은 나를 죽지 않게끔 하는 지지대가 아니라, 일시적인 생명연장제(캄프르 주사)에 불과하거나 그보다 못하다. "고마운 친구들"의 입김이 오히려 서리나 이슬처럼 차갑게 느껴진다 한다. 그런데 이 같은 강렬한 자살생각은 이광수다운 코드로 전화된다.

"노형老兄의 몸은 이미 노형 혼자의 몸이 아닌 줄을 기억하시오. 조선인 전체가 노형에게 기대하는 바가 있음을 기억하시오."
하던 것을 생각하였다. 이는 내가,
"나는 어째 세상에 아무 자미滋味가 없어지고 자살이라도 하고 싶으오."
하는 내 말을 반박하는 말이었다. 과연 나는 조선 사람이다. 조선 사람은 가르치는 자와 인도하는 자를 요구한다. 과연 조선 사람은 불쌍하다.

'마음의 봉건'으로부터의 이행

‘혼자의 몸이 아님’ 또는 ‘조선 민족의 기대’에 대한 내면화는 개인화에 대한 효과적인 방어벽이다. ‘세상에 아무 재미가 없는 나’는 조선 민족이라는 확대된 ‘자아’ 앞에서 다른 심리적 기제를 찾아낸다. 여기서 이광수 소설의 서술자는 미묘한 태도를 취하는데, 염세에 대한 ‘민족’이라는 반박 앞에서, 문제를 계몽의 불가피성에로 옮겨놓고 ‘조선인들이 불쌍하다’고 한다. 이광수식 자아의 퇴폐성이 드러나는 구절 아닌가. 적어도 여기서 그는 온전한 개인주의자도 아니고, 그렇다고 기껍게 민족주의를 택하는 것도 아니기 때문이다. 그는 ‘민족’과 ‘계몽’ 같은 것이 정세적으로 요청되는 가치임을 알고, 그 한계를 알면서도 ‘민족’을 선택한다.

강하게 말하면 한국 근대문학 자체가 새로운 죽음충동과 함께 성립된 것이라 해도 좋을 것이다. 즉 ‘초기 근대소설=자살론’이라 해도 과장이 아닐 만큼 초기 근대소설의 ‘자아’는 우울과 허무한 자의식에 휩싸여 있고 자살생각에 대한 표백으로 점철돼 있다. 특히 ‘1919년 세대’라 할 김동인, 염상섭 등의 소설이 그렇다. 1921년 『개벽』에 발표된 염상섭의 「표본실의 청개구리」 한 부분이다.

“자살?” H는 웃으면서 나를 쳐다보았다.

“……미인의 손에. 나 같은 놈에게 자살할 용기나 있는 줄 아나? 아아하.”

“누구에게? 미인에게 죽을 지경이면 한 두어 번 죽어보았으면…… 헤헤헤.”

“참 정말…… 하여간 아무 고통 없이 공포도 없이 죽는 경험만 해보고 그러고도 여전히 살아 있을 수만 있으면 여남은 번이라도 통쾌해……
목을 졸라매일 때의 쾌감! 그건 어떤 자극으로도 얻을 수 없는 것이야.”
나는 무엇이라고 형용할 수 없는 썩어가는 듯한 심사를 이기지 못하
여 입을 다물고 올라가던 길로 천천히 내려오다가, H의 묻는 것이 귀
찮아서 다점茶店 앞으로 지나오며 꿈 이야기를 들려주었다.
……무슨 일이었던지 분명치는 않으나…… 아마 쌀을 찧어서 떡을
만들었는데 익지를 않았다고 해서 그랬던지……? 하여간 흰 가루가
뒤발을 한 손을 들고 마루 끝에서 어정버정하다가 인제는 죽을 때가
되었다는 것처럼 손에 들었던 수건으로 목을 매고 덧문을 첩첩이 달
은 방 앞 툇마루 위에 반듯이 드러누우니까, 어떤 바짝 말라서 뼈만
남은 흰 손이 머리맡에서 슬그머니 넘어와서 목에 매인 수건의 두 자
락을 좌우로 슬금슬금 졸라대었다.
그때에 나는 이것은 당연히 당할 약조가 있었다는 것처럼, 어떠한 만
족과 안심을 가지고 눈을 감은 채 조용히 드러누웠었다. 그때에……
차차 목이 매여올 때의 이상한 자극은 낙지落地 이후에 처음 경험하
는 쾌감이었다. 그러나 무슨 까닭에 이같이 일찍 죽지 않으면 안 되는
가…… 참 정말 죽었는가 하는 의문이 나서 몸을 뒤틀며 눈을 번쩍 떠
보았다……

염상섭 소설에서의 자살생각도 이전 시대 문학작품이나 문헌에
서는 전혀 볼 수 없는 표현방식으로 발화되고 있다. 자기가 목을
매는 광경을 상상하고 그 느낌을 기술한다. 그 충동은 성적 쾌감과
도 연관되어 있다. 자아심리학과 ‘자기의 테크놀로지’는 이렇게 크

게 달라지고 있었다. 염상섭의 이 소설은 독립신문의 자살자들로 부터 불과 20여 년이 지난 후 발표된 작품이다. 그리고 염상섭의 '처녀작'이기도 하다.

분에서 고苦로, 또는 수치에서 우울憂鬱로. 자살의 개인적이며 심리적인 동기와 그 표상의 변화가 두드러진다. '고'는 생활고나 병고 등의 고통을, '울'은 염세와 우울 등을 의미한다. 뒤에 더 살피겠지만, 자살에 이르도록 하는 개인의 고통은 '사회적인 것'의 모순이 개인에게 전이된 것으로 의미화하며, '우울한 주체'는 더 다양화한다.

그중 '염세'와 '허무'의 표상이 20세기 초에 두드러진다. 물론 이는 처음에 세기말 유럽이나 일본의 문화적 영향으로 생겨난 코드와 포즈로 보인다. 하지만 '염세자살'이 그 자체로 하나의 단어가 될 정도로, 20세기 중반까지 '염세'는 '우울'을 압도하거나, 혹은 그것을 포함하는 단어가 됐다. 즉 '염세'는 자살에 이르게 만드는 개인적인 고민과 '우울'을 표시하는 계열의 언어 중 가장 강력하고 유용한 것으로 간주된 것이다.

그러나 근래에 이르러 '염세'는 그 자체로 별로 쓰이지 않는 어휘가 됐다. 이 변화도 미묘하고 흥미롭다. '염세'는 세계에 대한 자아의 적극적인 혐오의 태도인 데 반해, '우울'은 세계를 내면화하는 과정에서 주체에게 생겨난 인지나 기분장애 상태를 일컫는다. 후자가 더 소극적인 뉘앙스를 띤다.

자살론: 고통과 해석 사이에서

'자살의 근대'와 근대적 개인

자본주의 경제가 만드는 문제상황, 또한 친밀성의 구조와 젠더 관계의 변동, 그리고 자살을 대하는 국가와 미디어의 태도가 '자살의 근대'의 사회·문화적인 요소들이다. 이들은 비교적 분명하게 자살의 '근대'와 '봉건'을 준별하게 해준다. 그에 비해, 자살에 관련된 망탈리테와 자아의식의 새로운 정황이나 이행은 서술하기 쉽지 않다. 과연 봉건시대를 살던 사람의 생명에 대한 관념과 개인적인 의식은 근대인의 그것이 다르다고 할 수 있나? 복잡하고 분열적인 자의식을 가진 '개인'이 '비로소 근대에 출현한다'는 명제를 부정하기 어렵다. 이를테면 '근대 개인'을 연구대상으로 삼은 문화사가 야코프 부르크하르트 Jacob Burckhardt 는 『이탈리아 르네상스의 문화』(1860년)에서 다음과 같이 단언했다.

중세에는 의식의 양면, 즉 바깥세상을 향한 면과 인간 자신의 내부를 향한 면이, 마치 같은 베일 아래 잠들어 꿈을 꾸는 것처럼, 또는 반쯤 깨어 있는 것처럼 누워 있었다. 그 베일은 믿음, 어리석음, 망상으로 짜인 천이었다. 그 베일을 통해서 보면 세계와 역사는 황홀하게 채색된 듯 보였고 인간은 자신을 인종, 민족, 정파, 단체, 가족 또는 다른 일반적인 형태로만 알고 있었다. 먼저 이탈리아에서 이 베일이 바람에 날아가버렸다. 그 바람은 세상의 모든 사물과 국가에 대한 객관적 시선과 태도를 일깨운다. 그런데 그 옆에서 주체성이 벌떡 일어나면서 인간은 영혼을 지닌 개인이 되고 자신을 그런 존재로 인식한다.[30]

과장된 것 아닐까? 이런 인식은 중세인과 근대인 사이의 지나친 단절을 상정하는 듯하다. 그런데 양자의 차이를 강조한 것은 단지 '근대를 특권화'하는 수많은 '근대주의자'의 착각만은 아니다. 문학 작품은 물론, 중세나 고대의 문헌에서 근대인의 그것과 유사한 자기의식을 나타낸 글을 찾아내는 것은 매우 어렵다. 또한 전통시대와 달리 근대 이행기의 문헌(18~19세기)에 쓰인 일기 같은 데서 근대인의 그것과 유사한 개인주의나 자의식을 표백한 경우가 발견되기도 하지만, 광범위하다고는 할 수 없다.

그렇다면, '자살의 근대'를 규정짓는 역시 결정적인 심급은 자살하는 개인과 사회의 관계인가? '그렇다'고 먼저 답한 사람은 뒤르켐이다. 그는 이기적 자살과 이타적 자살의 차이를 논하면서, "지나친 개인주의"가 '근대적' 자살의 '원인'이라는 점을 강조한다. "지나친 개인주의는 자살을 유발하는 원인을 촉발할 뿐 아니라, 그 자체가 자살을 유도하는 원인"이며, "지나친 개인주의는 자살 의도를 막는 장애물을 제거할 뿐 아니라, 처음부터 자살 경향을 만들어내어 특별한 종류의 자살을 일으킨다"[31]는 것이다. 뒤르켐은 어떤 상태의 개인주의를 염두에 두고 저같이 말했을까? 식민지 시대 조선인 전체가 '신체발부수지부모' 같은 이데올로기나 과거의 농촌공동체에 의해 결박돼 있지는 않았을 것이다. 그러나 그들 중의 자살자가 과연 "지나친 개인주의"자였을까? 물론 자살한 식민지 조선인들이 모두 1920년대 초기 신문학 작가들의 소설에 나오는 자살자 같은 '내면을 가진 근대인'이었다고도 말할 수 없다. 자살한 식민지 조선인 중에서도 여전히 '마음의 봉건'하에 살고 있는 사람들도 있었을 것이다. 따라서 근대 초기의 사람들 마음에 자리한 '비동시적 동시성'을 그리는 것은 쉽지 않다. 개인주의와 '자살의 근대'의 연관성을 인정하면서 동시에 사람들의 '마음'에 온 '근대'나 죽음에 관한 망탈리테 자체를 근대적 개인주의와 연관 짓는 데 많은 매개가 사유되어야 한다.

절節과 수치에서 고苦로
: 자살과 젠더 관계에 일어난 변화

ﾔ

자살과 조선의 여성

그런데 여성 자살의 경우 이 심리적 '원인'의 계열체는 다소 다르게 구조화되고 변화해온 듯하다. 개인의 마음과 몸에 일어나는 사건인 만큼 자살은 기본적으로 젠더적이다. '나의 육신을 죽인다'는 윤리적 행위에 성과 성차의 질서만큼 큰 영향을 미치는 것도 없다. 또한 친밀성과 대상의 상실은 강력한 우울을 야기하고, 연애와 치정은 주체를 도덕적 위기와 '비이성'의 상황에 빠뜨리기 십상이다. 부부관계와 가족의 질서가 '마음의 삶'에 미치는 영향은 그야말로 '최종심급'이라 할 만하다.

전근대사회의 자살이 오늘날보다 훨씬 더 '젠더적'이라 말할 수 있을까? 왜냐하면, 개별자를 자살에 이르게 하는 사회적 압력이 양성에 완전히 다른 힘으로 작용했기 때문이다. 쉽게 말해 조선 사회의 남녀가 자살을 생각하고 또 실제로 자살하는 정황은 오늘날과 판이하게 달랐다. 예컨대『심리록』에 나타난 남성 자살 건수는 여성 자살 건수보다 적고, 정조를 위시한『심리록』의 사건 조사자·해석자들은 남성의 자살을 예외적이고 있어서는 안 될 사건으로 다룬다.[32] 조선의 '질서'는 여성에게 훨씬 냉혹해서, 여성은 남성보다 훨씬 무거운 도덕적 굴레를 쓰고 살았다. 그래서 남녀가 함께 벌인 일에 대해서도 폭력적으로 징죄당하거나, '죄'를 내면화해 스스로를 처벌하는 존재는 주로 여성이었다. 유교적 남성중심주의란 오늘날 사고방식으로는 도저히 상상할 수 없게 강력하고 잔혹해,[33] 여성의 생명이나 인권은 '정절' 같은 가치보다 결코 크지 않았다.

남편이 죽었다는 이유로 남편의 뒤를 따라 자살한 '열녀'는 조선 전후기에 걸쳐 허다하게 뮤헌에 나타난다(물론 반대 경우는 거의 없다). 이를테면『중종실록』에는 남편이 강에서 목욕하다가 눌에 빠져 죽자 그 아내가 "비명에 간 남편을 슬퍼한 나머지 드디어 목매어 죽음으로써" 남편 뒤를 따랐다는 이야기가 있다.[34] 임란 때 고경명 부대에서 왜군과 싸우다 죽은 유팽로의 아내도 그리고 남편이 역적의 혐의를 쓰고 죽자 자신도 바로 그날 자결한 최유석의 아내도 그러했다.[35]

자발적(?) 순사殉死라고 할 만한 이런 자살은 특히 성리학적 질서가 전일적인 지배력을 발휘한 조선 후기에 크게 늘어났다. 숙종

'마음의 봉건'으로부터의 이행

36년(1710)에 개성에 살던 오씨는 '모범적인' 열녀였던 듯하다. 그녀가 자살하고 열녀문을 받은 이야기는 미담으로 공식 문헌에 써 있다. 『숙종실록』의 한 절이다.

오씨는 17세에 시집을 가서 과부인 시어머니와 남편을 성심껏 섬겨 칭찬이 자자했는데, 남편이 고질병에 걸려 죽었다. 이후 식음을 폐하고 남편을 따라 죽으려 했지만 늙은 시어미가 간절히 권하여 목숨을 끊지 않았다. 와중에 죽은 남편의 어린 아우가 장가들어 그 시어머니가 신부를 맞이해 보려고 종가宗家에 가게 됐다. 시어머니는 이웃의 노파를 불러 몸져누운 오씨를 간호하게 하였다. 그러자 오씨가 그 노파에게 울면서 말하기를, "내가 자결하고자 한 지 오래되었으나, 지금까지 구차하게 살았던 것은 늙은 시어머니와 어린 시동생을 버리고 갑자기 죽는 것이 망부亡夫를 저버리는 것이 되기 때문이었다. 이제 봉양할 사람이 있으니, 내가 비록 죽어도 눈을 감을 수 있을 것이다" 하고, 옆집 노파에게 집으로 돌아가서 밥을 짓도록 권하고는 곧 수건으로 목을 매 죽었다. 손에 지아비의 목주木主를 굳게 잡은 채 놓지 않고 있었으니, 멀고 가까운 이웃에서 슬퍼하지 않는 이가 없었다. 유수留守 김만채金萬埰가 계문啓聞하니, 정려旌閭하도록 명하였다.[36]

오씨의 자살 동기는 간명하다. 남편이 먼저 죽었기 때문이다. 그녀는 남편이 죽고 난 뒤에 진작 죽으려 했으나 며느리로서의 의무를 다하기 위해 죽음을 늦췄다. 이런 자살을 '열정적 사랑amour passion'의 종장終章에 있는 죽음의 한 형식이거나 전근대적 형태의

자살론: 고통과 해석 사이에서

정사情死라고 볼 여지는 없을 듯하다.

스스로 죽는 것은 언제나 여성이다. 성종 때 성균관 학록學錄이던 오한상의 첩은 무슨 까닭인지 남편에게 버려졌다. 그러나 그녀는 혼자 무안에 살면서 절개를 지켰다고 한다. 그러던 어느 날, 이웃의 남자에게 강제로 "절조節操를 빼앗"겼다. "여자가 말하기를, '내 능히 정절을 지키지 못하고, 강포强暴한 자에게 욕을 당한 바 되었다' 하고는 마침내 목을 매어 죽었다."[37] 조선 후기의 대표적 염정 소설『운영전』에서도 열정에 넘치는 여성 운영이 비극적 사랑 끝에 결국 스스로 목숨을 끊는다. 물론 그녀의 연인 김진사는 아니다.[38]

조선 후기 사회는 정말 무수히 많은 열녀담을 남겨놓았다.『열녀 홍씨전』『홍열부전』등에 기록을 남긴 실존 인물 홍씨 사건은 그런 열녀 이야기들이 가진 모티프를 다 갖고 있으면서, 동시에 종합적으로 자살의 젠더 문제를 보여준다. 남양 홍씨 양반 가문에서 태어난 홍씨는 1672년에 양반가 이세중의 집으로 시집갔다가, 13년 만인 1685년에 칼로 자기 목을 찔러 자살했다.[39] 아주 복잡한 우여곡절 끝이었다.

홍씨는 애초에 남편이 결혼한 지 수개월 만에 병으로 죽자 자신도 자살하려 했다 한다. 그러나 성공하지 못했다. 그런데, 이세중의 다른 아들이 나쁜 마음을 품고 홍씨를 집안에서 축출하기로 했다. 재산 분배 때문이었는데 그가 쓴 치사한 방법은 과부 홍씨의 부정不貞을 무고한 것이었다. 이런 식의 무고와 모함은 수절 여성을 공격하는 방법으로 흔했고 또 치명적인 수법이었다. 여성들이 이런 상황에서 할 수 있는 일은 별로 없었는데, 자기의 결백을 증명하기 위해 자결한 경우도 허다했다. 조선의 '흔한' 명예자살이라 할 수 있겠다.

이 사건에서도 악인들이 기대한 것은 홍씨가 스스로 자결하는 일이었다. 즉, 정절 문제로 모함당한 여성이 흔히 빠져드는 함정에 홍씨를 몰아넣고자 했던 것이다. 그러나 홍씨는 스스로 죽는 일이 악인들의 모해에 굴복하는 것이라 생각하고, 자기 신체를 판관 앞에 노출하면서까지 결백을 증명했다. 결국 그녀는 명예를 회복했고 악인들은 처벌받았다. 그러나 바로 이 승리의 순간 그녀는 자결했다. 자기 명예를 더욱 완전하게 하기 위해서였다.

조선 후기에 이르러 오히려 성리학적 도덕이 더 강하게 사회를 장악했다. 임란이나 호란 때문에 사회가 뿌리째 흔들린 데 대한 반동일 것이다. 한쪽에서는 천주교의 수용 같은 새로운 이반이 생겨났지만, 오히려 성리학이 하층 백성의 일상·가족 윤리까지 장악했다. 여성의 권리가 완전히 유교적 가부장제의 부속물로 되고 난 뒤, 자살하는 여성이 대거 늘어났다.

강간으로 인한 실절이나 남편의 죽음은 곧바로 여성이 자살할 이유가 되었다. 그런 이유를 가진 여성에게 암암리에 자살이 강요·권장되기도 했을 것이다. 애초에 조선에서 태어난 여성은 자기 삶의 방식을 결정할 수 없었지만, 여성 쪽에서도 자살할 이유가 있었는지 모른다. 황수연의 역설적인 주장대로 조선사회에서 여성은 죽음으로써 비로소 개아個我의 자유를 얻는 것이고, 과부 홍씨의 경우처럼 생을 포기함으로써 외려 명예나 욕망을 성취하는 것이라 볼 수도 있기 때문이다.[40] 때로 이런 자살은 그 '열녀들'이 자살해서 죽기를 바라는 양반 ─ 남성 ─ 가부장들의 이해관계가 맞아떨어지는 상황에서 빚어지고 실제로 적지 않은 '열녀'와 여성의 자살은 '양반 가문 만들기'에서 파생되기도 했다. 즉 '열녀 났다'는 것을 가문의 명예로 삼는 조선사회 상층 남성 문화의 잔혹함과 연관된 것이다. 주목할 점은 강명관이 말한 것처럼, 이런 강요된 윤리와 관습이 조선 후기 이후 여성의 내면을 바꿔놓고, '정절' 때문에 초개처럼 목숨을 버릴 수 있는 극단적인 사생관을 주조했다는 점이다. 강명관은 『삼강행실도』를 위시한 각종 여성 교육 텍스트와 열녀전 따위가 그런 '열녀 의식화'를 위해 기능했을 것이라 주장한다.[41] 즉 그녀들은 '자발적으로' 자살하기도 했다는 것이다.

조선의 치세治世이자 자생적 근대화를 향한 기운이 싹튼 때인 것처럼 일컬어지는 영조·정조 때두 그런 '열녀'들이 허다했다. 정조대의 『심리록』에서 다뤄진 자살 사건의 경우에도, 여성 자살 35건 중에서 24건이 '정절'과 관련된 것이었다.[42] 즉 강간을 당하거나 정절을 의심받거나 한 경우들이다.

『심리록』의 여러 대목에서 정조는 자살 사건에 대한 자신의 생각을 직접 들려준다. 간혹 엉뚱하게 계몽군주인 것처럼 간주되곤 하는 정조는 순결을 잃은 여성이 자살하는 일을 당연한 것이라 생각했다. 짝사랑하던 남자에게 추행당한 뒤, 그 남자가 여성과 결혼하고 싶다며 사주단자를 보내오자 자살한 여성이 있었다. 정조는

'마음의 봉건'으로부터의 이행

의아해하며 죽은 여성을 나무란다. 왜 추행을 당한 당시에 즉각 자살하지 않다가 그제야 자살했냐는 것이다.

> 여인의 죽음이 정조 때문이라면 정조 때문이라곤 하나, 옷자락을 잡히던 그날에는 죽지 않고 사주단자를 보내온 그때에 와서야 결행한 것은 죽을 명분을 제대로 찾아서 죽은 것인지 모르겠다. (…) 가령 양 여인이 진정으로 부끄러워 죽고 싶은 마음이 있었다면 실로 겁탈을 당한 즉시 목숨을 끊어 본심을 드러내기에도 겨를이 없었을 터인데, 지금까지 숨기고 묵묵히 있으면서 오래도록 지체한 것은 무슨 까닭인가.[43]

여인으로서의 '본심'(제대로 된 도덕심)을 보이기 위해서는 즉각 죽어야 했다는 것이다. 반면 남성들이 만들어놓은 '열'(烈=정절)의 개념과 요건에 맞게끔 자살에 성공한 경우에 정조는 자살자를 칭송해 마지않았다. 이를테면 충청도 면천에 살던 한 여인이 강간을 당할 뻔한 위기를 모면하고 난 뒤 결국 자살하자 정조는, "그 몸이 더럽혀지지도 않았는데 죽음을 결행하였으니 어찌 더럽혀지고 나서 죽어 그 죽음이 어쩔 수 없는 상황에서 기인한 것보다 열 배나 더 훌륭한 일이 아니겠는가"라며 칭찬했다. 강간당한 것은 곧 어쩔 수 없이 죽어야 할 일인데, 단지 당할 뻔했지만 목숨을 끊었기에 "열 배나 훌륭하다"는 것이다.[44]

그러나, 이처럼 순결 문제가 걸려 있을 때는 여성의 자살을 부추기기까지 하면서도, 다른 이유로 여성이 자살한 연유를 설명하거나 판단할 때는 완전히 달리 평가했다. 정조를 위시한 『심리록』의

자살론: 고통과 해석 사이에서

유권 해석자들은 자주 "원래 여자란 성격이 편벽하여"라든가 "꽉 막힌 소견은 여자의 본성" 같은 문구를 쓴다.[45] 자살을 생각한 여성 자신의 생각이나 발언은 『심리록』 어디에도 적혀 있지 않다. 여성의 성격이 본래 편벽되었다는 식의 생각은 『심리록』의 독창적인 것은 아니었다. 공맹 이래 이 계열의 이념을 믿는 남성들 대개가 그와 비슷한 생각을 갖고 있었고, '개인적인 동기에 의한 자살'을 인정하지 않았다.

　조선 후기의 가장 뛰어난 학자이자 개혁사상가로 여겨지는 정약용의 생각은 어땠을까? 『목민심서』에서 그는 "혹 도적이나 오랑캐가 그 몸을 겁탈하려고 닥쳐 몸이 더럽혀지게 될 지경이면 죽는 것이 당연하"다고 했다. 그러나 "만약 젊어서 지아비를 여의고 부끄럽고 한스러움을 감당하지 못해 스스로 목을 매거나 독약을 마셔 편협한 성품을 따른 경우 결단코 이를 장려해서는 아니 될 것이"라고 주장했다. 그래서 정약용은 반드시 자살한 정황을 자세히 조사해서 "혹 시부모가 그 박복한 것을 나무란 것에 말미암았거나 혹은 시아주버니가 그 병의 빌미를 의심하여 한마디 마음을 건드린 말이 자살을 결심한 원인이 되었거나 혹은 감정이 예민하여 슬픔과 한이 더욱 절박하여 길게 내다보지 못한 따위들은 모두 그 명예를 장려할 필요가 없다"고 했다.[46] '열녀'의 자격 조건을 충족하는 데 있어, 자살에 가정 내부의 갈등이나 개인적인 성격이 작용한 경우는 배제해야 한다는 것이다. 정려의 기준을 엄히 하여 여성 자살자를 줄여보자는 취지였는지 모르나, 기본적으로 정약용의 생각은 정조와 크게 다르지 않았다고 보인다.

'마음의 봉건'으로부터의 이행

정절 이데올로기가 강요된 조선 같은 사회에서 피성폭력 경험이 여성들의 자살을 초래하는 것은, 그 피폭력 경험에서 느끼는 존재의 상처와 순결 이데올로기의 작용(실절=죽음)이 엉켜 있기 때문일 것이다. 또한 옛 문헌에서 그야말로 허다하게 나타나는 여성의 '실절 자살'[節死]은 물론 대개 실제 실절의 상황에서 발생했겠지만, '실절'이 (다른 이유로 행해졌을 수도 있는) 여성 자살을 '설명 가능한 것'으로 만드는 지배적인 해석의 기호였거나, 또는 여성 자살자 스스로가 자신의 죽음을 정당화할 수 있는 '알리바이'였을 가능성은 없을까? 자아가 감당해야 했던 복잡한 고난과 갈등 상황을 '실절'이 대신 감당하게 했을 수 있다. 하지만 그러한 자아의 갈등과 고난이 구체적으로 서술되지 않는다는 데에 전통세계의 표상공간과 자살이 맺는 관계의 핵심적인 한 부분이 있다.

'열녀'에 반대한다?

그런데 조선시대 모든 사람이 똑같은 생각을 가졌던 것은 아니며, 지배 이데올로기에 반감을 가진 이들도 당연히 있었다. 두 차례 큰 전쟁을 겪은 후 17세기 조선사회에서 확산되어간 열녀와 절사 이데올로기에 맞선 글들도 없지 않았다. 우선은 역시 문학작품이었다. 『최척전』『동선기』『한강한전』 같은 고전소설에서 여성 주인공들은 모두 전란의 참상을 겪고 열녀 담론에 따른다면 당연히 스스로 목숨을 끊어야 하는 상황도 경험했다. 그러나 이들 소설의 작가는 불교나 도선의 입장을 취하거나 조상 제사와 자손 번성이라는 현실적 목적을 내세워 주인공들을 살려두었다. 그리하

자살론: 고통과 해석 사이에서

여 사실상 지배적인 유교 이념에 맞서 사회적 관행을 비판한 것이다.[47] 상대적으로 독자 중에 여성이 많고, '가능한 불가능'을 써 표현하는 것이 문학이기에 가능한 일이었을 것이다.

18세기 후반 박지원 같은 지식인도 남편을 따라 순사하는 일의 '과잉'을 비판했다 한다. 특히 이 문제에 관련해서도 박지원은 꽤 진보적인 태도를 가졌던 것으로 평가되곤 한다. 「열녀함양박씨전」 같은 단편소설을 지어 과잉된 절사를 안타까워하고 죽음만을 의열의 징표로 삼는 관행을 비판했기 때문이다.[48]

소설은 세 부분으로 돼 있다. 분량이 가장 길고 제목대로 박씨가 주인공인 뒤에서부터 이야기해야겠다. 시집간 지 반년 만에 남편이 병으로 죽자 남편을 따라 자살한 청상과부의 사연이다. 박씨는 대대로 경남 함양 근처에서 현리縣吏를 지낸 '하찮은' 집안의 딸로 태어났다. 일찍 부모를 여의고 조부모 슬하에서 자랐는데, 효성이 극진했다. 소녀 박씨는 열아홉 살 나이에 함양의 아전 임술증과 정혼했다. 그런데 결혼을 약속한 뒤에야 남편감이 병이 깊음을 알았다. 아마 폐병이었던 듯하다. "비록 용모가 잘생겼으나 병이 깊고 기침을 자주 해, 버섯이 서 있는 듯, 그림자가 걸어다니는 듯"한 지경이었다는 것이다. 집안의 걱정에도 불구하고 소녀 박씨는 "처음 맞춘 옷을 버리지 않겠다"며 굳이 결혼을 했다.

남편은 6개월 만에 세상을 떴다. 박씨는 시부모를 극진히 섬기며 삼년상을 다 치르고는 남편이 죽은 날 같은 시각에 맞춰 극약을 먹고 세상을 버렸다. 이 슬픈 이야기를 아전들이 감격해 안의 군수인 '나' 박지원에게 들려준다.

열아홉 소녀 박씨가 굳이 폐병쟁이 청년과 결혼한 이유가 그가 정말 잘생긴 '꽃미남'이기 때문이었는지, 결혼하기 전에 이미 남편 감을 사랑하게 된 것인지, 또는 결혼 후 6개월간 정말 비련의 사랑을 한 건지 어떤지에 대해서는 전혀 서술돼 있지 않다. 이 죽음의 스토리에서는 비탄해하는 '나'와 아전들만 주로 초점화되어 있다.

소설의 두번째 부분은 박씨 이야기 앞에 놓여 있다. 이 이야기는 박씨 이야기와 사뭇 대조된다. 옛날 어느 형제가 높은 벼슬자리에 있었는데, 어떤 사람이 과부의 아들들이라 하여 여론이 시끄럽다 한다. 왜냐? 과부에 대한 별로 좋지 않은 소문이 있다는 것이다. 이야기를 들은 형제의 어머니는, 자식들을 불러놓고 너희 사내놈 들이 규중의 깊은 사정을 어찌 아느냐고 오히려 아들들을 책망하며 동전 하나를 보여준다. 그것은 일찍 청상과부가 된 어머니 자신이 수십 년간 밤마다 외로움과 싸우며 굴리고 만지던 것이었다. 어머니는 다음과 같이 맺힌 속을 풀어놓으며 말한다.

이 동전이 네 어미가 죽음을 참을 수 있었던 부적이란다. 십 년 동안 손으로 만졌더니 이렇게 닳고 말았지. 무릇 인간의 혈기는 음양에 그 근본이 있고, 정욕은 그 혈기에 심어진 것이야. 사상思想은 홀로된 설움에서 생기고 상심과 슬픔은 사상에서 비롯되며, 과부란 것은 외로움 속에서 살아가니, 그 상심과 슬픔은 더할 나위 없는 것이지. 게다가 혈기란 것은 때에 따라 왕성해지기도 하니, 과부라고 해서 어찌 정욕이 일지 않겠느냐.

자살론: 고통과 해석 사이에서

죽지 않고 살아 본능과 슬픔과 외로움을 다 견디고 아들을 키워 낸 어머니야말로 '진정한 열녀'가 아닌가(!) 하는 게 박지원의 입장이다. 그보다 흥미로운 것은, 매우 드물게도 사대부 지식인이 '여성의 입장', 즉 여성의 삶/욕망의 견지에서 이야기를 풀고 있다는 점이다. 이런 '진보성' 또한 소설이라서 가능한 것이겠는데, 어쨌든 (재가를 포함해) 훼절한 과부의 아들은 '정직'에 나갈 수 없다는 조선의 율법에 대한 비판으로 읽힌다.

박지원은 이 짤막한 소설의 서두에서 절사와 수절에 대한 자기 입장을 써두었다. 특히 "농가의 어린 부인네나 중인 계급의 청상 과부의 경우"들까지 양반가에 강요되는 '열녀 되기'에 나서는 것은 지나치다는 것이 주지다. 신분제 사회인 조선에서 사대부가의 인간이 누려야 하는 권리와 의무는 농민이나 상민의 그것과 달랐다. 사대부 계급은 특권을 누리는 대신 부담해야 하는 유교적 도덕의 의무도 달랐다. 이런 상태를 굳이 '노블레스 오블리주'라 부른다면, 첩의 자식(서자)이니 개가한 여성의 자손을 벼슬길에 나가지 못하게 하는 일 따위도 특권에 따르는 방종을 막기 위한 것이었다 한다. 그러나 여성의 수절 의무나 개가 금지도 서민 계층 여성에게는 '해당사항'이 아니었는데 조선 후기가 되자 이 도덕은 귀천을 막론하고 일반화됐다. 과부로 절개를 지키거나 훼절을 이유로 자살하는 여성이 전 계층에서 나타났던 것이다.[49] 자살한 함양 열녀 박씨도 '하찮은' 아전 집안의 딸이다.

이행기의 자살과 젠더 구조

근대 이행기 여성의 자살은 앞서와 비슷하면서도, 달라져가는 법의식과 자아정체성 인식을 보여준다.

1896년 음력 6월 19일 밤, 청산군 수안말에 살던 남선지라는 자가 그 이웃 동리 새터에 사는 과부 조씨에게 "무례한" 행실을 했다. 독립신문 기사에 단지 "무례한"이라 표현되어 있어 남가가 과부에게 어떤 모욕적인 행위를 했는지 알 수가 없다. 하지만 사건의 파장으로 보아 겁간일 가능성이 높은 듯하다. 피해자 과부 조씨가 "분을 이기지 못하고" 서까래에 목을 매 죽었다. 그러자 조씨의 아들 리문구가 자신의 아내와 작당해, 어머니의 원통함을 갚으려고 남가를 유인해 둔기로 때려 죽였다. 독립신문은 "그물에 걸린 고기와 함정에 든 범이 어찌 화망을 면하리오"라는 관용적 수사를 사용했다.

과부 조씨의 자살은 물론 일종의 명예자살이며, 정절을 훼손당한 여느 조선 여성들의 자살의 연장선상에 있는 것처럼 보인다. 또한 아들 리문구의 복수 행위는 '폭력행위등처벌에관한법률' 이전에 있는 것이지만 이해가 되지 않는 건 아니다. 오늘날의 우리와 조선 사람들의 가치관이 아주 달랐다는 점이 사건의 다음 국면에서 나타난다.[50] 피살자의 아버지 남병호와 그 일족이 "자식이 부모의 원수를 갚는 것은 당연한 일이라 하고" 살인을 불문에 부치기로 한 것이다. 뿐만 아니라 그들은 자살한 과부 "조씨의 열녀 행적과 그 아들 효성이 장한 모양"[51]을 관에 고했다. 열녀문이나 효자비를 내리도록 건의한 것이다. 의살은 윤리를 아는 자의 의무다. 특히 부모의 원수에 대한 복수는 자식의 의무다. 그러니까 그 '의로운 살인'

자살론: 고통과 해석 사이에서

의 대상자가 제 새끼라 해도 옳은 건 옳은 거다.

그러나 관은 이미 묻힌 남선지의 시신을 꺼내 새로 검시하고 범인과 피살자의 아버지 등을 모두 잡아들였다. 이 다소 희비극적인 결말은 (근대) 법과 전통 (세속) 윤리의 차이를 보여주는데, 강간당한 여성이나 '순종殉從'이라는 열녀 자살에 관한 윤리적 태도는 꽤 오래 지속되었던 듯하다. 1883년 유준근의 처 김성은이라는 여성은 "지아비의 병을 대신하기를 원하였는데" 남편이 결국 병사하자 뒤따라 자결했다.[52] 1894년 동학농민전쟁 때 목숨을 잃은 나용석이라는 병정이 있었는데, 그의 처 임소사도 "남편의 흉음凶音을 듣고 젊은 나이로 열녀의 길을 따랐"다.[53] 또한 1899년에는 14세 된 어린 청상과부가 납치되자 목을 매 자살한 사건이 있었다.[54] 1909년에도 강원도 철원에서 강간당할 위기에 처한 젊은 여성이 약을 먹고 죽었다.[55]

한국 근대소설의 '기원'으로 꼽히는 소설 중에도 이런 오래된 자살 양상이 나타난다. 현상윤의 「핍박」(『청춘』, 1914년)에서 영옥이라는 주인공은 남편 윤옥이 유학을 가고 없는 동안, 남편의 계보로부터 갖은 구박과 학대를 당한다. 그때 사랑하던 남편 윤옥이 장티푸스로 요절했다는 소식이 오자 자살한다. 또한 이광수의 『무정』은 1917년에 발표됐는데, 이 유명한 소설에서도 성폭행을 당해 정조를 잃은 주인공 박영채가 자살하려 한다. 정절을 잃었다 하여 자살하는 문화가 언제 완전히 중지됐는지 불분명하다. 죽은 남편을 따라 죽은 '열녀'와 그녀를 칭송하는 문화는 1920년에도 없지 않았다.[56]

'마음의 봉건'으로부터의 이행

새로운 여성 자아와 사랑, 자살 표상

1900~10년대의 새로운 소설에 나타난 (여성) 자살의 표상은 매우 흥미로운 역전과 전이를, 아니 더 정확히 말하면 그 같은 상황들에 대한 상상과 징후를 보여준다. 고소설의 문법을 차용한 1900년대의 소설에서도 여주인공들은 훼절의 위기 앞에서 자살을 기도한다. 그러나 '구舊도덕'을 가진 여성들이 시도하는 이 자살은 몸을 지키는 수단으로 사용되는 포즈일 뿐이다.[57] 작가들은 주인공의 훼절 위기를 다른 차원의 해피엔딩으로 가기 위한 극적 장치로 삼을 뿐, 이제 여성을 죽게 내버려두지 않는다. 예컨대 최찬식의 『추월색』(1912년)에서 주인공 정임은 건달에게 추행을 당하지만 자살하지 않고, 정혼한 남자와 재회하여 결혼에 골인한다. 정조 대왕이라면 결코 용납하기 어려운 스토리 아닌가.[58] 이 소설은 매우 큰 인기를 끌었다.

그런데 1910년대 후반의 신新지식청년인 일본 유학파들이 쓴 근대적인 단편소설에서 여성 자살은 매우 빈번하게 '성공'하는 사건이다. 이들은 주로 하층 여성들이지만, 분명한 자기의식을 가진 주체로 그려진다. 그들의 절망에는 정조를 유린당했다는 고난이 포함되어 있다. 즉 여전히 지배 도덕이 강요하는 순결은 그녀가 자기 인생을 부정적으로 평가하는 이유의 큰 부분이다. 그러나 그것은 이전처럼 자살할 동기 전체는 아니다. 이러한 소설에서 자살은 오히려 그들 하층 여성들 또한 주체적으로 처결할 '자신自身'을 가지고 있기 때문에 일어난다.

예컨대 「청류벽」(『학지광』, 10호, 1916년 9월)에서는 상당히 복잡한

자살론: 고통과 해석 사이에서

자살 과정 또는 '이유'가 나온다. 소설의 그녀는 남편에게 버림받고 창기가 됐지만 일을 열심히 한다. 그런데 어느 날 뉘우친 남편이 찾아와 매춘굴에서 구해준다고 약속한다. 새로운 희망을 품게 되는 것이다. 그러나 남편의 편지가 온다. 몸값을 다 못 구했고, 자기조차 병들어버렸다는 것이다. 다시 절망이다. 절개는 이미 문제가 아니다. 기생 생활의 고통과 자기모멸이 주된 자살 이유였다. 즉 이 소설은 이전 시대의 여성 수난 모티프를 차용하면서도, 절망에 이른 주인공의 '내면'(정체성)을 세밀하게 재현하고 있다. '나'는 자유를 찾아 '자연'(죽음)을 향한다. 특히 작가는 자살 장면 자체를 상세히 기술하는데, 이런 주체와 장면이 등장하는 텍스트는 이전에는 찾기 어렵다. 자살자 '나'와 세계 사이의 경계 혼란을 묘사한 뛰어난 장면이다.

"그래 나는 벌써 죽어 싼 년이로다. 다시 무엇을 바라고…… 낙이라고는 반푼어치 없고 생기는 것이 고생뿐인 팔자에…… 죽는 것이 상책이다."
(…) 험한 절벽은 까닭 없이 비죽비죽 나를 조소하는 듯하고 (…) 무슨 악마가 입을 벌리고 나를 향하여 다가오는 것같이 보인다.
"아아 자연아 나를 데려다주렴 ─ 아무 괴로움 없고 구속 없는 님 있는 곳에…… 아이고 나를 놓아만 주렴.(…)"[59]

1917년 매일신보에 실린 현상응모 소설 「신성神聖한 희생」에서 자살하는 여성은 "연애에 빠져 있다가"[60] 남자가 마음이 변해 실연

당하자 바다에 투신한다. 실제 세계에서는 아직 '(자유)연애'가 대다수 사람들의 마음과 도덕을 장악하고 영향을 끼치고 있을 때가 아니지만, 낭만적 사랑 romantic love의 고통(=실연)과 자살을 연관 짓는 표상이 이미 등장한 것이다. 사랑의 고통과 상실은 1920년대 '연애의 시대'에는 우울과 자기모멸의 중대한 이유의 하나가 된다. 요컨대 과도기의 새로운 문학작품에서 자살은 구래의 표상과 전부 결별하지는 못했으면서도, 다른 차원의 자아의 고난이나 젠더 구조를 드러내기 위한 유력한 장치가 되었다. 이런 자살 서사를 통해 실제로 당시 조선 여성의 '마음'이 이전과 다른 새로운 이중구속의 상황으로 진입했음을 알 수 있다.

구여성 봉희의 자살

과도기는 길었고, '봉건'과 '근대' 양쪽에서 오는 중첩된 고통은 많은 비극을 야기했다. 그러나 어쨌든 절節의 문제로는 귀속될 수 없는, 여성 개개인에게 닥친 새로운, 가족 제도와 사회적 고난이 자살의 원인이 됐다.

소설가 채만식이 1925년 10월 6일 동아일보에 발표한 단편소설 「박명薄命」은 바로 이 과도기적 상황을 깊게 탐구해서 보여준다. 절에서 고苦로의 이행, 또는 절의 문제와 고의 착종 속에서 빚어지는 여성 자살의 전형적 양상을 그리고 있는 것이다.

봉희는 가난한 집에서 태어난 '구여성'의 범주에 속하는 여성이었다. 즉 교육을 받은 적 없고, 개별자로서의 자의식이 신여성들의 그것과는 달랐다는 것이다(또는 구여성이라는 존재가 신지식인인

자살론: 고통과 해석 사이에서

작가에게 그렇게 파악되어 있음을 소설의 서술이 보여준다). 봉희는 시집간 지 일 년 만에 청상과부가 되고, 친정으로 돌아온다. 봉희가 가진 사랑과 절의 관념에 대해서 다음과 같이 서술돼 있다. 열烈은 곧 정열이며 여인의 존재 조건이다. 또한 절과 사랑은 구별될 수 없이 얽혀 있다.

> 그는 개가, 즉 다시 시집을 가보고 싶었다.
> 그러나 그 생각이 일어날 때마다 그를 따라 여러 가지 괴로운 생각이 뒤쫓아 일어났다.
> 그는 '과부는 개가를 않는다, 열녀는 불경이부'라 하는 어렸을 때에 글에서 보고 듣던 그 말을 굳게 믿었다.
> 그는 과부가 개가를 하면 왜 못쓴다든가 또는 왜 열녀는 불경이부이어야만 한다든가 그것은 알지 못하고 또한 생각하여보려고도 아니하였다.
> (…) 그는 그 열녀는 불경이부라는 말의 열녀라는 두 글자를 '여자'라는 두 글자와 마치 한 가지로 알았다. 또 그는 그이 죽은 남편을 못 잊어 하는 마음이 매우 깊었다. 자기가 가장 사랑하고 또 자기를 사랑하던 그 남편의 영혼은 자기의 개가함을 보고 지하에 있어서 응당 원망을 할 것이요 설사 그렇지 않다 하더라도 죽고 없는 그에게 대하여 퍽 미안하고 의를 배반하는 것 같았다.[61]

그런데 봉희는 예뻤다. 가난하기도 했으니 수난의 조건을 잘 갖춘 셈이다. 그런 봉희를 노리는 남자들이 많았는데 결국 그녀를 '갖게' 된 것은 최악의 인간이었다. '놀부'라는 별명으로 불리던 간

'마음의 봉건'으로부터의 이행

악한 지주이자 호색한인 길용이였던 것이다. 매우 전형적인 '식민지 근대'의 주인공들과 '여성 수난'의 구조를 가진 이 소설의 결구는 다음과 같다. 봉희는 부모 앞으로 짧은 유서를 남겨놓고 자살했다.

> ××고을 동리 앞으로는 초라한 상여 한 채가 — 상주의 대신으로 늙은 부부 한 쌍이 상여 채를 붙잡고 통곡하며 차마 놓지 못하는 상여 한 채가 — 구슬픈 만가를 부르며 동구 밖으로 향하여 나아갔다. 이것이 박명한 우리 봉희의 죽음을 마지막으로 알려주는 것이었었다.
> 봉희는 죽고 말았다.
> '불초 여식 봉희는 노래老來의 의지 없으신 두 분 슬하를 떠나 홀로 이 길을 가나이다. 오래지 아니하여 황천에서 죄를 사하려 하오며 시신은 옛 가장의 무덤 옆에 묻어주옵소서' 하는 짧은 유서를 남겨놓고 봉희는 자결하였다.
> 나는 봉희의 죽음에 대하여 더 말하지 아니하려 한다.
> 다만 길용이가 그날 밤 이후로 한 달 동안은 여전하다가 그후부터는 일절 발을 끊고 또 한 가지도 언약을 이행치 아니하였다는 것만 말하여둔다.[62]

봉희는 구여성이며 교육을 받지 못한 존재이기에 그의 내면은 그려지지 않았다. 봉희가 남긴 유서의 문체나 분량도 염상섭이나 김동인이 그려낸 1920년대 초 자살충동에 빠진 신여성들의 그것과 전혀 비교할 만한 차원에 있지 않다. 다만 봉희는 제 시신을 "옛 가장 무덤 옆"에 묻어달라 한다.

자살론: 고통과 해석 사이에서

본부 살해와 자살의 상관성

만약 봉희를 차지한 길용이가 더 추악하고 더 나이가 많았다면, 더 괴팍하고 심하게 봉희를 괴롭혔다면, 또는 봉희가 좀 다른 상상력을 가졌다면 저 소설의 결말은 어떻게 달라졌을까?

순결을 잃었기 때문에 자살해야 한다는 봉건적이고도 신경증적인 당위는 점점 힘을 잃고 있었다. 남녀의 관계가 근본적으로 다른 사회적 '배치' 속에 놓이고 있었기 때문이다. 여성의 고난은 여전했으나 이전과는 전혀 다른 방식의 사건들로 표출되기도 했다.

변화를 극적으로 보여주는 사회적 사실 중 하나는 '본부本夫 살해' 사건들이 아닐까? 조선 후기에는 『심리록』에 허다하게 나오는 것처럼, 부정을 저지른 아내를 남편이 살해하는 일이 빈번했다. 이웃이 퍼뜨린 소문이나 부정이 의심된다는 이유만으로 아내를 때려 죽인 일도 많았다. 또한 간통의 현장에서 아내를 살해한 것은 살인죄 성립 요건이 되지 않기에 처벌을 받지 않을뿐더러, 사내라면 응당 그렇게 해야 하는 것으로 여겨졌었다.[63]

그러나 이제 아내에게 남편이 살해되는 일이 벌어지기 시작했다. 매일신보는 1910년에 남편 살해 사건을 처음 보도할 때 "인류의 대변大變"이라 제목을 달았다. 하지만 몇 년이 지나자 "툭하면 남편을 죽여"라는 말이 기사의 제목이 될 정도였고, "조선 여인의 살인 잘하는 것" 즉 남편 살해가 식민지 조선 특유의 범죄로 인식될 정도였다.[64]

일본인들도 이 조선 특유의 범죄에 관심을 기울였다. 그중 구도 다케조工藤武城라는 의학자는 이 젠더 범죄가 지닌 특성을 세 가지

'마음의 봉건'으로부터의 이행

로 정리했다. ① 여성 살인범의 대부분이 본부와 시가 식구 살해와 관련이 있다. ② 여성 살인범의 연령은 20세 이하가 과반을 점하고 있다. ③ 본부 살해는 범인의 생활 정도, 교육 정도와는 상관이 없고, 범죄 주체도 정신적·신체적 결함이 없는 보통의 조선 여자다. 즉 범죄의 주체는 그리 특별하지도 선천적이지도 않다. 그런데 왜? 구도 다케조는 범죄를 저지른 여자보다 남자, 혹은 결함 많은 조선의 '제도'에서 원인을 찾고자 했다. 살해의 대상이 된 남자들은 대체로 과음過淫, 또는 과도한 연령차로 인한 교접불능, 질투광, 신체적 결함(극도의 용모 추악, 기형), 정신적 조포粗暴, 나태, 극빈, 방랑, 알코올중독 등의 흠을 가진 경우가 대부분이라 주장했다. 그러면서 본부 살해의 이유가 조혼·노비제도의 여폐餘弊·여성 인격 무시, 이혼 불가능 등 "조선 제도"의 결함에 있다고 했다.[65]

본부 살해는 과도기적인 결혼 제도와 시대 변화에 적응하지 못한 남성의 낡은 행태에 대한, 여성들의 가장 강력한, 그러나 절망적인 저항의 표현이 아니었을까? '공격'이라는 점에서 타인 살해와 자살은 원래 상통한다. 본부 살해범인 여성은 '독부'라는 가장 간악한 패륜범죄자로 이미지화됐지만, 기실 그중 4분의 1만 딴 남자와 '사랑'에 빠져 있는 상황(즉 정부가 있는 상황)이었으며, 상당수는 남편으로부터의 학대 상황에 놓여 있었다. 1917년 10월 서울 공평동에서 살던 40대 여성 홍씨는 남편과 마음이 맞지 않아 이혼을 요구하다가 결국 극약을 먹고 자살했다. 이 일을 보도하면서 신문은 "남편이 싫어서 자살"했다고 썼다. 혼인한 후 "마음이 맞지 못해서 누누이 이혼을 청하였으나"[66] 여의치 않자 자살했다 한다. 이 사건은 1920년대가 되자 마치 봇물 터지듯 나타난 여성 자살 유형을 예고한 사건처럼 보인다. '정절' 따위로 설명될 수 없는 이 시대 여성 자살의 상당수는, 원하지 않는 불행한 결혼과 부부 사이의 불화가 원인으로 작용했다. 이는 여성의 자아상과 욕망의 구조는 달라졌으나, 사회적 조건은 충분히 구비되지 않았던 정황에서 나타난 사건들이다.

『무정』에서의 변화

1910년대부터 결정적인 변화는 예고되고 있었다. 작가 이광수는, 봉희처럼 수난당하다 자살한 경우나 남편을 살해한 여인들과는 완전히 다른, 새 시대의 힘으로써 구원받는 여성도 그리고 싶었던 듯하다. 바로『무정』에 이를 극화한 장면이 있다. 이광수는 실절 때문에 목숨을 버리려던 구여성 영채와, '삼종지도三從之道'로 대표되는 조선의 윤리 질서가 한갓 사기일 뿐이라 생각하는 신여성 김병욱을 만나게 한다.『무정』89회의 장면이다.

"그런데 왜 죽을 결심을 하셨어요?"
"아니 죽고 어떻게 합니까. 그 사람 하나를 바라고 지금껏 살아오던 것인데 일조에 정절을 더럽히고" 괴로운 빛이 얼굴에 나타나며, "다시 그 사람을 섬기지도 못하겠고…… 이제야 무엇을 바라고 사나요" 하고 절망하는 듯이 고개를 푹 숙인다.
"나는 그것이 죽을 이유라고는 생각하지 아니합니다."
"그러면 어찌하고요?"

'마음의 봉건'으로부터의 이행

"살지요! 왜 죽어요?"

영채는 깜짝 놀라 여학생을 본다. 여학생은 힘있는 목소리로,

"첫째, 영채씨는 속아 살아왔어요. 이형식이란 사람을 사랑하지도 아니하면서 공연히 정절을 지켜왔어요. 부친께서 일시 농담 삼아 하신 말씀 한마디 때문에 영채씨는 칠팔 년 헛된 절을 지킨 것이외다.(…)"

이 땅의 젠더사와 자살의 문화사에서 결정적인 한 장면을 형상화한 것이라 하지 않을 수 없다. 영채는 실절이 죽을 이유가 될 수 없다는 신여성 김병욱의 말에, "어떤 사람에게 마음을 허하였다가 그 사람에게 몸을 바치기 전에 몸을 더럽혔으니 죽어버리는 것이 의리가 아닐까요?"라고 반문한다. 이에 대해 병욱은 유교적 남성 중심주의의 핵심을 직접 공격한다. 무려 두 번이나 강하게 콧방귀를 뀌며.

"흥, 그 삼종지도라는 것이 여러 천 년간, 여러 천만 여자를 죽이고, 또 여러 천만 남자를 불행하게 하였어요. 그 원수의 글자 몇 자가, 흥."

이제껏 알던 '열녀' 명제와는 정면으로 배치되는 그와 같은 생각에 영채는 의외로 쉽게 설득당한다. '진정한 사랑'을 위해 정절을 바쳐야 하는데, 전근대적 결혼 제도이며 단지 아비들 사이의 '약속'만으로 효력을 발하는 '정혼'은 '진정한 사랑'과 무관한 것이기 때문이다.

자살론: 고통과 해석 사이에서

영채는 이 말을 듣고 놀랐다. 열녀라는 생각과 틀리는 것 같다. 그러나 그 말이 옳은 것 같다. 과연 지금토록 일찍 형식을 사랑한 적은 없었고, 다만 허깨비로 제 마음에 드는 사람을 만들어놓고, 그 사람의 이름을 형식이라고 짓고 (…) 실망한 것이라.

영채에게 말이 먹히는 듯하자 김병욱은 "우리도 사람이 되어야 합니다. 여자도 되려니와 우선 사람이 되어야" 한다고 소리를 높인다.

그런데 여기서부터 병욱은 샛길로 빠지고, 본격적으로 이광수의 메가폰이 되어버린다. 사람이란 "과거 천만대 조선과, 현재 십육억 동포와, 미래 천만대 자손을 위하여 나신" 존재란다. 이 존재는 사람은 사람이지만 과거로부터 미래에까지 연결된 공동체에 결속된 존재인 것이다. 그래서 생사生死와 자살에 관한 새로운 명제도 제출될 수 있었다. "조상께, 동포에게, 자손에게 대한 의무가 있"기에 "그 의무를 다하지 아니하고 죽으려 하는 것은 죄"(『무정』, 90회)라는 것이다. 이러한 인긴긘에도 문제가 많다. 하지만 유교 도덕에 얽매인 사생의 문제를 강하게 부정하고 다른 것으로 대체하는 효과는 분명 있었다고 해야 한다. 『무정』의 독자 중에는 신여성과 청년층이 특히 많았다.

정사의 시작과 자살 표상의 변화

한편 1910년대 중후반에 실제로 있었던 남녀 관계에 결부된 다기한 자살 사건들도 젠더 구조의 변화를 감지케 한다. 1910년대 중반에는 정사情死도 나타나기 시작한다. 정사란 '영원한 사랑'을

'마음의 봉건'으로부터의 이행

위하여, 또는 이승에서 '이루지 못한 사랑'을 위하여, 혹은 사랑이 가져다준 고통을 함께 피하기 위하여, 같이 자살한다는 것이다. '열정적 사랑'의 초시대성[67]에도 불구하고, 이런 죽음은 20세기 이전의 한반도에는 거의 없었다(정사에 관해서는 다음 장에서 상술할 것이다).

남의 집에 고용살이하던 고아 출신의 불우한 청년 조창식은 인천에 살고 있었다. 그는 평소 "남들은 내 나이에 상당한 아이를 두어 원만한 가정의 화락한 속에 혈육을 두어 무한한 재미로 세상을 보내건마는 나는 어찌하여 오늘날까지 장가 한번을 못 들어보고 더구나 남의 집 고용하는 더부살이를 면치 못하니 슬프기 한량없도다"고 신세한탄을 했다 한다. 그러다 이웃 사람의 집에 세 들어 사는 기생 월색과 정분이 들어 "백 년 동락하자는 언약"까지 했다. 그러나 가난 때문에 결혼할 수 없어 남녀는 현생에서 부부 될 연분이 아님을 슬퍼했다. 그러던 어느 날 두 남녀는 바다에 몸을 같이 던져 죽었다. 청춘 남녀의 시신은 "계집의 긴 허리띠로 서로 허리와 목을 칭칭 얽어"맨 채 발견됐다. 1914년 7월의 일이었고 창식은 겨우 24세였다.[68]

1918년 평안남도 성천과 전북 정읍에서 일어난 두 개의 살인-자살 연쇄 사건은 전형적인 '치정' 사건이면서도, 조선 후기의 그것과는 다른 심리와 행위의 구조를 갖고 있다. 둘 다 질투에 미친 남자가, 애인과 부인의 부정을 참지 못해 다른 상대 남성과 여인을 살상한 뒤 자신도 목숨을 끊은 사건이다.[69] 두 사건의 당사자는 각각 헌병 보조원과 군청 통역으로 일한 '근대인'이다. 이들은 각각

자살론: 고통과 해석 사이에서

"(여성의) 태도가 변하여 평일과 같이 사랑하지 않음으로 분하게 여겨" 또는 "(아내의 부정을) 눈치 채고 그 처 리성녀와 항상 말다툼이 일어나며 불화하게 지내오던 중" 사건을 저지르고 자살했다. 이 사건들에서 여성은 이전과는 다른 주체로서 행동했음이 시사되고 남성들의 행동변화 양상도 보인다. 이 남성들은 '삼각관계'라는 사랑의 새로운 상황에 좌절하고 살인에 책임을 지려 한 것 같다. 또는 그렇게 기술되어 있다.

'정절의 상실=자살·죽음'으로 곧 연결되는 구조는 깨졌다 해도, 피성폭력 경험이 일반적으로 여성에게 야기할 수 있는 자기모멸과 죽음충동 문제는 별도의 것으로 여전히 남는다. 여성은 (자유)연애와 치정의 새로운 주체가 되고, 정절 때문에 일방적으로 자신을 희생하지 않게 됐음에도 여전히 '정절'의 훼손이나 사랑의 상실 때문에 존재의 위기를 겪을 수밖에 없다. 근대 초기에도 (그리고 그후에도 한참) 순결 이네올로기는 비전을 달리하며 존속했고 여성의 사회적 지위는 여전히 낮았다. 이 위기는 새로운 것과 낡은 것 사이에서 파생해, 어쩌면 더 혹심한 고통을 야기했을지도 모른다.

표상화와 통계에 나타난 남녀 자살의 차이

앞에서 본 것처럼 『심리록』 등에서 나타나는바 조선에서는 여성의 자살이 더 빈번한 사건이었다. 조선총독부 통계자료에 의하면 식민지 조선에서도 1910년부터 1919년까지는 여성의 자살률이 남성보다 더 높다. 1915년의 경우 남성 자살률 대 여성 자살률은 42.4%:57.6%, 1919년의 경우 45%:55%였다. 이는 현대사회에서 나타나는 일반적인 경향과 반대되는 것이다. 오늘날 한국에서뿐 아니라, 대부분의 국가에서 남성 자살자가 여성 자살자보다 더 많다. 모든 OECD 국가에서는 남성 자살률이 1.5~3배가량 더 높다.[70] 남성 자살률이 여성 자살률보다 높은, '현대적인' 경향은 조선에서는 1930년대에 이르러서야 '약하게' 관철되기 시작했고 1940년대가 되자 남성 자살률이 거의 2배에 육박하게 된다(1930년의 경우 남성:여성=56:44, 1942년의 경우 남성:여성=62:38). 식민지 사회와 전근대사회에서 여성 자살자의 비중은 '현대'에 비해 '상대적으로' 매우 높았고, 남성 자살의 비율은 '현대'로 올수록 점점 커진 것이다.

1920년대의 여성 자살 경향에서 눈에 띄는 것은 10대와 20대 자살자의 비율이 매우 높다는 점이다. 특히 16~19세 사이 여성 청소년 자살자는 전체 여성 자살자의 17%나 차지한다. 또한 20~29세 사이 여성 자살자의 비율은 33.9%에 이르렀다. 이에 비해, 2009년을 기준으로 할 때 오늘날 전체 여성 자살자에 대한 여성 청소년 자살자 비율은 2.88%, 20대 여성 자살자의 비율은 20.48% 정도다. 이는 1920년대 10~20대 젊은 여성의 삶이 오늘날보다 훨씬 어려웠음을 시사한다. 일부 소설이나 문예작품이 포착하고 있는 것처럼, 그들은 성적·경제적 착취의 대상이 되어 있었을 것이며, 아직 온전히 정착하지 않은 근대적 가족 제도 및 젠더 상황과 봉건적 여성 억압이 여전한 상황의 틈바구니에서 곤경에 처해 있었을 것이다.

자살론: 고통과 해석 사이에서

오늘날 15~19세 구간의 여성 자살률은 다른 연령대 여성 자살률에 비해 9.8%로 낮다. 이는 아마도 십 대 후반에 학교와 가정으로부터 강력한 구속(또는 보호)을 받는 현대 한국 여성의 라이프 사이클에 연관된 사실일 것이다. 그에 비해 25~29세의 여성 자살자는 전체 여성 연령대에서 가장 큰 비율을 차지한다. 왜 그럴까?

한편 오늘날 남성 청소년의 자살률과 여성 청소년의 자살률은 비슷(9.8%)하며 15세에서 29세까지의 전체 청년 남녀 자살률도 비슷하다. 그러나 30대부터 남성 자살률은 여성에 비해 압도적으로 높아진다. 40~44세의 경우 남자가 여자의 2배(41.6:20), 50~54세는 3배(62.4:19.9), 60~64세도 3배(90.1:29.0)에 이르는 등, 45세 이후부터 60대 전체에서 남성 자살률이 3배나 된다. 그러다가 70대 이상이면 이 차이는 다소 감소해 70대 남성 자살률은 여성 자살률의 2.5배 정도가 된다. 따라서 한국 남성은 나이가 들수록 자살 위험이 압도적으로 높아지는 것이다. 한국 남성 노인의 자살률은 65~69세에는 90%, 75~79세에는 144.8%에 이른다. 한국 남성 노인은 남성 청소년(15~19세 청소년, 11.5%)에 비해 10배 이상 자살할 확률이 높다. 20대는 2배, 30대는 3배(35~39세, 37.3%), 40대에는 4배(40~44세, 41.6%)다.*

---

* 이에 비해 65세 이상 노인 자살을 제외하면 여성의 자살률은 연령대별로 크게 차이가 나지 않는다 할 수 있다. 남성과 달리 4,50대 중년 여성보다는 2,30대 여성의 자살률이 오히려 더 높다. 1920년대에는 남녀를 통틀어 노인 자살자의 비율이 오늘날에 비해 낮다. 특히 오늘날 남성 자살자의 다수를 50대 이상의 노인 연령층이 차지하고 있는 데 비하면 20% 정도 낮은 수준이다.

1920년대 문학에 나타난 여성 자살

‘신문학’이 문화적 헤게모니를 본격적으로 장악하기 시작한 1920년대에는 죽음이 만연하고 자살이 중요한 문학적 제재가 된다. 그중에서도 여성 자살이 더 심각하게 많이 다뤄진다.

다시 염상섭의 초기 소설을 거론하지 않을 수 없다. 1922년 『개벽』 2월호에 발표된 염상섭의 소설 「제야」는 25세의 여성이 자살을 결심한 후, 자신의 과거와 내면을 고백하는 형식을 취하고 있다. 정인이라는 이 여성은 혼전에 분방한(?) ‘자유연애’의 주체였으나, 부모의 강요로 원치 않은 결혼을 했다가 결국 남편에게 버림받고는 자살을 결심한다. 이 여성은 ‘자유연애’(이는 프리섹스를 포함하는 의미를 갖는다)와 변하지 않은 구도덕·구제도 사이의 갈등과 충돌을 매개하는 주체다.

그녀는 자살을 결심하게 되는 복잡한 심리적 과정을 다음과 같이 토로하는데, ‘자살해야 하는 이유’의 관계적·주관적 맥락을 이토록 생생하고 세밀하게 말하는 ‘유서’는 보기 드물다.

그러나 나는, 결코 죽으려고는 아니하였습니다. 자살은 죄악이라는, 어리석은 미신의 도徒이기 때문이거나 생生에 대한 집착력을 이기지 못하여 그러한 것도 아니었습니다. 또는 집안의 감시가 무서워서 그런 것도 아니었습니다. 자기가, 훌륭한 생시체生屍體인 것도, 물론 자각하고 있었습니다. 그러나 나는 이를 악물고 어디까지던지 살아야만 하겠다고 결심하였습니다.

‘사死는 아무것도 대상代償치 않는다. 사는 사람의 기억력을 흐리게

자살론: 고통과 해석 사이에서

하고 멀게 할지 모르나, 그것은 너무 비겁한 짓이다.'

이같이 생각하는 일편一便에, 나에게는 큰 사명이 있다고 자임하였습니다. 에-에, 큰 사명이올시다. 자기 자신에 대한 복수, 한 남자에게 대한 복수적 성공, 그리고 이 사회에 향한 반항, 도전, 복수…… 이것이올시다.

그러나 자살은 비겁하다. 자기의 부채는, 자기가 판상하여야 한다고 할 때에, 나는 회개하고, 속죄의 이理를 깨달은 정화淨化한 용사였지만, 일체에 대하여 복수를 기획할 때에, 나는 악마였고 야수와 같이 총노悤怒에 떨면서 이를 북북 갈았습니다. 그뿐만 아니라, 현재의 경우는 나의 과거의 죄를 대속하고도 충분하다고 생각하였습니다. 심장을 바늘 끝으로, 속속들이 찌르는 것 같은 가책과 고민만 하여도, 신은 사죄赦罪하시리라. 적어도 자기의 양심만은 용허해줄 수 있다고 스스로 변명하여왔습니다. 하여간 이같이 하여 괴로운 목숨은 오늘까지 붙어왔습니다. 누구를 위하여, 무엇을 위하여, 이처럼 구구히 살려는지, 과연 복수를 위함인지 부단不斷이 신장을 계속하는 한 생명의 새로운 맹아를 위하여서인지는 자기도 몰랐습니다마는.

그러나 크리스마스이브에 보내신 그 의외의 글월은 나에게 스스로 자기를 재단할 만한 예지와 총명과 결심을 주었습니다. 조그만 하-얀 손이 쥐여주고 간 복음! 그것은 천녀天女가 전하는 최후의 심판의 판결문이었습니다. 지상에서 꼭 한 번 들은 인자人子의 입으로서 나온 신의 복음이었나이다. 아! 동시에 정淨케 시킨 십자가이었나이다.

윤리적 모순과 아포리아의 상황에서 자살이 갖는 의미를 세밀하

'마음의 봉건'으로부터의 이행

게 검토하는 그녀는 결국, "자기증오가 극하여" 자신의 "몸뚱아리까지 추악의 상징으로 보였"으며 "자기 몸에서 무슨 추악한 냄새가 나는 것 같은 때에는 면경面鏡을 바로 볼 수 없었"다고 말한다. '순결'을 상실한 전통사회의 여성들도 '제 몸에서 추악한 냄새가 나는 것 같은' 자기혐오에 이르러 자살을 실행에 옮겼는지 모른다. 그러나 이렇게 복잡한 외적·내면적 상황의 얽힘이나 자기모멸의 언어를 발화한 여성은 이전의 문학작품에 존재하지 않았다.

주목할 점은 이광수의 박영채나 김병욱, 염상섭의 정인 같은 인물은, 모두 남성 작가가 여성 주인공의 내면과 욕망을 말하는 '복화술의 목소리'[71] 통해 그려낸 새로운 여성 주체성의 형상이라는 점이다.[72] 근대소설이라는 새로운 재현 양식에서 여성의 자살이야말로 문제적이고 '시대'의 변화를 드라마틱하게 표현하는 사건들로 간주되었기에, 이광수나 염상섭 같은 '신청년' 남성 소설가가 '여자 옷'을 입고 여성을 연기한 격이다. 그런데 그 같은 남성 작가들은 일면 반봉건주의로 새로운 여성을 '대변'하는 듯했지만, 다른 한편 새로운 버전의 가부장제의 입안·전파자이기도 했다. 그들은 때로 동시대 신여성들을 마구 공격하기도 했다. 1920년대 초 염상섭의 소설 「제야」(1922년) 「해바라기」(1923년) 『너희들은 무엇을 얻었느냐』(1923~24년)는 한편, 신여성이자 '자유연애'의 실천자였던 여성 문인과 지식인 들을 비판적으로 해부한 것이기도 했다.

정작 신여성 스스로의 삶은 어땠을까? 전체를 다 말하기는 어렵지만, 적어도 1896년 또는 1897년에 태어나 1세대 한국 근대 여성 문인이 된 김명순, 나혜석, 김일엽 같은 이들은 스스로가 자살하거

자살론: 고통과 해석 사이에서

나, 자살충동에 시달리며 작품 활동을 했으며, 일반인보다 훨씬 불우한 생을 감당해야 했다.* 서녀 출신이었던 김명순은 데뷔작 「의심의 소녀」(『청춘』 11호, 1917년 11월)에서 남편의 외도에 전전긍긍하던 구여성을 자살하게 만들어 봉건적 가부장제를 고발하는 한편, 자기 자신 '자유연애'를 실천했다. 하지만 당시 사회의 차가운 편견과 배제로부터 자유롭지 못했다. 김일엽 역시 주목받는 여성 작가로서, '구제도'를 거부하며 '자유연애'를 실천했으나 '문란한 여자'라는 시선을 넘지 못했다. 김일엽은 '사생아'를 출산한 후 불교에 귀의했다.

최초의 근대 여성 화가이자 작가·여성운동가로 이름 높았던 나혜석은 가장 급진적인 연애와 이혼으로 온 장안을 떠들썩하게 했던 장본인이었다. 1935년에 나혜석은 봉건에 찌든 '고루한 갓'(즉 구시대 남성)들뿐 아니라, 아마도 오늘날의 상당수 남성도 기겁할 만한 결론에 도달했다. 정조·순결 따위는 "도덕도 법률도 아무것도 아니오, 오직 취미"이며 "밥 먹고 싶을 때 밥 먹고 떡 먹고 싶을 때 떡 먹는 거와 같이 임의용지任意用志로 할 것"이지 "결코 마음의 구속을 받을 것이 아니"라는 것이다. 즉 성생활은 인간이 개별자의 "취미"에 따라, 즉 "아무 고통이 없고 신산辛酸이 없이 오직 희열과 만족"을 추구할 활동이어야 한다는 것이다.[73]

정조를 유교 도덕의 자리에서 온전히 궤도 이탈시키고, 욕망과 가치관의 완전한 개별성을 주장한 이런 성도덕의 주체는, 순결 때

---

* 분야는 다르지만 역시 1897년생인 성악가 윤심덕은 1926년 김우진과 함께 정사한 것으로 유명하다.

문에 굳이 죽을 필요는 없다고 설파했던『무정』으로부터 10여 년
만에 나타났던 것이다. 그러나, 나혜석의 인생은 서울시립병원의
무연고자 병동에서 세상을 떠나 '행려병자'로 처리될 만큼 '배제'
되었다.

　문제는 이들이 실제로 자유연애와 혼외관계, 이혼 등을 '실천'
하며 자기 스스로의 삶을 새로운 '이념'을 수행하는 매개로 삼았
다는 점이었을 것이다. 여전히 대다수 여성이 봉건적 속박에 묶여
있는 와중에, 그녀들의 언행과 남자관계는 늘 세간의 폭발적인 관
심사였다.

　실제 자살의 경향과 자살에 대한 지배적 표상(자살에 대한 평균
인의 지식 및 지배적인 보도 및 윤리적 해석) 사이에 언제나 간극이 있
다. 이 간극의 양과 질이 계속 변해왔다는 점도 중요하다. 이를테
면, 오늘날 크게 보도되곤 하는 교수와 대기업 임원 같은 지배계급
남성의 자살이나 연예인의 자살은 전체 한국사회의 자살 추세 안
에서 극히 일부에 불과한 것이다. 가난한 '취약계층' 노인의 자살
이나 4, 50대 가장의 자살이 훨씬 많지만 거의 보도되지 않는다. 이
런 차이는 무엇을 말하고 있는 것일까?

자살론: 고통과 해석 사이에서

3장

사랑과 자살,
실연과 정사

1
—

'실연으로 인한 자살'

: 연애와 자살

실연당해서 '죽고 싶다'는 생각을 해본 적 있으신지? 자살생각까지는 아니더라도 실연이 야기한 우울감과 마음의 상처를 경험해보지 않은 사람은 드물 것이다. 실연당하고 느끼게 되는 감정은 복합적이면서도 강렬한 것이다. 평생의 아픔일 수노 있다. 그것은 난지 분노와 실망만이 아니며, 배신감이나 우울만도 아니다. 실연으로 인한 고통은 '사랑'의 진지한 주체였을 때만 느낄 수 있는 좌절감과 절망감이다. 사랑은 실로 감성과 정신, 또한 육체의 진실한 모험이라, 그것은 자아와 세계의 관계를 다 바꾼다. 사랑에 빠졌을 때, 세계는 우리에게 진정한 충일감, 타자와의 진실한 연결감을 가져다줄 수 있다. 그것은 바다보다 푸르고, 숲보다 상쾌하고, 별보다 반짝거려 '세상 전체'와 맞먹는 보람이다.

그런데 어느 날 '실연'이 찾아온다. 생과 자아의 고양高揚으로부터, 타인과의 완전한 합일(또는 그에 대한 환각으)로부터, 타자로부터의 인정 욕망과 친밀성의 온전한 성취로부터, 무無와 절망으로의 급전직하를 경험하게 하는 데 실연만큼 강하고 좋은(?) 경험은 없다. 사랑에서 실연으로의 단절은 삶의 무의미함을 느끼게 하거나 자존감에 상처를 입혀 자살생각을 부를 수 있다.

현대의 젠더 상황에서, 실연은 상당히 보편적인 경험이라 하지 않을 수 없지만 조선시대 문헌에서는 '失戀'이라는 단어 자체를 찾기가 어렵다. 실연과 비슷한 상황은 물론 있었겠으나, 우리가 익숙하게 아는 바와 같은 감정의 교환이나 이성애의 상황이 없었으며, 그러한 상황을 지칭하는 언어 표상이 존재하지 않았던 것이다. 따라서 실연의 상처나 고통 때문에 일어나는 자살생각은 '역사적'이며 '근대적'인 감성이라고도 볼 수 있다.

아래는 지난 2013년 3월 대구에서 있었던 실제 사건 보도를 가공한 것이다.

대구 중부경찰서에 따르면 10일 오전 11시쯤 ○○동의 한 주상복합 건물 13층 옥상에서 T모씨(21)가 자살을 시도했다. 신고를 받은 경찰은 순찰차 2대와 구급차 1대를 출동시켜 10여 분 동안 설득 끝에 T씨를 구조했다. 경찰 조사결과, T씨는 사귀던 여자친구와 최근 헤어진 것을 비관해 이 같은 짓을 저지른 것으로 드러났다.

자살론: 고통과 해석 사이에서

여자친구에게 실연당한 20대 남자가 건물 옥상에 올라가 벌인 자살 소동은 상당히 '전형적인' 사건이라 할 수 있다. 2004년 광주에서도 2011년 울산에서도 비슷한 일이 있었다.[1] 1990년대 서울시 당국은 이 같은 빈번한 '실연자살' 소동을 방지하기 위해 한강대교에 '자살 방지칠'을 했다.[2]

1920~30년대에도 이런 '실연자살' 소동은 흔했다. 1929년 11월 4일, 겨울을 재촉하는 늦가을비가 쓸쓸히 내리다가 그친 날이었다. 서리가 서린 찬바람이 불어 단풍나무에 힘없이 매달렸던 빨간 잎사귀들이 도로 위에 뒹굴었다. 아침 여덟 시 반쯤, 진남포 정거장통 길가에 있는 잡화상 오모씨의 집에서 큰 고함소리와 비명이 터져나왔다. 스물 정도밖에 뵈지 않는 새파란 청년 하나가 그 집 주인의 처제인 옥순을 붙잡고 칼로 위협하고 있었다. "내 말을 좀 들어달라, 안 그러면 이 단도로 자살하겠다." 청년이 15센티나 되는 일제 단도를 빼들고 설치는 바람에 오씨의 가족과 그 집 사람들은 어씨할 바를 몰랐다. 그러나 절방에 차 소리를 지르던 청년은 달아났다.

이 희비극의 주인공은 평양 출신으로, 몇 년 전부터 진남포에 와서 일하던 21세의 리승진이었다. 그는 얼마 전부터 올해 열여덟 먹은 정옥순과 연인이 되었다. 사람들의 눈을 피해 가면서 두 사람은 사랑을 속삭이고 영원히 서로 헤어지지 말자는 약속까지 굳게굳게 했다 한다. 그런데 최근에 웬일인지 옥순이 승진을 냉정하게 대했다. 만나주지도 않고 연락도 없었다. 딴 남자가 생겼나? 사랑이 식

사랑과 자살, 실연과 정사

은 탓인지? 승진은 실연의 비애를 참다못해, 찢어진 가슴을 움켜
잡고서 변심한 연인을 찾아가 같이 죽는다는 소동을 일으킨 것이
었다. 진남포 경찰서에서는 청년을 붙잡아 사건의 진상을 조사하
고 있는데, 정옥순 측 입장은 "전연 연인이었던 사실이 없다고 부
인한다더라"였다.[3]

이 이야기는 동아일보 1929년 11월 6일자에 보도된 내용이다.
1930년 잡지 『별건곤』에 실린 또다른 기사는 경성 시내 한복판에
서 벌어진 실연자살 소동을 소재로 당시 그 같은 소동이 식민지 조
선에서 얼마나 흔한(?) 일이었는지 보여준다.[4]

당사자에게는 비극이지만, '실연으로 인한' 많은 자살기도는 타
인들에게는 한갓 '소동'으로 간주되는 경우가 많다. 실연당한 여
성들의 경우에도 그런 자살기도는 상당수 '미수'에 그친다. 대개
20대에 의해 저질러지는 이 같은 자살기도가 충동적이고 일시적
인 절망에서 비롯된 경우가 많기 때문이다.

하지만 '사랑 때문에' 정말 목숨을 잃는 비극도 물론 많았다. '연
애의 시대'로 일컬어지는 1920년대부터 본격적으로 '실연자살자'
들이 나타났다. 1922년 6월 20일자 동아일보는 "조선 청년들의 나
쁜 경향"으로 "근래 청년학생의 머리에는 연애라는 사상이 들어
와", 그 때문에 번민하고 "고통하고 심지어는 자살하는 사람도 적
지 아니하다"[5]는 점을 적시했다. '연애'는 새로운 사상이자 사회
문제의 원인이었던 것이다.

'실연자살자'는 1920~30년대에 걸쳐 점점 늘어나 모든 계층과
직업군에 걸쳐 있었다. '낭만적 연애'의 가장 도드라진 주체이던

남녀 학생이나 기생·여급 같은 계층은 말할 것 없고, 노동자와 엘리트, 도시 거주자와 농촌 거주자, 재조 중국인과 일본인, 또한 순사·헌병 등이 '실연자살자'의 대열에 있었다. 즉 10대에서 30대에 이르는 '일반적인' 청년 남녀 전체에서 '실연자살'은 가능한 사건이 된 것이다.[6] 신문 보도를 보면 그 같은 경향은 1930년대 중후반에 가장 커졌던 것으로 보인다. 1934년 3월 9일 동아일보사 주최로 열린 '제1회 전 조선 남자전문졸업생 간친회'는 11개교의 대학·전문학교 졸업생인 엘리트 청년들이 모인 자리였는데, 이 자리에서 제스처와 표정 연기로 단어를 맞추는 게임이 있었다. 그 단어들에 '선술집 작부' '알부랑자' '당나귀' 등과 함께 '실연자살'이 있었다.[7]

'실연자살'은 1950~60년대에도 전체 자살 원인 가운데 가장 중요한 항목의 하나이거나 그렇게 인식됐다. 마지막으로 해방 이후 '실연자살'의 상당수가 군복무중인 젊은이들에 의해 기도됐다는 점이 지적될 만하다. 군생활의 고달픔에 실연의 상처가 배가된 악영향을 끼치기 때문일 것이다. 한국에서의 자살을 논함에 있어 군대 내에서의 자살은 분명 따로 논의할 필요가 있는 수제다.

근대 초기의 정사

1927년 3월 동아일보의 한 기사는 세 가지 죽음의 형식, 즉 치정으로 인한 살인, '실연자살', 정사의 연관을 논했다. 사랑의 상황에 처한 남녀 양자가 필연적으로 겪게 되는 감정의 불균형, 그리고 '결연'을 방해하는 사회적 지위나 가정 형편의 차이 등 외적인 어려움 때문에 "그를 죽이거나 또는 제가 저를 죽이는 일이 비일비재"하다는 것. 그중 전자의 경우를 "시기 타살" 후자를 "실연자살"이라 한다는 것이다. 일리 있는 설명이지만, 이 글이 보다 정확하게 설명하고 있는 것은 정사의 상황이다.

남녀 양인의 심의는 설혹 합한다 할지라도 사회는 이 두 사람의 마음을 모르거나 또는 알고도 양인의 배합을 허용치 아니하는 경우가 종종 있다. 인종별·계급의 상하·재산의 다소 등 조건을 붙여가지고 양인의 교정交情을 부인한다. 이러한 경우에 두 남녀는 (…) 초연悄然히 눈물을 머금고 무정한 세상을 저주하다가 독을 마신다든지 또는 칼로써 생명을 끊고 황천객이 된다. 차종此種의 해결법을 세인이 정사라고 한다.[8]

이 설명에 따른다면 '실연자살'과 달리, 정사는 남녀의 감정은 서로 통하지만 인종·계급격차 등의 '장애'가 두 사람을 세상으로부터 고립시킬 때, 사랑의 아포리아에서 연인이 함께 선택하는 죽음이다.

수입된 죽음의 형식

정사는 최소한 네 가지 요소가 조우하고 융합할 때만 성립되는 사건일 테다. 남성과 여성 개별자의 사랑 및 죽음에 대한 관념, 그리고 남녀 사이의 구체적인 관계의 양상, 또한 남녀를 둘러싼 가족과 젠더 및 섹슈얼리티의 양상 등. 그래서 정사는 근대 초기 자살과 젠더의 관계를 표징하는 자살의 형식일 수 있었다.[9]

그러나 정사자는 사실 그렇게 많지는 않았다. 조선총독부 통계에 의하면 1920년대 정사는 전체 자살 건수의 평균 0.19%, 1930년대는 0.7%에 불과했다. 그러나 정사 사건은 크게 보도되었다.

특히 1920년대에 그러했다. 이를테면 1923년도 조선총독부 경찰 당국이 집계한 자살자는 총 1500여 명이었고 그중 조선인은 1256명이었다. 원인별로 보면 "정신에 이상이 있어서 죽은 사람이 306인, 생활 곤란으로 죽은 사람이 199인, 병들어서 괴로움을 참지 못하여 죽은 사람이 155인, 가정불화로 죽은 사람이 155인” 등이었다.[10] 그러나 신문만 보면 1923년은 마치 ‘정사의 해’ 같다. 그만큼 요란스럽게 정사 사건이 다뤄졌다. 1922년 동아일보의 자살 보도에서 ‘실연으로 인한 자살’에 관한 보도가 두드러진다면, 1923년에는 확실히 많은 정사 사건이 보도되고 있다. 유명한 기생 강명화와 그 애인 장병천의 자살 사건도 있었고, 일본뿐 아니라 한국에도 영향을 끼친 일본 작가 아리시마 다케오有島武郎의 정사 사건도 이 해에 일어난 큰 사건이었다.[11]

　　정사는 기본적으로 일본에서 수입된 것이다. 일본에서 정사라는 단어가 생겨난 것은 메이지 이후의 일이지만, ‘신주心中’라는 동반 자살은 17세기부터 홍등가를 중심으로 유행했다고 한다. 그러다가 근대적 연애라는 신상품이 한창 청년들을 사로잡을 때, 그 의미와 맥락이 재구성됐다. 문학가 구리야가와 하쿠손廚川白村은 “사랑은 지고지순의 도덕이며 죽음이란 일체를 정당화하는 힘을 갖고 있다. 사랑과 죽음 앞에서는 머리를 숙이고 경탄하며 예찬하는 것밖에 할 수 있는 일이 없다”고 지고의 가치를 지닌 것으로 사랑과 죽음의 미학을 연관시켰다 한다.[12] 그리하여 근대 초 일본에는 유명인이나 예술가가 정사한 사건도 많고, 정사를 소재로 한 문학·예술작품도 적지 않다. 그러나 한반도에서 정사란 낯선 사건이었다. 처음 조선에서 정사 사건을 벌인 것도, 1910년대 이후 정사라는 말이 쓰이기 시작한 것도 일본인들에 의해서였다. 낭만적인(?) 죽음의 장소를 찾아 여행을 떠난 일본인 남녀가 조선까지 건너와 정사를 감행했으며, 신마치新町의 창기들도 자주 정사의 주인공이 되

자살론: 고통과 해석 사이에서

었다 한다.

이처럼 수입된 것이었지만, 1920년대가 되자 식민지 조선에서
도 정사는 비교적 흔한 사건이 되고 '근대'의 표징 중 하나가 되었
다.[13] '연애의 시대'였고, 새로운 관계의 고난에 처한 새로운 '자아'
들이 죽음 앞에서 고뇌하던 시대였기 때문이다. 이후 꽤 오랫동안
한국에서도 정사는 유력한 자살의 한 형식으로서 1960~70년대까
지 이어졌고, 젠더 관계와 사회상을 압축하는 문제적인 사건으로
간주되고 논의되었다.

여성의 고난과 도덕

어떤 계층과 연령대의 남녀가 정사했으며 그 양상은 어땠는가?
1923년 1월에 있었던 평북 정주군에 살던 임정측과 김도향의 동반
자살 미수는 정사의 전형적인 맥락을 보여준다. 25세의 임정측은
본처가 있는 사내로 상당한 재산가의 아들이었지만, 일정한 직업
없이 주색으로 세월을 보내고 있었다 한다. 그와 여전부터 사귄 여
성 김도향은 24세, 유흥업에 종사하고 있었다. 김도향은 임정측에
게 본처와의 이혼을 요구하며 자기만을 사랑해달라고 했다 한다.
그러나 임정측은 부모 슬하에 있어 마음대로 이혼할 수 없었다. 임
정측이 얼마나 그녀를 깊이 사랑했는지는 알 수 없지만 진퇴양난
에 빠지고 이 때문에 두 남녀 사이에는 갈등이 많았다 한다. 이 갈
등과 딜레마의 상황을 정사로 해결하고자 한 것이다. 두 남녀는 각
각 손가락 살을 터뜨려 피로 유서를 써놓고 집에 있던 간장을 많이
마셨다.[14]

본처가 있는 남자와 미혼 여성이 함께 자살한 정사는 상당히 많다. 이런 케이스와 10~20대 미혼 남녀의 경우를 합치면 정사 사건의 대부분을 차지한다. 기혼남—미혼녀 정사의 주체인 여성은 남성에 비해 상대적으로 사회적 지위가 낮고 유흥업 등 불안정한 직업에 종사하는 경우가 많았다.[15] 여러 복잡한 젠더 상황이 이에 연관될 것이며, 결혼과 가족 관계의 '전통'과 '근대'가 충돌하는 정황들이 개재해 있다고 사료된다.

근대 초 조선사회에서 자살한 여성은 '신여성' 및 '구여성' 양측에 걸쳐 있지만, 정사에까지 이르는 비극적 연애의 대상/주체가 될 수 있는 존재는 주로 신여성이었다. 신여성 중에서도 기생·카페 여급 등은 봉건제의 속박으로부터 벗어나, 자본주의적 인간관계 속으로 깊이 인입된 새로운 인류의 하나였다. 신여성의 한 분파라 할 그들은 '연애'하거나 '매춘'함으로써 새로운 성—경제, 혹은 '풍속'의 핵심적 주체이자 대상이 되었다. 그래서 그들은 자주 저널리즘이나 문학에서 문제적 존재로 포착됐을 것이다.

욕망은 언제나 '도덕적인 것'에 대한 판단과 함께 움직인다. 도덕은 욕망과 뗄 수 없이 붙어 다니며 욕망의 강도와 성격을 결정해준다. 이러한 양자의 결합체와 그 운동을 '욕망—도덕'이라 불러보자. 근대소설들이 보여주는바, 1920~30년대 도시의 '보통 사람'들이 가진 '욕망—도덕'도 단순하고 보편적(?)인 듯하다. 자식들이 남부럽지 않게 많이 배우고 많이 버는 것이며, '제대로 된'(사실은 남들에게는 그렇게 뵈는), 집안에 시집—장가가는 일에 지고의 가치를 부여하는 것이다. 혹 가능하다면 늙은 부모가 그 자식들 덕도 좀 보는 일이다. 그러나 하층의 식민지인들에게 있어서 이 소박한 욕망은 실현되기가 어렵다. 가난 때문에 충분한 교육을 받기도 어렵고 가족이 뿔뿔이 흩어지기 십상이다. 박태원의 「성탄제」(1937년)에서는 딸이 몸을 파는 행위가 부모로부터 암묵적으로 용인된다. 결국 도덕은 욕망보다는 필요(경제)에 종속되고, 필요는 새로운 도덕을 창출하여 전에 비도덕적이었던 행위가 도덕적인 것으로 뒤바뀐다. 그 과정에서 자기모순이 야기되고 사람들은 불행해진다.[16] '욕망―도덕'의 주요 구성 요소인 연애―결혼은 새로운 난관에 처하게 된다. 낭만적 사랑이나 여성해방의 이념조차도 빈곤과 타협해야 한다.

그런데 대체로 '세태'의 첨단에 서 있는 신여성이나 '직업여성'들은 불행했던 듯하다. 문제는 '부도덕'이 불행이며, 이 여성들이 타자에 의해서나 심지어 스스로에 의해서나 '부도덕한 존재'로 의미화되었다는 데 있다. 한 사회에는 지배적 도덕과 평균적 욕망이 있다. 그런데 이를 벗어나는 욕망을 실현하는 주제와 대상 들이 있고, 그런 욕망을 가능하게 하는 구조도 엄연히 존재한다. 지배적 도덕·평균적 욕망과 그것을 초과하는 주체의 상황 사이의 괴리가 크면 클수록 당사자들은 고통을 당할 가능성이 커진다. '지배'가 욕망을 억압하기 때문만이 아니라, 그 개별 주체들 스스로의 성찰로부터도 고통이 주어진다. 이런 고통을 '반성적 불행'이라 부를 수 있을 것이다. 그들이 지배 도덕에서 스스로 부자유스럽다는 뜻이다. 그러니까 유감스럽게도 반성은 자유가 아니다. 반성은 대체

사랑과 자살, 실연과 정사

로 윤리적이다. 그 윤리는 이미 이데올로기로 오염되어 있어서, 반성은 많은 경우 이데올로기를 내면화·재구조화하는 일과 동일하다.[17] 그런 상황에 처한 '부도덕한' 개별자는 우울하다.

욕망과 도덕 사이의 골을 메우거나 도덕을 초과하는 것은, '진정한 사랑'이나 정열 같은 가치다. 이는 겉으로 강하지만 일시적인 것들이라 항성恒性이 없고 도덕보다는 사실 약하다. 따라서 지배적인 도덕보다 강해야 함을 개별자들에게 요청하는 일은 틀린 것은 아니라도, 무책임한 일일 수 있다. 불가능하거나 모험을 강요하는 일이기 때문이다. '부도덕한' '약한' 존재에게 필요한 것은 차라리 지배적인 도덕을 통한 자아의 회복과 구원일 것인데, 여기에도 섬세한 방법론이 필요한 것이다. 고난에 처한 가난하고 젊고, '부도덕한' 여성들이 자살이나 정사의 주체가 되는 일이 흔했다. 근대 초기의 기생·여급들이 그들이다. 여성은 언제나 남성에 비해 과도한 '도덕'의 짐을 지게 된다.

남성의 고뇌

여성들이 괴로워하니까 그녀를 사랑하는 남자도 진정으로 괴로워한다. 남성중심주의의 수혜자라도 가끔 그럴 수 있다. 앞에서 정사를 시도한 남성인 임정측의 경우 결혼한 성인이지만 부모의 슬하에 있고, 부모로부터 결혼 생활에 관한 관여를 수용해야 한다. 대가족 제도와 거기에 근거한 유교적 도덕은 여전히 강력하게 작동하고 있었다. 부모가 사회적으로 높은 지위를 누리거나 '전통 윤리'에 더 깊이 동의할수록 그랬을 것이다. 단발 기생 강명화의 애

자살론: 고통과 해석 사이에서

인 장병천도 이런 경우가 아닌가 싶다.

박태원 소설 「비량」(1936년)은 1930년대에 쓰인 것이지만, 그런 사랑이 파탄 났을 때 남자 쪽에서 느끼는 고통을 잘 묘사하고 있다. 소설에서 인텔리 청년 승호는 부모가 정해준 좋은 혼처를 마다하고 카페 여급인 영자를 택한다. 그 선택에는 동정심과 더불어 '자유연애'적인 열정의 원리가 작동했다. "가여운 영자를 버리고 모든 조건이 우수한 혜숙에게로 가는 것은 남자로서 죄악인 것 같았고, 쥐뿔도 없는 영자를 택하는 것에 대한 부모를 비롯한 타인들의 비난이 거세질수록 영자를 향한 정열은 더 커졌다"는 것이다.

한데 이 동거생활은 정열이 식자 '현실'(빈곤) 때문에 곧 파탄에 이르게 된다. 그리고 남자는 '반성적 불행'에 빠져든다. 타자의 시선(=상식적인 도덕률)을 진작 의식했더라면, 애초부터 부모의 뜻을 거역하고 가난하고 불행한 여자와 동거하는 일이란 있을 수 없었을 텐데, 내면화된 반성이 뒤늦게야 작동하기 시작한 것이다. "참 저러한 아내게 눈에, 우리들의 이 생활이 어떻게 비칠 것인구……?" 무능한 주인공이 생계를 이어갈 능력이 없자 영자는 외간남자를 집에 끌어들여 매춘을 한다. 이상의 「날개」(1936년)와 유사한 구조이며, 「날개」의 비극적 버전이다. 주인공은 깊은 자기모멸에 빠져든다. 그가 택할 길은 그녀를 떠나서 새 삶을 시작하든지, 아니면 기둥서방이 되는 일이다. 요컨대 도덕률이 야기한 불행, 즉 반성적 불행은 자기모멸을 초래한다. 만약 그녀를 깊이 사랑한다면 같이 죽는 길을 택했을 수도 있다. 당시 사람들이 '사랑'에 투여하던 열정의 양을 측정하기는 쉽지 않다. 그러나 재산과 부모, 사회적 지위를 고루 가진 남자에게 과연 자살할 이유가 있었을까?

풋사랑과 죽음

과도한 사랑의 열정에 빠진, 그러나 주변의 치명적인 반대나 장애에 봉착한 10~20대의 죽음은 정사의 또다른 전형적인 유형이라 할 수 있다. 1923년 9월, 경기도 고양군 한지면 삼유관 요리집에서 일하는 17세 소녀 박수덕이 독약을 먹고 자살했다. 요리점 업주는 전부터 그녀와 관계가 있던 같은 동네 박창복(22세)을 찾아가보았다. 예감대로 박창복도 역시 독약을 마시고 죽어 있었다. 그는 종로에서 이발사로 일하는 청년이었다. 신문기사는 두 청춘 남녀가 얼마나 뜨겁고 '예쁘게' 사랑했는지 묘사해주고 있다.

"그 여자는 얼굴도 얌전하고 태도도 부드러워 꽃피는 지난봄에 그 요리점에 들어오"고 난 뒤 사내의 "꿀 같은"* 사랑을 받아왔다 한다. 사내는 퇴근하고 "자기 집으로 돌아올 때 반드시 그 요리점 앞으로 지나가게 되매" "그들은 날마다 대문간 안에서 석양의 붉은 노을을 바라보며 '키스'도 해보고 '포옹'도 하여 불같은 사랑에 안타까운 날을 보내"고 있었다. 그러다 사랑은 커다란 장애에 처했고 종말을 맞았다. 비극적인 결말은 다음과 같이 서술되어 있다.

눈치를 탐지한 요리점 주인의 감시도 심할 뿐 아니라 그 남자의 형 되

---

* 인쇄 상태가 흐리다. '꿀'로 보이나 '불'로 읽을 수도 있다.

자살론: 고통과 해석 사이에서

는 사람은 '동성同姓 남녀'가 그같이 함은 옳지 못한 일이라고 꾸중이 자심함으로 그리운 사이에 울분하게 지내다가 마침내 그들의 불같은 사랑은 자유로운 저승을 그리워 그같이 정사하게 된 것이라더라.[18]

주목되는 점은 기사가 그들을 정사하게 만든 사회적 제약을 강조하는 투로 쓰여 있다는 것이다. 여성이 술집에 매어 있다는 상황과 남녀가 동성이었다는 것은 비교적 치명적인 '혼사 장애'에 속했는지 모른다. 기사는 지고의 가치인 '사랑'에 반하는 사회적 모순과 관습을 대비시키고 있다. "꿀 같은 사랑"과 "자유로운 저승"은 이에 대비되는 가치다. 이 글은 낭만적 사랑에 빠진 남녀가 택한 비극적 말로에 은근히 필연성이나 정당성을 부여하고 있다. 이 시기에 정사는 이해 불가능하거나 용서받지 못할 일은 아니었다. 하지만 '낭만적' 연애지상주의는 곧 비판을 받으며 퇴장하게 된다.[19]

자살충동의 전염 : 죽음의 미화화

1923년을 정사의 해처럼 만든 것은 유명 인사들의 정사 사건 때문이기도 했다. 유명인들의 자살은 자살을 정당화하거나 모방자살을 야기하는 효과를 지닌다. 이 땅에서는 1920년대 초에 그 최초의 현상이 나타났다. 특히 일본 작가 아리시마 다케오와 그의 연인 하타노 아키코波多野秋子의 동반자살이 일본뿐 아니라 조선 남녀에게도 많은 영향을 미쳤다 한다. 아리시마 다케오는 성공한 중견작가로서 큰 재산과 사회적 명성을 누렸다. 유부녀였던 하타노 아키코도 『중앙공론中央公論』이라는 유력 잡지의 여기자로서 많은 것을 가진 인텔리였다. 아리시마는 "연애와 죽음의 견고한 결혼"을 명제로 건 유서에서 다음과 같은 이야기를 했다. 동아일보가 인용한 내용이다.

누가 옳고 누가 그른 것도 아니올시다. 옳든 그르든 그것은 다만 타고난 팔자올시다. (…) 내가 당신들에게 꼭 사뢰고자 하는 것은 우리의 죽음이 외계의 압박을 못 이김이 아닌 것이올시다. 저희들은 '자유'에 기쁨을 참지 못하여 죽음을 맞습니다. 죽음의 길을 가면서도 우리는 즐겁게 이야기를 하고 있습니다.[20]

자살 현장을 중계하듯 쓴 이 유서에서 자유의지로 택한 죽음의 완전성과 죽음의 미적 쾌락에 대한 진술이 두드러진다. 동아일보는 아리시마 다케오가 사랑의 쾌락과 죽음의 고통을 동시에 맛보며 죽어가면서 자기 작품 「죽음과 그 전후死と其の前後」의 결말 부분을 재연한 듯하다고 보도했다. 화려하게 꾸민 거실에서 연인은 같이 약을 먹고 사랑을 나누며 죽음의 순간을 누리려 한 것이다. 죽음을 최대치로 미학화한 기획이 아닐 수 없다. 그러나 그들이 발견된 것은 죽은 지 한 달이 지난 장마철, 미는커녕 두 사람의 몸은 부패가 아주 심해서 그들 주변에서는 마치 폭포처럼 구더기가 들끓고 있었다는 '전설'도 전한다.

그들의 정사는 조선인과 재조 일본인 남녀에게 큰 영향을 끼쳤다. 사건 직후인 같은 해 7~8월에 동아일보는 4건의 일본인 자살 사건을 보도하고 있다. 그중 두 건은 아리시마의 죽음 직후에 일어

자살론: 고통과 해석 사이에서

난 여성의 단독 모방자살이었으며, 다른 두 건은 재조 일본인 남녀의 동반자살이었다.[21] 또한 경기 이천군 경신학교 생도 김용인(19세)과 연지동에 살던 문자별양(17세) 같은 조선인 십 대들도 이 대열에 끼여 있었다. 이들은 "부부 될 약속까지 하고 재미있게 지내왔으나 모든 일이 뜻대로 되지 아니함을 비관하여" 일을 저질렀다 한다.[22]

소결: '이루어질 수 없는' 사랑과 자아

정사는 '이루어질 수 없는' 사랑의 상황에서 벌어진다. '이루어질 수 없음'이란 과연 무엇인가? 두 가지 함의가 있는 듯하다.

첫째, 원래 사랑은 근원적으로 '이루어질 수 없는 것'이다. 사랑에 빠진 남녀는 사랑으로 인해 존재의 충일감을 맛본다. 사랑은 기이하고도 유일한, 타자 사이의 경계 허물기다. 그러나 그것이 완전할 수도 영원할 수 없다는 것을 사랑에 빠진 남녀도 곧 알게 된다. 충일함과 경계의 무너짐은 환각이거나 순간이다.

온전하고도 완벽한, 또는 그렇다고 가정된 사랑이 지닌 본래적 찰나성 때문에 사랑을 보존하는 방법은 없다. '같이—죽음'이 그 방법일 수 있을까? 하지만 '같이—죽음'은 불가능한 기획이다. 인간뿐 아니라 (거의) 모든 존재는 홀로 죽는다. 존재의 숙명이다. 그러나 '같이—죽음'으로써 그들은 완전한 사랑(의 순간)을 연장하고 회복하려 한다. 이는 상대방에 대한 영원한 독점을 성취하고, 타자와 자아의 경계를 허물기 위한 절망적인 노력이다. '같이—죽음'은 불가능하지만, 정사자들은 '같이—죽음'에 근접한 상황에 접근하려 한다.

사랑과 자살, 실연과 정사

‘너무 행복해서 이대로 죽고 싶다’는 사랑의 찰나적인 충일함 자체가 실제로 죽음을 부르는 경우는 드물 것이다. 다시 말해 에로스와 타나토스가 통일되는 그런 순간에서도 사실 승리하는 것은 에로스다.

둘째, 언제나 사랑의 완전성의 환각과 그 추구는 타자의 방해가 있기 때문에 가능해진다. 즉 ‘이루어질 수 없는 완전한 사랑’은 대부분 타자의 방해 때문에 성립하는 명제다. 사랑은 원래 불완전한 것으로되, 타자의 방해는 사랑의 완성을 위한 좋은 질료가 된다는 역설이다. 그래서 철학자 레나타 살레클Renata Salecl은 대타자의 역할에 주목했다. 대타자가 정해둔 금지된 대상, 혹은 금지의 코드가 가진 매혹이 사랑을 강렬한 것으로 만든다는 것이다. 사람들은 ‘이루어지지’ 못할 것을 알면서(알기 때문에), 외려 금지된 대상을 강렬히 원한다. ‘못 올라갈 나무’ 같은 것이야말로 진짜 욕망을 부른다는 것이다. 결국 주체는 대타자와 뭔가 공모하고 있는 것이 아닌가.[23]

어쨌건 정사란 대단한 모험이 아닐 수 없다. 두 사람은 타자일 뿐이다. 두 사람이 지닌 자아의 종합적·총체적 상황은 서로 다를 수밖에 없다. 사랑과 죽음에 대한 관념과 경험도 다르다. 소유와 ‘존재’, 그리고 ‘관계’가 다 다르다. 그럼에도 두 사람이 함께 죽기를 택하는 데 정사의 근본적 특징이 있다. 즉, 자아와 타자 사이의 근원적 차이와 감정 질량의 비등질성을 다 넘고자 하는 기획인 것이다. 그래서 최소한 양쪽 중 한쪽이 강하게 죽음을 원해야 하지만, 바로 그 이유 때문에 이 기획은 무리와 모순이 노정된다. 자살이라는 죽음은 높은 심리적 '문턱'을 연속해서 뛰어넘어서야 가능한데, 그 문턱 넘기의 정황은 예측 불가능하다. 그래서 정사의 상황에서 혼자만 살거나 정사를 거부한 사례들도 물론 아주 많다. 일본 작가 다자이 오사무太宰治는 카페 여급과 정사에 실패하고 혼자 살아남았는데, 그 끔찍한 경험과 죄의식에 대해『인간 실격人間失格』등 여러 작품에 써두었다. 그리고 결국 또다른 여인과 함께 동반자살했다.

3

근대화 개발 연대(1960~70년대)의
정사와 치정

그러나 정사라는 현상과 주제는 근대 초기의 것만이 아니었다는 점에 주목하자. 1950년대에서 70년대 초까지도 한국에서 정사는 그리 드물지 않은 사건이었다. 1950년대 신문에서도 빈도가 그리 높지는 않았으나 한국 정사의 전통(?)을 이어가는 정사 관련 사건들이 보인다. 그러나 '정사의 해'였던 1923년으로부터 딱 40년을 건넌 1963년, 쿠데타를 일으켰던 박정희 '각하'가 대통령이 되어 힘차게 새출발한 바로 그해에 정사 사건이 많았다. 다양한 '이루어질 수 없는' 사랑의 주인공들이 민족중흥과 경제개발에 나서지 않고 죽어서 '사랑'이나 완성하려 했던 것이다.

그해 2월 9일자 경향신문에 의하면, 유부녀이며 무려 "5남매의 어머니인" 34세의 정금자씨와 그의 어린 정부 21세의 대학생 이

자살론: 고통과 해석 사이에서

모군이 정사했다.[24] 반대로 그해 11월에는 4남매의 아버지인 30대 중반의 직장인이 20대 초의 "바 걸"과 정사한 사건도 있었다.[25] 또한 "처가 버젓이 있는 30대 남자가 그의 6촌 처제와 서로 사랑해오다가 결혼 못 함을 비관 끝에" 같이 음독한 사건이 일어나기도 했다. 처녀만 황천길로 갔다.[26] 2월에는 서울 창신동의 한 여관에서 레즈비언으로 뵈는 20대 두 여성이 함께 음독자살한 경우도 있었다.[27] 물론 이때에도 '정사'라는 용어가 사용되었다. 4월에는 인천에서 주한미군 병사와 사랑에 빠진 한국인 처녀가 함께 자살한 '이색' 사건이 있었는가 하면, 11월에는 부산의 동방기업에 다니던 십대 남녀 노동자가 "직장 연애"는 안 된다는 회사의 압박과 동료들로부터 받은 괄시를 이기지 못해 함께 죽은 일도 있었다.[28]

과연 1960년대는 어떤 '사랑'의 시대였던 것일까? 또는 어떤 '죽음'의 시대였던가? 이 시대 사람들의 '사랑'과 '마음'은 1920년대와, 혹은 오늘날의 그것과 어떻게 같고 다를까? 주목할 점은 1950~60년대에 정사 사건이 많았던 만큼 '실연자살'도 많았다는 것이다.

최인훈이 1966년에 발표한 단편소설 「웃음소리」는 정사와 자살의 상황에 처한 여성의 내면을 섬뜩하게 잘 그려냈다. 주인공 '그녀'는 바bar의 여급 일을 하다가 "순정을 바쳤던" 남자에게 처절하게 버림받고는 자살을 결심한다. 그녀의 어두운 마음은 다음과 같이 묘사된다.

오지 않으면 하고 생각해보니 을씨년스러운 홀의 모습이 그녀의 마음

속에서 마치 사람처럼 우뚝 마주선다. 만일 오지 않으면, 그녀 앞에 기다리고 있는 것은 그 풍경을 꼭 닮은 생활이다. 지금까지도 그랬으나 그때는 색칠한 불빛과 마지막 자리에 서 있다는 썩은 안정감이 있었는데, 지금은 동굴 속의 어둠. 하늘을 찌르는 사보뎅의 산. 그 속의 마지막 자리에서 한 발 더 내디디려고 허우적거리는 마음이 있다.[29]

그녀는 자살할 장소로 미리 생각해둔 P 온천 부근 산속을 찾아간다. 그런데 마침 그곳에는 한 쌍의 남녀가 다정하게 밀회하고 있다. 그녀는 숙소로 돌아왔다가 다음날 똑같은 시각에 똑같은 장소에 다시 갔다. 여전히 그 남녀가 거기 있는데, 남자가 자신을 배신하고 떠난 '그'처럼 느껴진다. 그리고 주인공의 귀에는 여인의 날카로운 웃음소리가 들린다. 달콤한 사랑에 빠져 남자의 팔을 베고 있던 그 여자가 자기처럼 남자에게 배신당하고 혼자 그 빈터를 찾게 될 것 같다는 예감이 들었다. 그날 밤 꿈에서는 두 남녀가 나누는 대화가 보인다.

푸른 잔디 위에 두 남녀는 행복스럽게 웃으면서 누워 있다. 자세히 보니 여자는 어느새 그녀 자신이다. 그녀는 말한다. 당신 팔을 베고 이대로 죽고 싶어. 이보다 더 행복하게 죽을 순 없잖아? 남자가 말한다. 왜? 하늘이 저렇게 근사한데. 이 풀 냄새 좀 맡아봐. 죽으면 다 그만이야. 그러나 여자는 응석을 부리는 것이다. 싫어이. 지금, 당신과 내가 꼭 붙잡고 있는 지금 이대로 영원해지고 싶어.

자살론: 고통과 해석 사이에서

‘이대로 죽어 영원하고 싶다’라니, 곧 정사하고 싶은 정념이다. 다음날 그녀는 또다시 그 공터를 찾아갔다. 이제 그녀가 본 것은 거적때기에 덮여 있는 두 남녀의 시신과 구경꾼들이었다. 황금색으로 빛나는 남자의 셔츠 소매 사이로 삐져나온 팔이 검푸르게 썩고 있었다. 옆에서 누군가 남녀가 언제 죽었는지 묻자 일주일쯤 된 것 같다는 대답이 들려온다. 그때, 그녀는 두 구의 시체를 덮은 거적때기 밑에서 전날에 들은 것과 같은 여자의 웃음소리를 다시 들었다. 정사한 연인을 목격한 그곳에서 일주일을 더 묵고 서울로 돌아오는 기차 안에서 그녀는 ‘여자의 짧은 웃음소리’를 또 한 번 듣는다. 그리고 문득 그 웃음소리가 바로 그녀 자신의 웃음소리라는 것을 깨닫는다.

그러니까 그녀가 죽음을 결행할 자리에서 처음 본 다정한 남녀는 며칠 전에 이미 정사한 남녀의 유령이었고, 그녀의 귀에 들리는 웃음소리 환청 또한 죽은 여자의 목소리였던 것이다. 그런데 그 웃음소리가 그녀 자신의 목소리라니. 결국 이 수설에서 초점화되어 있는 그녀 자신이 실연 때문에 이미 자살한 원귀冤鬼였거나, 또는 그 남자와 정사했거나 또는 ‘같이—죽기’ 시도에 실패하고 혼자 죽은 여귀의 혼령이었던 것이다.

따라서 이 소설은 단지 삶과 죽음의 경계에 처한 존재의 환상과 내면을 그려낸 것일 뿐 아니라, 이미 죽은 귀신을 불러내 자살에 이른 내면의 역동을 묘사한 작품인 것이다. 여귀라는 비존재에 빙의한 놀라운 상상력이다.

1920년대의 조선 사람들은 '연애'를 발견했다. 그리고 문명과 개조의 상징이기도 했던 '연애'를 통해 자기정체성과 감성, 그리고 육체를 다시 구성했다. 그 과정에서 정사라는 새로운 죽음의 형식이 등장했다. 정사는 어떻게 약 반세기 동안 지속된 죽음의 형식이 될 수 있었을까? 이런 의문은 오늘날의 상황 때문에 증폭된다.

달라진 사랑의 심성

오늘날에도 여전히 근대적인 낭만적 사랑의 제도와 이데올로기가 효력을 발휘하고는 있다. 그것은 결혼과 가족을 구성해내는 주요 동력이며, 대중문화 영역에서는 자주 '영원한 진리'인 것처럼 다뤄진다. 그럼에도 오늘날의 젠더적 주체는 이전과 다른 방식으로 연애하고 결혼한다. 그래서 근대적/'후기근대적 사랑'은 공존하고 있는 것으로 평가된다.[30] 오늘날 서구적 현대성이 지배하는 사회에서 사랑은 독립적인 자아를 가진 개인 간의 합의와 협상에 의해서 만들어지는 '합류적 사랑'이 더 올바르거나 합리적인 것으로 간주되는 경향이 크다.[31] 배타적 독점과 열정이 사랑의 '유일원리'가 아니라, 우애와 합리로써 '사랑'을 보완하고 '지속 가능한 관계'를 만들어야 한다는 것이다.[32]

오늘날 '사랑'의 패러다임 전환은, 특히 여성들이 연애가 결혼을 위한 필연적이고 자연스러운 과정이 아니라는 것을 인식함으로써 가능해졌다. 다시 말해 가부장제 사회의 모순이 지속되는 가운데, 사회적으로 계몽되고 경제적으로 독립성이 커진 여성이 결혼(제도)이 가진 모순을 통찰하고 있다. 그런 과정에서 여성의 삶에서 결혼이 가진 중요성은 상대화되고 있는 것이다. 한국에서 이 과정은 꽤 압축적이고도 또 극적인 것으로 보인다. 근래 한 조사에 의하면 '결혼은 반드시 해야 하는 것이다'는 물음에 한국의 기혼여성은 14.1%만, 미혼여성은 20.3%만 동의했다. '결혼은 하지 않는 것이 낫다'는 데는 기혼여성의 5%, 미혼여성의 2.6%가 공감을 표시했다. 또 기혼자 49.7%, 미혼자 46.4%가 '결혼은 하는 편이 좋다'고 생각했으며, '해도 좋고 안 해도 좋다'는 입장에는 기혼자 31.1%, 미혼자 28.3%가 동의했다.[33] 오늘날 젊은 여성들은 연애·결혼·섹스가 각각 별도의 일임을 잘 알고 있다. 이런 변화는 여성들이 남녀 관계 자체를 일종의 '프로젝트'로 인식함으로써 가능했다 한다. 이 프로젝트의 성취를 위한 계획과 노력이 곧 '사랑'이다.[34] 특히 신자유주의는 연애와 결혼의 의미를 변형시키고 있다. 연애와 결혼은, 탈빈곤·스펙 관리·자기계발 등등의 생의 다른 기획과 비용 계산(물질적 비용뿐 아니라 감정의 비용 등)에 종속·부차화되는 경향이 있다. 이런 제반의 상황은, 자아들로 하여금 '이루어질 수 없는 사랑' 자체를 시작하지 않게 할 것이다. 그러니 정사 같은 '극단'의 전제 자체가 미리 차단되는 셈이다.

1960년대의 대히트 영화 〈맨발의 청춘〉(1964년)의 결말은 '이루어질 수 없는 사랑'에 빠진 청춘남녀(신성일·엄앵란)가 동반자살하는 것으로 맺어진다. 1974년 2월의 경향신문도 '(이루어질 수 없는) 사랑'에 대한 인식의 역사에 연관된 중요한 자료를 하나 보여준다.[35] 고려대 교육대학원이 서울과 경북 상주의 남녀 고교생 1000명을 대상으로 한 설문결과다. 조사에서 '부모가 결혼을 반대할 경우 어떻게 하겠느냐'는 설문에 전체 중 약 33%의 고교생이 "단념한다"고 답변했다. 그러나 "(반대를) 무릅쓰고 결혼" "집을 떠나서 결혼" 등 부모의 뜻을 거역하겠다는 취지의 답도 꽤 많았다. 그 빈도를 합치면 46.24%였다. 눈길을 끄는 것은, 결혼을 결행하거나 집을 나가는 게 아니라, "정사한다"는 답변을 한 학생들이다. 설문 대상 전체 청소년의 4.54% 그중 특히 농촌지역 여성 청소년들이 8.2%나 "정사한다"는 데에 답을 했다는 것이다.

십 대들이기 때문일까? 십 대나 이십 대는 충동적으로 사랑하고 충동적으로 죽을 수 있다. 그들의 '사랑'과 '죽음'에 대한 태도는 분명 '어른'들의 그것과는 좀 다르다. 그러나 여기서 주목하고 싶은 것은 1970년대와 2000년대의 젊은이들 사이의 생각 차이다. 오늘날에도 비슷한 설문조사가 있다. 2008년의 한국 대학생은 결혼을 부모가 반대할 경우 "반대를 무릅쓰고 한다"(43%)는 대답이 "끝까지 설득해보고 안 되면 포기한다"(40%)는 응답보다 많았다. 여기까지는 비슷하다 할 수 있다. 그러나 '정사한다'는 설문 문항 자체가 없다.[36] 단지 이 차이는 젊은이들 사이의 차이가 아니라 총체적인 것에 연유한 것일 테다. 어른들과 '구조'가 달라졌기에 젊은이들도 다를 것이다.

1960년대적 가족과 결혼

1950~70년대의 젠더 관계도 '격동'을 겪고 있었던 듯하다. 1950년대 이후의 '여성계'는 축첩 폐지를 중요한 여성운동 의제로 삼았다. 〈로맨스 그레이〉(1963년)나 〈미워도 다시 한번〉(1968년)같이 큰 인

자살론: 고통과 해석 사이에서

기를 끈 1960년대 대중영화에서도 그려지듯 중산층 남자가 '딴살림'하는 일은 흔했기 때문이다. 또한 이 시대에는 재산관리권·상속권도 여성에게는 주어지지 않았고, 한국식 간통죄 체제도 이때는 여성에게 훨씬 불리하게 돼 있었다. 처의 부정은 이혼 사유 및 간통죄의 대상이 되었으나 남편의 부정은 이혼이나 간통죄의 충분 요건이 안 되었다. 지금으로서는 상상하기 어려울 정도로 여성에 대한 법적·윤리적 차별과 제약이 심했던 것이다. 순결 이데올로기도 여전했을 것이다. 그러나 역사를 통해 길게 볼 때 50년대는 여성들이 비교적 자유로웠던 한 시절로 일컬어지기도 한다. 60년대나 식민지 시대에 비교해서 그렇다는 뜻이겠다. 전쟁통에 가부장들은 죽거나 없어졌고, 봉건적 '가문'은 붕괴되고 평등주의가 확산되었다. 많은 여성들은 직장에 나가서 직접 돈을 벌어야 했으며 여성의 학력도 전에 비해 급격히 높아지고 있었다. 거기에 밀물처럼 미국식 '자유(주의)'가 유입되어 전통적 가치 전체가 위협받았다. 영화로도 만들어진 소설 『자유부인』(1954년)에서처럼, '자유'야말로 '부인' 앞에 붙을 만한 개념어였다.[37] 하지만, 5·16 쿠데타 이후 박정희 레짐의 군사주의와 마초 문화는 이러한 상황을 다시 확 뒤집고 여성을 가정 속으로 길들이는 매개이기도 했던 것이다. 또한 급격한 경제 개발은 가계 경제구조를 바꾸고 한국에서의 근대적 가정중심성을 재구조화했다.

정사의 낯선 주체들

이러한 맥락 속에서 '버젓한' 가정을 가진 남녀가 '사련邪戀'에 빠

사랑과 자살, 실연과 정사

저 자살한 사건은 눈에 띄지 않는다 할 수 없다. '불륜'은 결혼한 남성 또는 여성도 당연히 '열정적 사랑'이나 '낭만적 사랑'[38]의 포로가 될 수 있음을 보여준다. 또한 불륜은 역설적으로 일부일처제의 모순을 보완하거나, 결혼 제도의 속박을 넘어 '자유'를 기도하는 것이다. 물론 일부일처제 사회에서 '불륜'이 당사자들의 윤리적·심리적 고난을 야기한다는 점은 변하지 않는다. 그러나 그 양상은 역사적으로 다르다. 오늘날 '불륜 남녀'가 동반자살하는 일은 드물 것이다.

1960년대에 정사란 충동적이고 열정적인 사랑에 빠진 일부 젊은이뿐 아니라, 10대부터 40대까지의 남녀가 저지를 수 있는 사건이었다. 특히 이 시대의 어떤 남자들이 목숨을 버릴 만큼 사랑에 진지하고 열정적이었던 것일까? 처자식과 '사회적 지위'가 있는 남자들도 정사의 주체였다. 박정희가 대통령이 된 1963년 5월, 잘나가는 고위 세무 공무원이었던 40세의 광주 사세청(현 국세청)장 안병석이 극약을 먹고 자살했다. 임신 5개월이었던 정부와 함께였다. 서울에 처자를 둔 그는 서울 사세청장으로 영전을 앞둔 시점에서 죽었다.[39] 그다음달에 경북 영천에서 일어난 사건도 비슷하다. 육군 본부로 전속을 앞둔 30대의 육군 소령 김광묵이 25세의 애인과 정사한 것이다. 이들은 수개월 전부터 사랑에 빠졌다가 김소령이 전속 가게 되자 동반자살한 것이라 한다.[40]

1965년에는 현직 검사가 다방 마담과 함께 정사한 사건이 일어나 꽤 큰 충격을 주기도 했다. 동아일보와 경향신문은 서울 성북구 우이동의 산장에서 일어난 사건의 개황과 아울러 '서울지검 수원

자살론: 고통과 해석 사이에서

지청'에 근무하던 33세의 검사 김은수의 상세한 프로필도 싣고 있다. 대구 경북고와 고려대 법대를 나와서 사시 8회로 임관한 김검사에게는 6년 전 중매결혼한 아내와 두 아들이 있었다. 그리고 두 살 연상인 애인이 있었다. 그녀는 부산에서 여고를 졸업한 후 서울에서 다방을 경영하고 있었다.[41]

당연한 일이겠지만 경찰은 타살 가능성부터 의심했다. 현장에는 이들이 먹던 소주와 안줏거리가 남아 있었다. 죽은 강모 여인은 종업원을 시키지 않고 술과 안주를 직접 나가서 사 왔다. 또한 전에도 산장에 투숙한 적이 있는 이들이 변사 전에 성관계를 한 흔적이 없고, 사망시 김검사는 투숙할 때 입었던 옷을 그대로 입고 있었다. 이처럼 독자들을 살인 사건의 현장으로 안내한 신문기사는 김검사가 근래 강여인을 멀리해왔다는 신뢰하기 힘든 증언까지 들먹이고 있었다. 그러나 현장에는 김검사가 남긴 메모가 있었다. 거기에는 그의 필적으로 사랑의 맹세가 적혀 있었다. "당신 보오! 나는 무관심이라는 것이 제일 싫소! 나의 마음의 좌표를 알 때가 있을 것이오, 당신이 뭐라 해도 아직 나는 당신을 사랑하고 결코 사랑에 변함이 없을 것이오."[42] 전형적인 정사의 이유를 김검사는 쓰고 있다. 즉 불완전한 사랑 때문에 빚어진 갈등이나 '변함없을' 사랑의 맹세가 죽음과 연관된 것이다. 두 사람은 죽음으로써 그 불완전함을 초극하기로 결정한 것이겠다.

가정을 가진 국세청·군·검찰에 있는 남성 관료란, 남성들 중에서도 가장 자살할 확률이 낮은 부류가 아닐까?[43] 적어도 오늘날 그들은 냉혹한 타산과 이성을 가진 부류가 아닌가? 웬만해서는

사랑과 자살, 실연과 정사

'자기'를 방기하지 않는, 자기관리와 보신에 철저한 부류의 인간이 아닌가?

상상해보자. 오늘날 지배계급 남성이 내연의 여인이나 룸살롱 마담 등의 '애인'과의 '사랑' 때문에 목숨을 함께 버리는 사건을. 물론 오늘날에도 가정을 가진 고위 관료나 현직 검사, 또는 중년의 교육자 중에 '이루어질 수 없는' 비극적 사랑을 하는 사람들이 있을지 모른다. 그러나 우리에게 더 '상식'에 가까운 것은, '사랑'은커녕 유흥업소에서 성상납받는 검사와 경찰, 술자리 후 함께 성매매에 나서는 관료와 장교, 부하 직원이나 여교사를 성추행하는 공직자와 교육자 들이다.[44]

분명한 것은 정사한 그들 남성들에게 규범을 벗어난 '사랑'과, 그것을 고통으로 화하게 했을 '가정'은 오늘날의 그것과 의미가 미묘하게 달랐을 가능성이 높다는 점이다. 그런 시대는 1970년대 초까지 이어진다. 1966년에도 부인과 다섯 남매를 둔 집권 공화당의 경상남도 지부 사무장(당 42세)이 애인과 함께 자살했고,[45] 1971년 11월에는 50대 초반 초등학교 교감이 딸뻘인 같은 학교 20대 여교사와 함께 학교에서 극약을 먹고 자살한 사건도 있었다.[46] 또한 사랑에 빠진 40대 교사와 여고생이 함께 설악산에서 정사한 일도 있었다.[47]

정사라는 비유어

이처럼 정사 사건이 꽤 빈번했기 때문에, 1960~70년대에 '정사'는 비유어로도 많이 쓰였다. 정치판뿐 아니라, 경제·외교 같은 아주 점잖은(?) 분야에 관한 글에서도 '정사'는 사용되었다. 이를테면 신민당 당수로 군림하다가 정계은퇴 압력에 처한 유진산이 혼자 물러나지 않고 몽니를 부릴 것이라는 기사에서도, 시중은행이 불량채권 때문에 부실기업과 함께 위기에 처한다는 경제 기사에서도 '정사'가 사용되었다.[48]

그러나 흥미롭게도 '정사'는 바로 이즈막, 유신을 전후한 때부터 사라지기 시작했다. 신문사들은 자율 결의를 통해 사회의 음울한 분위기를 조장하는 '정사' 같은 단어를 쓰지 않기로 한 적도 있다.[49] 물론 유신 이후에도 정사 사건이 이어졌고 '정사'라는 단어도 가끔 신문에서 쓰이기는 했으나 이전에 비할 바는 아니었다. 신문 보도의 초점도, 정사를 강요하거나 정사를 가장해 변심한 애인을 살해하거나, 정사에 실패해 한쪽만 목숨을 잃는, 어쩌면 정사보다 훨씬 더 비극적인 사건들에 옮아갔다.[50]

4

정사는 어떻게 사라졌을까?

자살론: 고통과 해석 사이에서

정사는 적어도 '사랑'이라는 감정과 성의 교환구조 안에서, 그리고 남녀가 만드는 지극히 '사적'인 공간에서, 사랑하는 남녀 간 평등이 존재할 때 가능한 것이지 않을까? 허두에서 말했던바, 연애와 결혼 제도뿐 아니라 문화정치의 젠더적 구조가 정사와 같은 정서의 극한적 사용에 영향을 미칠 것이다. 이를테면 박정희 시대에 요정 정치는 활짝 꽃을 피웠고, 요정을 통해 수많은 정치인·고급 관료·군인들은 동서지간이 되었다. 그리고 박정희라는 남자야말로 그 정점에 있던 마초였다. 결국 술자리에서 딸 또래 여성의 품에 안겨 죽은 박정희는 부인 육영수의 사망 이전에도 강력한 스캔들 메이커였다. 그의 말기의 여자관계는 그야말로 말기적인 정치성을 갖고 있었기에 궁정동 사건의 직접적인 원인이 되었던 것이다.[51] 그런 박정희는 1960년대 후반 이후 한국사회 전체를 전체주의와 병영문화로 물들였다. 페니스 파시즘과 병영문화는 당연히 여성 전반을 도구화하고 성의 상품화를 조장한다. 이러할 때 '사랑' 안에서의 '평등'도 영향받지 않을 수 없다. 이런 맥락하에서 정사라는 자살의식은 점점 줄어들었던 것이 아닐까.

오늘날의 정황도 드라마틱하다. 정사는커녕 점점 '사랑' 자체가 불능에 빠져든다. 많은 원인이 여기에 관련될 것이다. '사랑'으로 말하면, '열정적 사랑'이 '스펙' 같은 '조건'에 의해 대체되고 있는 상황이 일단 중요하겠다.

'후기근대'의 정황과 심화된 신자유주의가 '나'와 타자 사이의 거리와 경계를 다르게 하고 있다. '나'가 이렇게 '사랑'보다 더 중요했던 시대가 또 있었을까? 나의 대상은 물론 '유일무이'한 사랑이 아니다. 나에게도 그(녀)에게도, 그(녀)는 많은 그(녀)들 중 하나다. '사랑'은 어쩌면 프로젝트이기는커녕 보다 표피적인 소비행동의 하나일지도 모른다. 오늘날 우리 문화는 인터넷쇼핑의 그것과 상동성을 갖고 있다. 수없이 많은 상품 중 마음에 드는 것 하나를 일단 '찍고', 그것에 관한 많은 정보를 수집해 다시 다른 것과 '가격비교'하고, '할인 혜택'을 받고 고르는 패턴을 갖고 있지 않은가? '사랑의 운명'(또는 '운명적 사랑')을 믿지 않는데, 어떻게 열정적 사랑이 가능하겠는가?

'88만 원 세대' 혹은 '삼포 세대'의 연애 불능은 좀더 심각하다 한다. '자아'를 관리하고 운용하기에도 바쁘고 불안한 그들은 객관

사랑과 자살, 실연과 정사

적으로 연애에 '지불'될 경제적·심리적 비용을 감당할 의지와 능력이 없다는 것이다.[52] '마음의 가난'이야말로 심각한데, 그것은 불완전 노동과 불투명한 미래에 직접 연관되어 있다. 소위 '노동 유연화'는 사회 전 영역에 영향을 미치는 일시성·잠정성의 체계라서 인간 사이의 친밀성과 유대감에도 영향을 미친다. 따라서 연애와 사랑, 가족처럼 한정적 시공간에서 오랫동안 지속되어야 하는 관계와 연대의 틀에도 악영향을 끼친다.[53]

이처럼 열정적 사랑과 '조건'은 각각 '나'의 타자와의 경계, 혹은 결합의 조건을 표상한다. 오늘날 연인들은 설령 '열정적 사랑'의 상황에 있다 해도, 근대 초기의 사람들과 다르게 행동할 것이다. 즉 근대 초기의 그들과 우리의 '사랑'의 양상·방식, 거기 개입되는 자아의 상황이 다르다. 또한 감정을 운용하고 관리하는 방법도 다를 것이다. 여전히 지배적 문화(의 일부)는 열정이나 낭만을 추켜세운다. 또한 그것은 분명 여성과 청소년의 경험세계에서 여전히 큰 시민권을 갖고 있다. 하지만, 다른 한편 '열정'이나 '낭만'이야말로 철저히 배제되거나 '관리'되고 있을 터이다.

2000년대 초의 연애를 둘러싼 세태를 그린 정이현의 소설 「낭만적 사랑과 사회」(2003년)에서 주인공 유리는 철저히 '순결'을 '관리'한다. '남친'에게 오럴섹스는 해줘도 결코 삽입을 허락하지는 않는다. 그것은 자기관리의 견지에서 행해지는, 즉 결혼 시장에서의 몸값을 높이기 위한 전략이다. 즉 영악한 20대 중산층 여성에게 봉건적 젠더 관계의 산물이었던 '정절'(순결)은 '결혼'이라는 프로젝트를 위한 스펙의 일종이다. 한때 정절은 여성의 목숨 자체였지만,

자살론: 고통과 해석 사이에서

이 소설은 너무 낡은 것 아닌가?

한 연구에 따르면, 실제로 오늘날의 20대 고학력 여성들에게 '연애'는 자신의 고유성과 가치를 드러낼 수 있는 주요 영역이면서 중요한 사회적 자원으로서 의미를 구성해가고 있다. 즉, 연애 자체가 자원이 되고 있으며 연애를 통해 더 많은 자원을 활용할 수 있는 새로운 사회적 장이 열린 것이다.[54] 그러나 신자유주의하에서 진행되는 '빈곤의 여성화'는 여성의 성적·신체적 자기결정권을 제한하는 요소임에도 분명하다.

인간에 대한 신자유주의의 총체적인 '속박'이 멈추지 않으면, 아마도 인류는 열정적 사랑에 빠졌을 때 뇌에서 분비된다는 도파민, 페닐에틸아민 같은 신경전달물질의 양과 지속력이 현저히 약해지는 방향으로 진화해갈지 모른다. 오늘날에도 정사와 유사한 형태의 동반자살이 일어나지 않는 것은 아니다. 그런데 그것은 사랑의 도취와 '이루어질 수 없는' 것에 대한 열정이 주된 이유가 되는 것은 아닌 듯하다. 오늘날의 연인(가끔 부부) 간 동반자살은 '행복 전도사'를 자처하던 주부 강사 최윤희씨와 그의 남편의 케이스가 그러하듯, 우울증·건강·경제적인 문제 등으로 죽고 싶은 이유가 생긴 한쪽에게 사랑하는 다른 한쪽이 과잉동일화함으로써 일어나는 사건인 듯하다.[55] 물론 이런 과잉동일화도 사랑의 한 방식이기는 하다.

허두에서 말했듯, 근래에도 '젊은 베르테르'처럼 실연 때문에 자살하는 젊은이들이 있다. 그러나 그 빈도나 사회적 파장은 1920~30년대나 1950~60년대에 비하면 현저히 낮은 것으로 보인

사랑과 자살, 실연과 정사

다. 적어도 대중매체에 보도되는 일만 놓고 보면 그렇다.

또한 오늘날에도 여전히 비극적이며 파국에 이르는 치정이 있다. 하지만 자주 일어나는 '치정 비극'은, 정사나 실연으로 인한 자살이 아니다. 전혀 낭만적이지도 않다. 대신 그것은 주로 스토킹이나 '살해' 같은 공격이다. 물론 이런 공격은 대부분 남성에 의해 저질러지는 범죄다.[56] '남자가 여자를 죽인다'는 점에서 2000년대는 20세기 초보다는 정조 시대와 비슷하다 할 수 있다. 남편에 의한 가정폭력도 줄지 않았다.[57] 그러나 바로 그런 이유로 마치 1910~20년대처럼 아내에게 살해당하는 남편도 꽤 있다. 2004년 법무부 보고에 의하면 청주여자교도소에 수감된 재소자 총 461명 중 남편 살해 혐의자는 133명(30.5%)이었다. 이 여성들 중 82.9%가 남편에게 학대당한 경험이 있고, 그중 44.5%가 범행의 직접적 동기가 '피학대'였다 한다.[58]

동반자살은 더이상 '사랑'에 연관된 표상이 아니다. 정사라는 말 자체가 아예 사어死語 혹은 고어古語가 되다시피 했다. 약 1세기에 걸친 이 역사적 변화는 '친밀성의 구조 변동'[59]의 한 드라마틱한 예가 될 듯하다. 인간이 인간과 관계 맺는 방법, 더 구체적으로는 상대방에게서 '애정'을 얻고 관계 맺는 사회적 형식, 즉 젠더와 섹슈얼리티의 구조는 1백여 년 만에 '봉건에서 탈근대'로 크게 변해온 것이다. 그 와중에 정사와 '실연자살'이라는 가장 특별하고도 일반적인(?) 자살의 형식이 이 땅에 나타났다가 사라져가고 있는 것이다.

자살론: 고통과 해석 사이에서

4장

식민지 조선인의 자살과 '해석 갈등'[1]

자살과 새로운 자아·사회·관계

근대 초의 조선 사람들은 이전에 경험해보지 못했던 새로운 사회 상황과 인간관계에 처하고, 또한 유례없던 양상의 갈등을 겪으며 갈피를 잡지 못하고 있었던 듯하다. 특히 1920년대 신문 사회면을 보노라면 당혹스러울 정도로 자살 사건에 대한 보도가 많다.[2] 식민지 조선인들에게 뭔가 큰 탈이 생긴 것이다. 그들은 어떤 사회적·경제적 재앙 앞에 보호 장구 없이 노출되었고, 따라서 개별자들의 '자아'와 '관계'의 운영에도 심각한 문제가 발생했음을 짐작하게 된다.

기존의 전前 자본주의적 또는 전통적인 공동체가 급격히 약화되거나 사회구성이 재구조화되던 이 시기에는, '나'에 대한 '나'의 관념이 바뀌고 '나'의 생명과 삶을 스스로 처분할 수 있는 '자아' 또한 보다 뚜렷해졌을 것이다. '자아'를 마음대로 처분할 수 있는

'자유'의 양과 질은 분명 자살과 관계있다. 이는 '자아'가 가족·국가·사회 등의 공동체와 맺는 관계와 자살이 복잡한 유관성을 띠고 있다는 뜻이다. 뒤르켐의 사회학이 출발한 지점도 바로 여기다. 뒤르켐은 이를 비교적 단순하게 범주화해 '이기적 자살, 이타적 자살, 아노미적 자살'이라 삼분했던 것이다. 빈곤과 질병처럼 동서고금을 막론하고 고통과 소외를 초래하는 원인들 외에도, 근대 초기 식민지 조선에서는 부부·연인·고부·처첩 사이가 모두 자살을 불러올 수 있는 문제상황의 원인이 되었다. '친밀성'이나 마음의 지지대 구실을 해야 하는 이런 관계가 역으로 '행복'과 자아의 '안전'에 큰 위협이 되고 있었던 것이다. 그리하여 오늘날 우리가 재현하거나 목도하는 자살의 모든 '이유'와 양상이 1910~20년대부터 본격화되고 극성을 부리기 시작했던 것으로 보인다. 가족과의 동반자살, 청소년 자살과 노인 자살, 정신·신경질환자의 자살, 치정과 관련된 자살과 정사, 염세주의를 동기로 한 자살 등등. 또한 경쟁과 소외, 항의와 복수, 자기처벌과 우울 등의 내적 동기도 자살의 '원인'으로 떠올랐다. 이는 급격하게 닥친 존재의 '외적' 위기, 즉 피성폭력과 실절, 전쟁에서의 패배, 권력의 처벌 등이 주된 원인이 되었던 과거와는 확연히 다른 현상이다. 요컨대 근대 초기의 자아·사회·인간관계와 새로운 문화정치*의 상황이 자살을 중심으로 펼쳐져 있었다.

---

* 여기서 '문화정치'는 3·1운동 이후 총독부가 편 기만적 회유정책으로서의 문화정치를 가리키는 것이 아니라, 이데올로기와 언어, 문화적 의례와 수행성을 통해 관철되는 정치의 양상을 가리키는 용어다. 문화사 및 문화 연구는 문화정치의 양상을 분석·기술하고 그 지배적 형식을 극복하기 위한 목적을 띤다.

자살론: 고통과 해석 사이에서

2

자살의 새로운 표상공간

이 책에서는 세 가지 종류의 자료로부터 근대 초기 자살의 경향과 그 표상에 대해 살피고자 했다. 세 종류의 자료는 자살에 관한 지식과 인식을 생산하고 유통시키는 중요한 매개이자, 그 변화 과정을 알 수 있게 하는 가장 유력한 상이다. 따라서 이들이 바로 '자살의 근대'를 생산하고 유통하는 문화적 매개 자체이자, '자살의 표상공간'이다. 단지 이 시기에 한정되지 않는 자살을 연구할 때도 세 종류의 자료는 유용하게 사용될 수 있다고 생각한다. 모두 비교적 쉽게 접할 수 있는 자료들이다. 이들은 다음과 같은 각각의 특징과 장단점을 갖고 있기 때문에, 상호보완적으로 그리고 비판적으로 읽어야 한다.

조선총독부 자살 관련 자료

조선총독부는 1910년 이후 꾸준히 자살 통계를 남겨두었다.[3] 이 통계는 경찰 통계로서 '원인별·성별·연령대별·국적별' 자살 분류도 비교적 상세히 해놓았다.[4] 지금도 그렇지만 일선 경찰은 변사 사건이 발생했을 때 가장 먼저 현장에 가서 사건을 수사한다. 변사의 원인을 찾기 시작해 자살인지 타살인지부터 밝히려 한다. 유서를 찾거나 주변인들을 탐문하고 검시를 통해 자살 여부를 확정하고 조서를 통해 제반의 정황을 기록한다. 조선총독부 통계도 이 같은 조사에 근거한 것이다. 그런데 현재로서는 자살에 관한 조선총독부 통계의 정확성을 직접 검증할 방법은 없다. 앞서 말했듯 오늘날의 자살 통계도 맹점을 가진 것으로 되어 있다. 가족·친지의 자살 사실을 감추는 경향이 있기 때문이다.[5]

특히 조선총독부의 '자살 원인' 분류는 '다시 읽기' 하지 않을 수 없다. 이를테면 이미 1910년대에 신문이 정사 사건을 보도하고 1920년대에 정사는 큰 사회 문제로 인식될 만큼 비교적 빈번한 사건이었으나, 경찰 통계에서 '정사' 항목으로 분류·파악된 조선인 자살자는 1927년에야 처음 나타난다. 즉 경찰은 1927년 이전에는 '정사'를 '공식적인' 자살 원인으로 인정하지 않거나 기술하지 않았다. 또한 이 통계에서 1913년까지는 매년 '염세'로 인한 자살자가 있었으나 이후에는 사라진다. 반면 1913년까지는 '우울' 때문에 자살한 사람이 한 명도 없었다. 그러나 1914년부터 이 원인으로 자살한 사람이 해마다 통계수치에 포함돼 있다. 따라서 '염세'와 '우울'은 자살자의 심리 상태를 해석하는 언어표상으로서 각각 다른 시기

	남	여
0 ～ 15세	2.00	3.20
16 ～ 19세	4.62	17.73
20 ～ 29세	21.76	33.90
30 ～ 39세	21.46	17.60
40 ～ 49세	16.88	11.01
50 ～ 59세	14.94	7.20
60 ～ 69세	11.23	5.53
70세 이상	6.19	3.49
연령 미상	0.94	0.35
합계	100.00	99.65

・표1 1920～29년의 자살자의 연령대별 비율(1908～43년 『조선총독부 통계연보』 자살자 연령 및 원인 자료 재구성)[6]

	남	여
10 ～ 14세	0.36	0.75
15 ～ 19세	2.12	2.88
20 ～ 24세	3.40	5.51
25 ～ 29세	5.98	10.46
30 ～ 34세	6.70	10.02
35 ～ 39세	8.68	10.32
40 ～ 44세	9.22	7.76
45 ～ 49세	11.01	7.09
50 ～ 54세	11.84	6.74
55 ～ 59세	7.94	4.80
60 ～ 64세	7.43	4.42
65 ～ 69세	7.97	5.51
70 ～ 74세	7.11	6.30
75 ～ 79세	4.88	6.63
80 ～ 84세	3.21	5.13
85 ～ 89세	1.59	3.76
90세 이상	0.44	1.28
합계	99.88	99.96

・표2 2009년 자살자 중 연령대별 비율(통계청 『2009 사망 원인(103항목)/성/연령(5세)별 사망자 수, 사망률』 자료 분석)

식민지 조선인의 자살과 '해석 갈등'

에 나타나서 서로를 대체하는 관계에 놓였다고 할 수 있다.

따라서 오히려 당시의 식민 통치권력의 자살 분류 그 자체가 하나의 중요한 논의거리다. 여기에 대해서는 뒤에서 다시 상술할 것이다. 식민지 시기 이후에도 국가의 분류에 사용된 언어와 인식의 범주는 변화해왔다. 국가의 통계 관리가 제대로 되지 못하고 있던 탓이겠지만, 1950년대『경찰 통계연보』는 좀 대단하다. 이 자료에 의하면 당시 대한민국 사람들은 단 세 가지 원인 때문에 자살했다. '염세, 실연, 기타'가 그것이다. 이 원인 분류는 1964년부터 정신이상, 병고, 비관, 낙망, 가정불화 등을 추가 포함해 11개 항목이 되고 2007년까지 44년간 변함이 없었다 한다. 2008년에 경찰청은 무슨 까닭인지 '염세'와 '비관'을 합쳐 '염세비관'으로 바꿨다.[7] 따라서 이런 언어들은 자살 및 자살 동기라는 사회경제학적이고 개인적이며 심리학적인 현실에 대한 지식과 표상 방법의 변화를 '대충' 반영한 것임을 알 수 있다. 2010년 10월 26일자로 발표된 통계청의『2010년 사회조사(가족, 교육, 보건, 안전, 환경)』에서는 "자살에 대한 충동 및 이유"를 우선 "자살충동 있었다"와 "자살충동 없었다"로 나눈 후에, 전자의 하위 항목에 "경제적 어려움 때문에" "이성 문제가 원만치 않아서" "질환, 장애" "직장 문제 때문에" "외로움, 고독 때문에" "가정불화로 인하여" "학교 성적, 진학 문제 때문에" "친구나 동료 들과의 불화 및 따돌림 때문에" "기타" 등으로 나눴다.[8] 대한민국 통계청의 자살관은 어떤가, 믿을 만한가?

이런 사정에도 불구하고 시계열적 추세와 함께 젠더·세대에 따른 자살의 대략적 '경향'을 보여주는 지표로서 조선총독부 경찰이

자살론: 고통과 해석 사이에서

남겨둔 '숫자'들을 살펴보지 않을 수 없다. 결국 양적 추세와 '원인'에 대한 식민자들의 기술과, 대중매체·소설 등에서 조선인에 의해 포착·기술된 자살 서사를 대조하면서 읽을 필요가 있다. 만약 그 같은 자살 서사들이 자살에 관한 '조선인 사회'의 '비-관료적'이며 '생활세계적' 해석을 드러내준다면 말이다.

동아일보 등 대중매체의 자살 관련 기사

1920년대 신문의 수많은 자살 기사는 자살이라는 현상이 급격히 '사회 문제'로서 포착·인식되었음을 의미한다. 다량의 자살 기사는 자살에 대한 이 시대 신문의 보도 태도 문제와도 관계있다. 자살에 대한 당시 신문 보도에는 분명 선정주의도 포함돼 있었다. 오늘날 같은 자살에 대한 (자율적) 보도 규제도 전혀 없었다.[9] 특히 여성의 자살이 상대적으로 크게 부각됐으며, '자살이냐 타살이냐'는 식으로 독자의 흥미를 자극하려는 기사도 많았다. 이를테면, 1920년 7월 2일자 동아일보는 경성 다옥정에서 발생한 한 열여덟 살 소녀의 자살 사건을 보도하면서 "정말인가 거짓말인가 기괴한 다옥정 '처녀의 시신'" "과연 원한의 결정이던가? 사랑의 독약을 먹음인가?" 같은 제목을 사용하고 사건의 실제 배경뿐 아니라 근거 없는 소문까지 상세히 소개했다.

1920년대에 이르러 자살은 '사회 문제'로서 크게 부각·인식되어 '사회'를 사유하는 새로운 소재가 된 것이기에 신문지면을 차지했을 것이다. 1910년대에도 자살자 수는 그리 적지는 않았으나 유일한 한글 신문이자 조선총독부 기관지였던 매일신보는, 1920년대의 동아일보에 비하면 훨씬 적은 지면을 자살에 할애하고 있다. 동아일보의 경우 '자살' 관련 보도 기사 건수는, 110건에서 220건으로 1921년에서 1922년 사이에 정확히 2배로 늘어났다. 1920년대 초중반에 계속 이 추세가 유지됐다. 물론 이때 자살자의 숫자가 2배로 늘어난 것은 아니었으나, 동아일보 사회면에서 가장 중요한 비중을 차지하는 기사가 자살 관련 기사였다고 해도 과장이 아니다.

1920년대를 거치면서 사회 구조 및 환경의 결함이 자살에 영향을 미친다는 사회학적 인식도 점점 상식화됐다. 특히 빈곤 및 사회적 억압의 문제와 연관되면서 자살은 '조선인 사회'의 모순을 의미화했다. 1920년대 초중반에 동아일보는 「생활난과 자살」(1924년 8월 16일), 「소유신성所有神聖의 한계」(1926년 2월 8~10일) 같은 장문의 사설을 통해 조선인 자살의 최대 원인이 빈곤이라 지목하고, 조선총독부 정치나 자본주의의 근본 모순을 지적하는 데까지 나아갔다. 또한 1926~27년 조선일보에서는 철학자 한치진과 여수학인의 논쟁을 통해, 자살을 사고하는 마르크스주의 대 비마르크스주의의 관점 차이가 부각되는가 하면, 신언준은 「자살 유행에 대한 사회학적 고찰」이라는 글을 『조선지광』(67호, 1927년 5월)에 발표하기도 했다.[10]

자살에 대한 조선인 사회의 인식을 만들고 확산·유통한 데 있어 신문들이 한 역할은, 신문들이 다른 영역에서 '근대성'을 구성하고 전파한 역할과 크게 다르지 않을 것이다. 아직 '기사문'의 양식이 확립되지 않았던 탓인지, 1920년대 자살 관련 신문기사들은

자살론: 고통과 해석 사이에서

상당히 풍부한 서사성을 갖고 있다. 즉 신문기사의 서술자들은 꽤 적극적이고 주관적으로 사건을 묘사하고 전달한다. 독자의 정서적인 반응을 유도하기 위해서인데, 이 같은 태도로부터 사회적 감성의 구조를 추론해볼 수 있다.

자살을 소재로 삼은 재현물과 자살론

흔히 자살(기도)자가 직접 쓴 유서가 자살의 '원인'과 심리적 과정에 대한 가장 적실한 설명이자 서사물일 것이라 생각한다. 이는 물론 자연스러운 인식이며, 법적으로도 유서는 자살 여부를 가리는 가장 유력한 증거로 채택된다.

그러나 유서를 남기는 자살자는 전체 자살자의 20~30% 정도에 불과하다는 사실은 별로 안 알려져 있다. 그리고 유서의 형태는 매우 다양하다.[11] 우리가 유서를 통해 막연히 떠올리는 것은 『젊은 베르테르의 슬픔』 같은 문학성이 넘치는 죽음의 변이나 법정의 최후진술 같은 대단한 문장이지만, 실제로 서사성이나 논리를 잘 갖춘 유서는 소수에 불과하다. 그래서인지 영어에서 유서는 'suicide note'라 한다.

유서에는 '필법'이나 '작성요령' 같은 게 없다. 유서가 남은 경우에도 표현력의 한계나 자살자가 처한 급박하거나 어려운 정황 때문에, 자살의 맥락이나 상황을 충분히 설명하거나 표현하지 못하는 경우가 많다. 또한 유서는 자아가 겪은 세계에 대한 총체적 표현과 해석이기보다는, 직정直情적이고 직접적인 자아상과 삶에 대한 해석일 가능성이 더 높다. 유서를 통해 자살을 연구한 박형민의

식민지 조선인의 자살과 '해석 갈등'

말대로 어떤 경우 유서는 오히려 자살 '원인'을 밝히는 데 방해가 되기도 한다.[12] 따라서 많은 경우 유서는 자살의 심리적 과정과 세계와의 관계를 읽기 위한 징후적 '텍스트'로 간주해야 할 것이다. 더구나 결정적으로 유서에 대한 접근은 매우 제한적이다.

소설, 연극 등의 문예작품은 비록 '허구'이지만, 통계자료와 신문의 자살 서사가 결코 가질 수도 없고 실제로 지니지 못한 구체성과 '형상적 진실'을 갖고 있다. 어떤 다른 사료도 자살자의 내면과 자살에 이르는 내면의 드라마, 자살행동의 구체적인 심리적·관계적 정황, 나아가 자살 사건이 주변의 인물에게 끼친 영향 등을 문학작품만큼 상세하게 그릴 수는 없다. 물론 그것은 상상력의 산물이다. 그러나 자살하는 사람의 머릿속에서 일어나는 일과 인지가, 소설가나 예술가가 그려내는 것과 달리 명징하거나 환상적이지 않다거나 한 것은 아니다.

근대 초기의 많은 소설들이 자살을 다뤘다. 서술자나 작중인물이 자살생각을 하거나 자살자가 초점화됨으로써, 자살자의 내면성과 그를 둘러싼 사회적 관계가 탐색되고 재현된 것이다. 근대문학의 시작과 자살의 새로운 의미 획득은 그 출발점이 같은 사실이다. 조금 더 강하게 말하면 양자는 같은 현상의 다른 표현일 수도 있다. '개인'과 '내면'이 다시 구성되고, 또 새롭게 '세계'와 불화하는 바로 그 시공간에 같이 있기 때문이다. 대강만 봐도 다음과 같은 수십 편의 1920년대 장편·단편소설이 자살자의 내면과 사회적 정황을 다뤘다. 발표 연대순이다.

김동인 「전제자」(『개벽』 1921년 3월), 나도향 「출학」(『배재학보』 1921년 4월), 김동인 「배따라기」(『창조』 1921년 5월), 염상섭 「제야」(『개벽』 1922년 2~6월), 나도향 「환희(의 정월의 자살)」(동아일보 1922년 11월~1923년 3월), 김동인 「눈을 겨우 뜰 때」(『개벽』 1923년 7~11월), 현진건 「그리운 흘긴 눈」(『폐허이후』 1924년 1월), 김동인 「거츠른 터」(『개벽』 1924년 2월), 박종화 「2년 후」(『개벽』 1924년 2월), 김동인 「X씨」(동아일보 1925년 1월), 김기진 「젊은 이상주의자의 사」(『개벽』 1925년 6~7월), 나도향 「물레방아」(『조선문단』 1925년 9월), 염상섭 「진주는 주었으나」(동아일보 1925년 10월~1926년 1월), 염상섭 「조그만 일」(『문예시대』 1926년 11월), 조명희 「농촌 사람들」(『현대평론』 1927년 1월), 염상섭 「미해결」(『신민』 1926년 11~12월, 1927년 2~3월), 김동인 「딸의 업을 이으려」(『조선문단』 1927년 4월), 염상섭 「이심」(매일신보 1928년 10월~1929년 4월), 이상 「12월 12일」(『조선』 1930년 2~12월).[13]

한국 근내시는 소설과는 좀 다른 방식으로 자살을 다룬다. 시에서의 그것은 좀더 낭만적이고 관념적이다. 시 자체가 가진 내향성과 초월성, 상대적 비사회성 때문이라 할 수 있다. 최초의 근대적 자유시라는 주요한의 「불놀이」(1919년)에서부터 죽음충동은 이미 강하게 표현된다.

잠잠한 성문城門 위에서 내려다보니, 물 냄새 모래 냄새, 밤을 깨물고 하늘을 깨무는 횃불이 그래도 무엇이 부족하여 제 몸까지 물고 뜯을

식민지 조선인의 자살과 '해석 갈등'

때, 혼자서 어두운 가슴 품은 젊은 사람은, 과거의 퍼런 꿈을 찬 강물 위에 내어던지나 무정無情한 물결이 그 그림자를 멈출 리가 있으랴?

아아 꺾어서 시들지 않는 꽃도 없건마는, 가신 님 생각에 살아도 죽은 이 마음이야, 에라, 모르겠다,
저 불길로 이 가슴 태워버릴까 이 설움 살라버릴까, 어제도 아픈 발 끌면서 무덤에 가보았더니 겨울에는 말랐던 꽃이 어느덧 피었더라마는 사랑의 봄은 또다시 안 돌아오는가, 차라리 속 시원히 오늘밤 이 물속에……
그러면 행여나 불쌍히 여겨줄 이나 있을까……

(주요한, 「불놀이」 부분)

"가신 님 생각에 살아도 죽은 이 마음이야, 에라, 모르겠다, (…) 차라리 속 시원히 오늘밤 이 물속에" 같은 대목은 유행가 가사처럼 꽤 상투적인 시구지만, 죽음을 응시하는 "혼자서 어두운 가슴 품은 젊은 사람" 자체가 이전 시대의 시에서는 잘 찾아볼 수 없는 서정적 자아다.

특히 『백조』 『폐허』 동인 단계의 1920년대 초 근대시 중에서 죽음충동을 읊은 작품들이 많다. 이는 새로운 근대적 주체와 시적 자아가 등장해 죽음의 문제를 건드리고 있는 것이라 할 수 있는데, 그 시의 작자는 모두 20대 초를 넘지 않은 청년들이다. 이들 시에서의 죽음충동은 비구체적인 것이며, 한마디로 낭만적인 것이다. 그러나 또한 새로운 태도로 자아와 죽음의 관계를 설정한다. 낭만

자살론: 고통과 해석 사이에서

주의자들에게 있어 죽음은 가장 중대한 초월과 삶—자체에 대해 육박하고자 하는 방법이다.

그러나, 1902년에 태어나 1934년 12월 24일에 자기 목숨을 끊은 김소월의 경우는 상당히 다르다고 할 수밖에 없다. 한국 근대문예는 일본으로부터 결정적인 영향을 받았지만 자살 문제는 예외다. 세계 어느 나라에서도 보기 힘든 독특한 자살의 문화를 가진 일본에서는, 일찍부터 자살을 심미화하는 전통이 있었고 이는 근대예술가들에 의해 변형·계승됐다. 아리시마 다케오, 이쿠다 슌게츠, 아쿠타가와 류노스케, 다자이 오사무, 미시마 유키오 등은 자신의 예술행위를 자살(죽음)과 연동시킨 대표적인 20세기 초의 문인들이다. 그런데, 한국의 근대예술가 중에는 자살한 이가 거의 없다. 대신 제국주의와 독재권력의 정치적 탄압과 질병으로 요절한 이는 셀 수 없이 많다.

32세의 젊은 나이에 자살한 김소월의 죽음은 미스터리로 간주된다. 그는 154편이나 되는 시편을 남겨 이미 일정한 명성을 얻었으나 시골에 묻혀 살았다. 남긴 유서가 없고, 사인과 죽음의 과정에 대한 수사나 취재기록이 없다. 유력한 한 설에 의하면, 김소월은 죽던 날 조상의 묘에 성묘를 갔다. 집에 돌아오는 길에 아편을 구해 왔고, 집에서 아내와 술을 많이 마시고는 아내가 잠든 사이 아편 덩어리를 삼켜 자살했다 한다.[14] 소월 죽음 당시에 두 살이었다는 아들이 어머니로부터 들었다는 증언에 의지한 것이다. 이와는 다른 증언과 추론도 있다. 그의 자살이 일제의 탄압 때문이었다는 설도 있고, 아편이 아니라 복어 알을 먹고 자살했다는 증언도

식민지 조선인의 자살과 '해석 갈등'

있다.[15] 어쨌든 김소월의 시가 당대 다른 어떤 시인들보다 더 짙게 죽음에 대해 말하고 있다는 점은 널리 인정되는 듯하다. 그중에서 가장 강하게 죽음충동을 노래한 시 중의 하나라는 「무덤」이라는 시를 읽어보자.

> 그 누가 나를 헤내는 부르는 소리
>
> 불그스름한 언덕, 여기저기
>
> 돌무더기도 움직이며, 달빛에,
>
> 소리만 남은 노래 서리워 엉겨라,
>
> 옛 조상들의 기록을 묻어둔 그곳!
>
> 나는 두루 찾노라, 그곳에서,
>
> 형적 없는 노래 흘러 퍼져,
>
> 그림자 가득한 언덕으로 여기저기,
>
> 그 누구가 나를 헤내는 부르는 소리
>
> 부르는 소리, 부르는 소리,
>
> 내 넋을 잡아끌어 헤내는 부르는 소리

(김소월, 「무덤」 전문)

무덤들로부터 또는 무덤이 놓인 들녘에서 내 영혼을 끌어당기는 소리가 들린다 한다. 그러나 "헤내는"이라는 말을 해석하기가 쉽지는 않은데, 이 시를 민족주의적으로 읽어, 멸망해버린 조국의 혼이 각성하라 부르는 소리라는 해석도 있다. 어쨌든, 어떤 비존재가 존재를 향해 손짓하고, '나'는 온 넋이 흔들릴 정도로 그 비존재의

자살론: 고통과 해석 사이에서

소리에 끌리고 있다. 그 소리는 자아가 관여하는 전 시공간을 채우고 있는 것이다. 그러니 이는 현세의/현재의 삶을 뛰어넘게 하는 힘임은 분명하다.

3

갈등하는 '해석'들
: 자살에 대한 의미화 방식과 해석

1920년대 언론은 자살을 한편으로는 '미스터리' 그 자체로 간주했지만 다른 한편으로는 사회면에 보도되거나 보도되지 않는 심상한 사건으로 다뤘다. 대폭 늘어난 자살 사건은 그중 어떤 것들을 지방면이나 사회면 1단짜리 '뉴스 밸류'를 갖는 것으로 만들어버렸다. 보도될 필요가 없는 '평범한'(?) 자살 사건도 수없이 많아졌다.

그러나 전자일 경우 자살 사건은 추리와 탐보探報[16]의 대상이다. 기자는 탐정이나 경찰처럼 사건을 탐사·추적하고 이를 작가처럼 상세히 '서사'한다. 그리하여 신문기사들은 자살과 타살의 경계를 명확히 하고, 자살자의 마음을 들여다보고 싶어하는 '사회적' 열망을 대신하게 된다. 또한 그런 욕망을 생산하고 창출해낸다. 그때 특히 자살 기사는 선정성과 상업성을 내포할 수 있다.

신문에 나타난 두 가지 자살 사건을 바탕으로 1920년대 전후의 자살 사건에 대한 인식과 재현 방법을 살펴보자. 1919년 1월 13일과 14일, 매일신보는 이틀에 걸쳐 경의선 열차 안에서 일어난 한 일본인의 자살 사건을 대서특필하고 있다. 이 기사는 1910년대 매일신보에 실린 자살 기사 중에서 가장 긴 것 중 하나일 것이다. 사건의 당사자는 조선인이 아니지만 기사를 통해 자살에 대한 1910~20년대 사회의 지배적 인식론, 즉 자살이 불러일으키는 문화적 효과를 읽을 수 있다.

조선총독부 기술 공무원의 자살

자살한 사람은 중앙시험소의 기수이자 경성공업전문학교 교수였던 20대 중반의 기무라 슌키치木村俊吉였다. 중앙시험소는 일제가 1912년에 설치한 국책 과학연구소이며 경성공업전문학교는 서울대 공대의 전신이다. 기무라는 1917년에 일본 도호쿠 대학東北大學 이과대를 졸업하고 바로 중앙시험소에 취직하여 "비상히 근면하였으며 두뇌가 매우 예민 건실하여 장래에 촉망이 많던" 젊은이였다 한다.[17] 매일신보가 유난히 많은 양의 지면을 할애했던 것은, 자살자가 사회적 지위가 높고 '유망한' 젊은 일본인이기 때문이었을 것이다.

기무라는 예리한 면도로 자기 목의 경동맥을 그어 죽었다. 유서는 발견되지 않았지만 타살 의혹은 없었다. 사건 현장의 목격자들이 있었는데 매일신보는 그가 자살하기 이틀 전 행적부터 상세히 추적해서 보도했다. 보도에 의하면 자살자는 공적 업무로 출장을

식민지 조선인의 자살과 '해석 갈등'

나와서 평양과 겸이포를 거쳐 남대문역으로 향했던 것으로 밝혀졌다. 매일신보는 기무라를 목격한 평양의 여관 주인, 겸이포의 역장, 삼능 제철소 관계자 등을 일일이 탐문해 기사를 썼다. 제철소 관계자는 그의 행동에 '이상한 점'이 있었다고 증언했다. 제철소를 시찰하다가 갑자기 말없이 사라져버렸기 때문이다. 그래서 매일신보는 기사의 중간제목으로 "정신에 이상異狀[sic]이 있었다"고 썼다. '정신이상'은 자살 '원인'을 설명하는 당시의 핵심적인 방법, 혹은 화소 중 하나였다. 이는 자살 '원인'을 개인의 문제로 환원하는 가장 강하고 중요한 해석 방법이었다.

그런 한편 매일신보는 다시 중앙시험소장 도요나가豐永의 말도 인용하며 "신경쇠약인가"라는 중간제목도 뽑았다. 직장 상사이자 주변인물로서 도요나가는 기무라가 "결단코 자살 같은 것을 할 사람이라고는 꿈에도 생각하지 못하였고 자살의 원인도 전혀 알 수 없"다 했다. 그러면서도 열심히 자기가 추론한 '원인'을 말했다. 기무라는 직무상 실책이 없었으며 "정신에 이상이라고는 일호一毫도 없었"다는 것이다. 또 동시에 "여러 날 여행에 강도의 신경쇠약 같은 것이 일어나"서 그런 것이 아니냐는 추론도 덧붙였다. 도요나가는 전형적인 자살자의 주변인이다. 그는 자살이라는 의외의 사건에 당황하며 '그럴 사람이 아니다'는 반응을 보이면서, 동시에 주변인으로서의 임무에 매우 충실해서 성실하게(?) 자살 '원인'을 해석하고 발화한다.

이와 같은 '목격자' 진술과 자살자 '주변인'의 해석에 따르면, 자살을 야기한다는 '신경쇠약'과 '정신이상'은 서로 다른 것이며,

1910년대 말 사람들에게는 서로 대립하는 자살 원인으로 간주될 수도 있었던 것이다. 이처럼 이미 1910년대에 자살 원인에 관한 '추리'는 중요한 사회적·개인적 과제가 되고 있었다. 그리고 여기에는 정신병리학적 해석 언어와 '직무'나 '신경쇠약' 같은 표상들이 동원되고 있었다.

다른 한편 매일신보의 자살 기사는 특히, 자살 사건에 대한 사회적 인식론과 심상에 관한 제반의 사항이 일본(인)에서 조선(인) 사회로 전수·전이되는 과정을 보여준다고 할 수 있다. 조선에서 자살한 일인들과, 자살 사건을 다루는 총독부 권력, 그리고 그것을 중개·재현하는 관료와 저널리스트 들이 그 일을 분담한다.

조순현의 죽음과 해석 갈등: 신경쇠약인가? 세대 갈등인가?

1922년 5월 30일 새벽 0시, 한강 인도교 위에서 배재고보 2학년생의 교모와 잿빛 교복이 발견되었다. 옷을 벗어놓고 몸을 던진 젊은 자살자의 유품으로 추정되었다. 그러나 교복으로는 투신자의 신원을 알 수 없었다. 교복 주인이 누군지 밝혀내느라 한바탕 소동이 벌어졌다. 다음날 아침 배재고보 측은 2학년생 전체와 결석자 십여 명을 탐문했다. 결국 오후 1시쯤 교복 주인이 전남 영광군에 주소를 둔 20세의 조순현임을 밝혀냈다.[18] 실종자의 시신과 유서가 미처 발견되지 않은 상태에서 동아일보 기자는 그 주변을 추적해 상당히 긴 기사를 썼다. 이틀에 걸친 기사는 자살 동기 규명에 초점이 맞춰져 있다.

'자살 원인'에 대한 여러 가지 추론은 근대 초기의 자살에 관한

식민지 조선인의 자살과 '해석 갈등'

인식론뿐 아니라 당대의 인간학적 표상체계를 보여준다. 즉 '자살 원인'을 해석하는 일은 단지 근대국가나 '사회'의 임무만은 아니다. 자살자 주변 인물은 국가나 대중매체 같은 지배적 자살 해석자들의 영향을 받을 수밖에 없다. 그러면서도 그들은 각자의 독자적인 언어와 지력을 동원해 자살의 '원인'을 해석해야만 한다. 그것은 자살자 주변 인물들이 지게 되는 윤리적인 짐이기도 하다.

이 조순현 자살 사건의 보도는 흥미롭고 중요해 보인다. 그야말로 '심리학적이고 사회학적이며 의학적인'[19] 여러 자살 '원인'이 거의 다 거론되다시피 하고 있기 때문이다. 동아일보가 처음 뽑은 큰 표제는 "낙제생의 투신자살"이었다. '팩트'를 나열한 뒤 뽑은 중간 제목은 "조순현은 낙제생"이었다. '낙제'가 강조되었기 때문일까? 곧바로 배재고보 교사의 말을 인용해 '원인'을 추론했다. "금년 3월 학년 시험에 낙제를 하였으므로 항상 비관을 하였을 뿐 아니라 낙제를 한 후로는 자기 집에서 학비도 잘 보내주지 아니하는 듯하며 작년 2학년생으로 금년에 또 그 2학년에 다니게 되니까 필경 세상을 비관하여 자살한 듯"이라는 것이다.

교사는 자살자가 처했던 정황을 복잡한 인과관계로 엮었다. '낙제'가 '비관'뿐 아니라 '가족과의 갈등'을 야기했다. 그리고 그것이 삶('세상') 전반에 대한 '비관'을 야기했다는 것이다.

그러나 신문은 여기서 멈추지 않았다. 다시 다른 주변인인 동급생의 말을 인용해, 자살자가 "그전부터 신경쇠약이 있었으므로 정신에 이상이나 없었는지도 모르겠다고 하더라"고도 썼다. 앞의

자살론: 고통과 해석 사이에서

매일신보가 다룬 기무라 사건에서 정신이상과 신경쇠약은 서로 대립·배제하는 원인이었다. 그러나 여기서 신경쇠약은 정신이상을 유발할 수 있는 관계에 있다고 간주된 것이다. 조순현의 정신건강 상태에 대해서는 또다른 증언도 있었다. 그가 간질병을 앓고 있었다는 것이다. '신경쇠약'뿐 아니라 (일부) 간질이 자살과 유관할 수 있다는 의학 지식도 이미 상식이 되어 있었다는 것을 알 수 있다.

그런데 과연 조순현은 낙제나 정신의학적인 약점 같은 '개인적인' 이유 때문에 자살했는가? 또한 과연 낙제나 정신병적 기질은 뒤르켐의 분류대로 '비사회적인 원인'인가?

조순현의 짧은 생애에는 꽤 복잡한 사연이 있었다. 특히 그는 3·1운동에 참가해서 처벌받은 경력을 가진 이였다. 그는 일가친척인 조석현의 집에 기식해왔는데, 조석현이 다음과 같은 중요한 증언을 했다. 기자는 이를 받아 길게 썼다. "작년 삼월에 독립운동 사건에 참가한 관계로" 대구 감옥에서 4개월 징역을 살고 나왔다. 그후 자산자의 부모는 "자식의 행동을 구속하기 위하여" 하기 싫다 하는 결혼을 억지로 시켰다. 죽은 사람이 "최근에 이르러 이혼을 하겠다 하였더니 그 부모는 학비도 아니 보"냈으며, "이와 같은 사정으로 그는 항상 세상을 비관하여왔"다는 것이다. 비관이라는 결말은 같아도, 이는 '낙제'에서 출발한 자살 서사와는 인과관계의 연결이 상당히 다르다.

이쯤 되니, 자살 '원인'은 3·1운동·세대 갈등·조혼 같은 '사회적' '시대적' 차원의 문제와 결부된다. 그래서 흥미롭게도 동아일보는 기사의 또다른 부제목을 "근인近因은 조혼早婚의 죄악인가"로

식민지 조선인의 자살과 '해석 갈등'

뽑았다. 독립운동이나 세대 갈등보다는 조혼 같은 비교적 만만하고도 젊은 독자층의 구미에 맞는 '사회적' '근인'에 초점을 맞춰보겠다는 의도가 반영된 것일까? 이를 뒷받침한 것은 또다른 "배재학교 모 선생"의 말이었다. 선생 왈, 죽은 청년은 "구가정을 개조하려던 이상이 있었는데 이를 이루지 못"했다는 것이다.

다음날, 후속보도가 이어졌다. 아직 조순현의 시체나 유서가 발견되지 않은 상태였다. 전날 보도에서 가장 중요한 증언을 해준 것으로 되어 있었던 그의 친척 조석현은 말을 바꿨다. 조혼 문제에 초점이 맞춰져 자기 집안에 누가 되는 것을 두려워했는지 모른다. 그는 "조혼 문제라는 보도는 내 말이 아니라 부인"했으며, 자살자의 아버지(즉 증언자의 삼촌)가 "교육에 매우 열성이 있는 터, 학비를 아니 보낼 리 없"다고 전날의 보도와는 상치되는 말을 했다. 그러면서 그는 죽은 자기 사촌이 "원래 간질 증세를 가"졌다는 점을 다시 환기했다.[20] 조석현이라는 주변인은 다시 자살자를 조혼과 '3·1운동' 같은 '사회'로부터 분리시킨 것이다.

무엇이 실체적 '진실'인지는 알 수 없으나 '맥락'은 상당히 풍부하다. 다른 두 가지 차원의 문제에 주목하고 싶다. 첫째, 표면에 나타나는 선정적 보도 태도와 함께 자살 원인을 추적하고 '사회화'(또는 공론화)하려는 신문의 노력이다. 자살 보도의 이 같은 '선정화'와 '사회화'는 물론 서로 겹쳐진 과정 속에 함께 있다. 둘째, 자살자의 주변인들이 치열하게 자살에 대한 '해석 갈등'을 벌이고 있다. 그래서 조순현의 자살은 다의적인 텍스트가 되었다.

자살 사건은 프로파일링(심리부검) 경쟁을 부른다고도 할 수 있

자살론: 고통과 해석 사이에서

겠다. 거의 모든 자살 사건은 주변인들에게 매우 갑작스럽고 충격적인 일이다. 갑작스런 부음을 통해 사람들은 그제야 타인이라는 존재가 '나'는 전혀 짐작하기 힘든 혼자만의 내면적 고통을 지니고 있다는 사실을 깨닫게 된다. 타인의 타자성을, 죽음의 타자성을 절감하는 것이다. 그래서 우선 새삼스런 그 '실재' 자체에 경악한다. 게다가 '나'가 도저히 짐작할 수 없었던 '그'의 고통이 스스로를 살해하는 끔찍하고 무참한 행동으로 귀결되었으며, 그것에 개입하지 못했다는 사실 때문에 큰 무력감과 죄의식을 느낀다. 그리하여 주변인들은 자기 자신뿐 아니라, 살아 있는 다른 주변인들, 해석자들과의 해석 갈등을 벌여야 한다. 도덕적 알리바이를 만들어 죄의식으로부터 탈출하거나, 혹은 정반대로 죄책감과 '살아남은' 고통을 더 크게 하여 내적으로 자기를 처벌하기 위해서다. 물론 그 해석 갈등은 주변인의 내면에서 치열하게 벌어져서 아주 심각한 심리적 상황을 만들기도 한다.[21]

신문은 이런 갈등을 중계해주고 있다. 이는 자살이라는 사거이 품는 서로 정반대되는 두 계기, 즉 사회적인 것(3·1운동-조혼-세대 갈등 등으로 표현되는)과 개인적인 것(낙제-간질 또는 신경쇠약) 사이에서 벌어지는 인식·언어의 상쟁이 본격적으로 시작됐음을 보여준다.[22]

노무현·정몽헌 혹은 장자연·최진실 등과 같이 유명한 인물이거나 예외적인 경우가 아니면, 또는 그 자살 사건 자체가 타살 의혹을 불러일으키는 것이 아니라면, 오늘날 이렇게 상세하게 자살의 '원인'을 추적하는 일은 별로 없다. 이런 데에 비추면 조순현은

식민지 조선인의 자살과 '해석 갈등'

평범한 인물이 아니었던 것일까? 서울의 대표적인 신식 학교를 다니는 젊은이의 3·1운동 참가와 투옥 전력, 조혼과 부모와의 갈등, 표현되지 못한 혼자만의 고뇌와 정신병적 기질 등은 암암리에 그를 1920년대 당시 청년 세대의 한 전형으로 간주되게 했을 수도 있다. 따라서 그런 사건과 정황 가운데에 처한 청년의 내면적 고독과 고뇌는, 아예 짐작할 수 없는 타자의 것이 아니라, '가히 짐작할 수 있는 것'으로서 다뤄지고 있는 것이다. 그랬기 때문에, 역설적으로 그의 자살 동기에 대한 해석 갈등은 아주 상식적이고 대중적인 신문의 언어를 통해 전 사회에 중계될 수도 있었던 것이다.

자살론: 고통과 해석 사이에서

조선총독부 통계에 나타난
근대 초기의 자살 경향

『조선총독부 통계연보』에 의하면, 1910년대에는 조선 인구 10만 명당 자살자 수가 1911년의 5.36명에서 1919년의 6.54명으로 소폭 증가하고 있다. 이에 비해 1920년대는 1910년대보다 자살률의 증가폭이 컸다.

이 통계를 믿는다면,[*] 1910년대 중후반(1915~18년) 사이에 그리고 1920~23년, 1926~1928년 사이에 각각 큰 사회적 변화가 일어났고 그것이 급격한 자살률 증가를 야기했다고 해야겠다. 금방 말한 이 세 시기는 사실상 연속돼 있으니, 1910년대 중반부터 1920년대 후반까지 사회·문화적 변동의 폭이 상당히 컸음을 알

---

[*] 조선총독부의 경찰 행정력이 조선인들의 지역과 삶에 미친 범위도 이 문제와 연관된다.

수 있다. 뒤르켐의 말대로 가족·종교·군대 등의 여러 제도가 자살률의 변화와 '필연적'인 관계를 맺고 있다 해도 될 것인데, 그 변화가 구체적으로 무엇인지는 한두 가지 '요인'으로 특정하기는 어렵다. '제도'라는 말이 다 포괄할 수 없는 '사회 전체'와, 인간적 삶의 조건 전체가 이 문제에 관련되기 때문이다.

다만 1910년대 후반부터 1920년대에는 거의 매년 자살률이 높아진다는 점을 기억할 필요가 있다. 1920년대 말의 자살률은 통계가 처음 시작된 1910년대 초의 2배가 된다. 1930년대에도 조선의 자살률은 경향적으로 높아졌으나 증가세는 둔화된다. 1932년 11.1명, 1935년 12.0명으로 높아지다가 1937년 12.2명으로 일제 강점기 사상 최고치를 기록한다. 1938년 이후 총력전 시기에 조선

연도	자살률	연도	자살률	연도	자살률
1910년	2.8	1920년	6.3	1930년	10.2
1911년	5.3	1921년	7.2	1931년	10.5
1912년	5.7	1922년	7.4	1932년	11.1
1913년	5.0	1923년	8.5	1933년	10.5
1914년	5.6	1924년	7.9	1934년	11.4
1915년	5.7	1925년	8.3	1935년	12.0
1916년	6.5	1926년	8.8	1936년	12.2
1917년	6.7	1927년	9.7	1937년	12.2
1918년	6.9	1928년	10.3	1938년	11.4
1919년	6.5	1929년	10.6	1939년	10.7

• 표3 1910~39년 『조선총독부 통계연보』에 나타난 자살률(인구 10만 명당 자살자 수)

자살론: 고통과 해석 사이에서

의 자살률은 오히려 조금 낮아진다.

이 같은 일제강점기의 자살률은 오늘날의 자살률과 비교했을 때 2분의 1 이하로 낮은 것이다. 현재 한국의 자살률은 인구 10만 명당 2008년 26명, 2009년에 31명, 2010년 33.5명에 달했다. 따라서 자살률만 놓고 보면 억압과 착취가 만연했던 일제강점기보다 지금이 더 살기 어렵다. 어떻게 된 것일까? IMF 경제 위기와 2000년대의 '신자유주의 시대' 이래 한국의 자살률이 폭발적으로 높아졌다. 반면 1980~90년대의 자살률은 식민지 시기보다 낮았다.[•] 2000년에는 인구 10만 명당 자살자는 14.6명이었고 1992년은 9.7명에 불과했다. 결국 한국이 세계제일의 '자살 공화국'이 된 것은 2000년대 이후의 일이며, 이에 노무현·이명박정권은 '협력'했다. 그 협력의 매개는 재벌 중심의 경제, 신자유주의가 학교와 직장을 모두 지배하는 문화다.

단위: 인구 10만 명당, 명 　　　　　　　　　　　　　　　　출처: 통계청(2012)

연도	자살사 수			자살률		
	전체	남	여	전체	남	여
1991년	3,151	2,190	961	7.3	10.1	4.5
2001년	6,911	4,852	2,059	14.4	20.2	8.6
2010년	15,566	10,329	5,237	31.2	41.4	21.0
2011년	15,906	10,866	5,040	31.7	43.3	20.1

• 표4 연도별 자살자 수 및 자살률 추이.

• 다만 1983년에 시작된 통계청의 자살률 통계는 민주화 이전 시기까지 신빙성이 낮다는 점을 염두에 두어야 한다.

이 땅에서 최초로 자살 통계를 작성하고 자살을 형사 사건으로 다룬 근대권력인 조선총독부는, 자살을 인식하고 재현하는 결정적인 해석언어를 제공했다. 경찰 통계는 정기적으로 자살 관련 신문 기사의 '소스'가 되었다. 앞서 말한 대로 일본은 이미 당대의 그 어느 국가보다 자살률이 높았다. 1910년대에 이미 오늘날과 같은 정도까지 되었다. 그래서였는지 일본의 식민자들은 자살을 '문명'과 결부시켰다.[23]

물론 자살과 근대문명의 관계에 대한 이 같은 방식의 사고는 단지 일본 제국주의자들만의 것은 아니며, 1897년에 『자살론』을 출간한 뒤르켐에게서도 검출된다. 방향이 문제일 것인데 식민자들은 조선의 자살률 증가를 곧 '문명화'로 해석했다.[24] 1927년 조선총독부가 발간한 『조선의 인구 현상 朝鮮の人口現狀』은 자살자 수의 증가를 문화 진전에 따른 자연스러운 결과로 간주했다. "조선의 자살

연도	자살률	연도	자살률
1884년	14.4	1915년	23.8
1895년	17.2	1930년	25.4
1900년	18.1	1932년	26.8
1903년	20.6	1940년	13.7
1910년	21.9	1942년	12.5

· 표5 19세기 말~20세기 초 일본의 자살률 추이(モーリス・パンゲ, 『自死の日本史』, 竹内信夫 옮김, 講談社, 2011, 28~29쪽에서 인용)

비율이 내지의 절반에도 미치지 않는 것은, 민족성 문제가 작용하는 건지도 모르겠지만, 주로 양자의 사회 상태의 도달한 정도의 차이"[25]라는 것이다.

이러한 잔인하고 식민주의적인 자살 해석은 근대권력의 욕망과 결부된 것이다. 자살은 일일이 통제될 수 없고 '통치'나 '치안'에 반하는 개별자들의 일탈이거나 저항이다. 이런 자살을 근대권력은 '객관적'으로 전유하고 싶어한다.[26] 근대권력은 생명과 죽음을 통제하고 관리하는 권력이다. 그 권력의 작동방식은 복잡하다. 권력은 자살을 예방하거나 저지하기도 하고, '살 가치가 없는 생명'에 대해 죽음을 방조하기도 한다.[27] 그 전유의 유력한 방식 하나가 자살 '원인'의 기술과 유형화일 것이다. 물론 그것들은 자살을 야기한 상황과 이유에 대한 지극한 단순화·추상화에 불과하다.

일제 식민권력은 자살을 문명과 결부시킴으로써 식민통치의 허점과 식민지의 모순을 은폐한다. 그러나 잔혹한 식민권력이 해서과 '근대적 통계'가 자살이라는 복잡한 현상에 대한 해석을 완전히 독점한 것은 아니며, 그럴 수도 없었다. 자살(률)은 '조선인 사회'에 의해 '세계의 비참'을 나타내는 지표로 적극적으로 재해석됐다. 또한 이미 살폈듯이, 복수의 개별자들에게 일어나는 자살이라는 현상은 가장 복잡한 미스터리로 간주됐다. 그리하여 총독부 공안권력뿐 아니라, 당대의 의학과 인문사회과학의 앎이 자살 해석에 동원되었다. 또한 앞에서 보았듯 언론과 문예물들이 자살의 재현체계를 분점했다.

　이제 총독부 경찰이 파악하고 표상화한 자살 '원인'을 살펴보자(표6 참조). 1920~30년대를 통틀어 조선총독부가 파악한 가장 비중 높은 4대 자살 '원인'은 "정신착란" "생활 곤란" "병의 고통"

총독부 통계연보에 기술된 자살 원인	1910년대	1920년대	1930년대	평균
정신착란	27.31%	19.01%	15.07%	20.46
생활 곤란	12.30%	23.28%	23.77%	19.78
병의 고통	12.10%	16.02%	18.89%	15.67
가정 또는 친족과의 불화	11.62%	11.40%	14.49%	12.50
지난 잘못을 후회하거나 뉘우침	5.35%	2.70%	1.54%	3.20
장래의 일을 근심해서	4.27%	6.76%	5.67%	5.57
치정 또는 질투로	3.29%	3.36%	1.71%	2.79
고용주 또는 부형의 징계, 나무람으로 인해	2.40%	1.90%	1.68%	1.99
상업 등의 손실 또는 부채 상각이 어려워서	2.12%	2.04%	1.65%	1.94
우울	1.91%	2.05%	1.46%	1.81
남편이나 자식의 행동을 탄식하여	1.06%	0.96%	0.63%	0.88
죄의 발각을 두려워하거나 형을 면치 못할 것을 알고	1.05%	1.02%	0.79%	0.95
신체 노쇠나 부자유를 고려해서	0.69%	0.80%	1.90%	1.13
음일, 방탕의 끝에	0.66%	0.93%	0.51%	0.70
결혼을 꺼려서	0.40%	0.43%	0.51%	0.45
신체 불구를 탄식해서	0.38%	0.48%	1.09%	0.65
사통 임신을 근심하여	0.18%	0.28%	0.25%	0.24
이혼의 슬픔으로	0.36%	0.49%	0.58%	0.48
실연으로 인해	–	0.13%	1.04%	0.39
정사	–	0.19%	0.74%	0.31

• 표6 1910~30년대 자살 원인별 자살자 비율(박은정 앞의 논문, 25쪽에서 인용하고 재구성)

"가정 또는 친족과의 불화"였다. 이들 넷을 합치면 전체의 60%를 상회한다. 그에 이어서 "지난 잘못을 후회하거나 뉘우침" "장래의 일을 근심해서" 같은 '관념적'인 이유들이 뒤따르는데, 네 가지 원인에 비하면 비중에 큰 차이가 있다. 이렇게 재현된 '원인'에 대해 살펴보는 것은 위기 상황에 처한, 그리고 자살에 대한 당대인의 인식과 '마음'을 아는 길의 하나 정도는 될 수 있으리라 생각된다.

그런데 현장에서의 수사와 탐문 등을 통해 자살 원인을 파악했을 식민지 경찰의 분류는 기술적記述的이기도 했다. 즉 식민지 경찰은 "정신착란" "생활 곤란" "정사"처럼 추상화하기만 한 것이 아니라, "지난 잘못을 후회하거나 뉘우침" "남편이나 자식의 행동을 탄식하여" "고용주 또는 부형의 징계, 나무람으로 인한" "죄의 발각을 두려워하거나 형을 면치 못할 것을 알고" "상업 등의 손실 또는 부채 상각이 어려워서" "결혼을 꺼려서" "이혼의 슬픔으로" "실연으로 인해" 등처럼 좀더 구체적으로 써두기도 했다. 아마도 이런 언어를 자살자의 유서나 현장 탐문을 통해 얻었을 것이다.

그 같은 기술성의 한 가지 효과는 범주 혼란이다. 이들 중에서 "상업 등의 손실 또는 부채 상각이 어려워서"는 "생활 곤란"과, "이혼의 슬픔으로"는 "가정 또는 친족과의 불화"와 깊은 관련이 있거나 겹친다. 또한 "치정 또는 질투로"는 "실연으로 인해"라든가, "이혼의 슬픔으로"와 유관할 수 있다. 아마도 분명 서로 포함 관계에 있는 원인들을 분류하기 어려운 사정이 이런 범주를 만들어냈을 것이다. "지난 잘못을 후회하거나 뉘우침"라든가, "장래의 일을 근심해서" "음일淫逸, 방탕의 끝에" 등도 그러하다. 물론 이들

식민지 조선인의 자살과 '해석 갈등'

은 모두 한 사람의 마음에서 동시에 벌어질 수도 있는 일들이다.

총독부 경찰에 의하면 식민지 시기 전체에서 가장 많은 자살 '원인'은 "정신착란"이었다. 그러나 1920년대 이후에는 "생활 곤란"에 의한 자살이 더 많은 것으로 파악돼 있다. 세번째 큰 '원인'인 "병의 고통으로" 인한 자살은 1910년대의 12.10%에서 1930년대 18.89%까지 늘었다. "가정 또는 친족과의 불화"는 1910~30년대를 통틀어 11~15%를 유지했다. 이들 중 1910~1930년대 사이에 뚜렷한 증감세를 보이는 항목들을 통해 자살을 둘러싼 사회적 변화와 그에 대한 표상의 변화를 짐작해볼 수 있다.

여기서 잠시 2010년 대한민국 경찰청이 작성한『경찰 통계연보』에서의 '자살 원인'(표7 참조)을 보고 넘어가자. 어떤가? 이는 거의 1만 건에 이르는 죽음을 딱 10가지 '원인'으로 '삼빡하게' 정리했다. 그중 다른 여덟 가지 분류에 귀속시킬 수 없는 1000건 정도는 '미상'과 '기타'로 분류했다. 그해 자살로 타계한 연예인 최진영·박용하씨 같은 이의 죽음의 '원인'은, 또 쌍용자동차에서 '희망퇴직'한 후 목을 맨 노동자의 자살은 어디에 분류됐을까?

그런데 흥미로운 점은 저중에서 가장 많은 비중을 차지하는 네 가지 '원인'이 1920~30년대의 식민지 경찰이 파악한 네 가지 가장 중요한 자살 '원인'과 거의 흡사하다는 점이다. 표현이 약간 바뀌었을 뿐이다. 2010년 한국 경찰청의 "정신적 정신과적 문제"는 식민지 경찰이 파악한 "정신착란"과, "육체적 질병 문제"는 "병의 고

자살론: 고통과 해석 사이에서

통"과, "경제생활 문제"나 "가정 문제"는 "가정 또는 친족과의 불화"와 합치한다. 각각 '원인'의 속 내용은 물론 조금 다르다. 그런데 범주적으로는 거의 같다. 무엇 때문일까? 경찰에 의해 파악된 이 비슷한 '원인'들은 자살 '원인' 해석의 통시적 보편성을 나타내는가? 아니면 자살 자체의 보편성을 나타내는가? 아니면 식민지 조선과 대한민국 경찰 행정의 연속성을 보여주는 증거자료인가?

식민지 경찰이 파악한 자살 '원인'의 '실상'은 과연 무엇일까? 이 '원인'을 자살자가 처한 '문제상황'과 죽음의 '맥락'에 대한 식민권력의 표현이라 이해해야 한다. 그러할 때 우리는 '자살의 식민지 근대'를 둘러싼 문화정치를 살펴볼 수 있다.

원인	남성	여성	미상	총계	비율(%)
정신적 정신과적 문제	2,433	1,924	–	4,357	29.5
육체적 질병 문제	2,319	1,123	–	3,442	23.0
경제생활 문제	1,825	502	–	2,363	16.0
가정 문제	958	561	–	1,519	10.3
직장 또는 업무상 문제	780	119	–	899	6.1
기타	540	256	3	799	5.4
미상	469	186	1	656	4.4
남녀 문제	347	260	–	607	4.1
사별 문제	59	33	–	92	0.6
학대 또는 폭력 문제	57	24	–	81	0.6
총계	9,787	4,988	4	14,779	100.0

· 표7 2010년 자살의 원인(『경찰 통계연보 2010』, 244쪽 재구성)

식민지 조선인의 자살과 '해석 갈등'

5장

자살과 '경제'
그리고 자살의 '식민지 근대'

'경제'와 자살의
연관성을 보는 관점

일본 변호사의 한국 걱정

세계 1위의 자살 공화국을 만든 이명박정부가 이미 2008년에 자살률을 낮추기 위한 '종합대책'을 수립했었다 한다.[1] 고양이 쥐 걱정하는 듯한 이 정책은 과연 실효성이 있었을까?

대한변호사협회가 2011년 2월 부산에서 연 '국제 인권·환경 대회'에 우쓰노미야 겐지宇都宮健兒라는 일본변호사협회 회장이 기조연설을 하러 왔다가 꽤 엉뚱한(?) 이야기를 하고 갔다. 한국 서민들이 일본 야쿠자의 좋은 먹잇감이 되고 있다는 것이다. 그는 "일본 대부업체들이 한국에 처음 진출한 것은 1998년"이었는데, 한국이 국제통화기금IMF으로부터 긴급자금을 지원받으면서 자본에 대한 '규제완화책'으로 이자제한법을 폐지하자, "대부업체를 운영하

던 일본 최대 야쿠자 조직의 하나인 야마구치 조직의 고히시회가 한국에 진출했”다는 것이다.[2]

야쿠자와 연관된 이 ‘합법적’ 대부업체가 한국에서 승승장구하고 있는 것은 일본보다 훨씬 높은 최고 44%*의 이자율 때문이다. 우쓰노미야는 만약 한국정부가 대부업체의 법정 대출금리를 대폭 낮추지 않으면 빈부격차가 더 벌어지는 등, 갖가지 사회악이 초래될 것이라 경고하며 과거 일본의 예를 들었다. 1970년대 후반, 일본정부에서 허용한 ‘합법적’ 사채 대출금리는 최고 109.5%! 상상을 초월한 고이율과 대부업이 온갖 사회악의 온상이 됐다. 우쓰노미야 일본변협 회장은 이런 사정을 개선하기 위해 무려 30여 년 동안 싸워온 사람이었다. 결국 2010년 6월 일본정부는 대금업법을 개정해 최고 이자율을 15~20% 미만으로 낮췄다. 오늘날 일본에서는 사설 대부업체뿐만 아니라 개인이 친구한테 돈을 빌려줄 때도 연간 20% 이상의 이자를 받지 못한다 한다. 우쓰노미야의 결론은 한국도 44%로 돼 있는 법정 대부업 금리를 20% 이하로 낮춰야 한다는 것이었다.[3]

이 글의 주제와 관련해 우쓰노미야의 말에 중요한 시사점이 있다. 그가 언급한 높은 이자로 인한 사회악이란 바로 자살이기 때문이다. 1980년대 일본에서는 대부업체로부터 돈을 빌려 쓴 서민들과 중소사업자들이 고리대를 감당하기 어려워 평균 20곳의 대부업체로부터 대출을 받아 이른바 ‘돌려 막기’를 했다 한다. 그러다 결

---

* 우쓰노미야 일본변협 회장이 회견한 당시에 법정 이자율은 44%였으나 2013년 현재 39%다.

자살론: 고통과 해석 사이에서

국 한계에 다다르면 일가족이 집단 야반도주를 하거나 집단자살하는 일이 속출했다.[4] 이는 자살과 '경제'의 중대한 연관성을 지적한 이야기다. 자살에 미치는 '경제'의 실제적인 작용 중 가장 중요한 것이 바로 빚 문제이기 때문이다.

'다른 모든 조건이 동일할 때': 계량적 연구의 의미와 한계

가난이나 빚 졸림 때문에 자살한 일은 전근대사회인 조선에도 있었다. 『조선왕조실록』을 보면 세종 때나 영조 때나, 가난한 사람들이 빚에 졸려 자살해 죽었다는 보고가 있다.[5] 그러나 자본주의가 인간의 속도 이상으로 지나치게 빨리 발전할 때, 또는 자본주의가 제대로 돌지 못해 희생양의 피를 윤활제로 필요로 할 때, 수없이 많은 사람이 자살했다. 『돈의 철학』을 쓴 게오르크 지멜Georg Simmel의 말대로 자본주의사회의 유일신은 돈이기 때문일 것이다. 인간의 목숨은 신의 제단에 바쳐진다.

경제 상황과 자살의 관계는, 자살학의 비조라 할 사회학자 뒤르켐 이래 가장 중요하고도 복잡한 주제로 다뤄져온 듯하다.[6] '경제'는 자살의 '사회적 원인' 가운데 가장 중요한 것으로 간주돼왔기 때문이다. '경제'와 자살의 관계에 관한 '결론'은 어쩌면 단순한 것이다. 자살은 '경제 상황'과 연관성이 있다. 국가경제가 어렵고, '못 사는' 사람일수록 자살할 가능성이 높아진다. 또한 실업자와 채무자가 자살할 확률이 상대적으로 높다는 것도 상식에 속한 것이겠다. 그러나 '상식'과 직관만으로 충분하지 않기에 '경제'와 자살이 맺는 상관 함수에 대한 지식은 더 섬세해져야 한다. 그리고 어떤

자살과 '경제' 그리고 자살의 '식민지 근대'

상식은 정정될 필요도 있다.

자살과 '경제'에 관한 경제학·인구학 등 사회과학의 연구들을 폄하하려는 것은 결코 아니지만, 경제학적·통계학적 지知로써 자살을 논하는 데는 명백한 한계가 있다는 점을 우선 말해두려 한다.

기본적으로 가장 큰 난점은, '개인들'의 (자살생각이 아니라) 자살행동에 영향을 미치는 '경제'의 범위·범주를 획정하기가 어렵다는 데 있다. 경제학자·인구학자·보건학자들은 (1인당) 국민소득, 성장률, 실업률, 여성의 노동시장 참여율 같은 거시경제의 지표들이 자살률과 관계있을 것이라는 가설을 세워 그 관계를 증명하려 해왔다.

성장·국민소득·실업 같은 지표 중 어떤 현상이 과연 자살생각과 자살행동이라는 개별자들의 인지와 행위에 영향을 미치는가? 자살생각에 관한 연구들은 다소 상식적이고 고식적이다. 당연히 '낮은' 사회경제적 지위와 경제적 곤궁이 자살생각에 영향을 끼친다. 하지만 자살생각과 자살행위 사이에 있는 차이가 자살학의 핵심 논제여야 함을 상기하자. 양자는 범주와 범위가 다르다. '객관적'이고도 '과학적'으로 거시적인 작용인을 규정하는 것 자체가 어렵다. 이를 선택하는 것 자체가 학적 모험이다. 그리고 그 힘과 영향을 측정하기도 어렵다. 그래서 계량적 사회과학은 '현상'이나 '경험'을 대상으로 하지 않고, 통계상 '숫자들' 사이의 연관을 따지는 방법을 택한다.

그림3은 통계청에 의해 만들어진 자살'률'과 실업'률'을 비교해보면서 그 상관성을 그래프로 표현한 것이다. 자살과 실업이 아니

라, 자살'률'과 실업'률'의 관계를 통해, 한국에서의 자살과 실업 사이의 연관성을 고찰한다는 것이다(1980년대의 통계청 자살률 통계가 믿을 것이 못 된다는 사실을 염두에 두고 보자). 그래프를 통해 자살 증가율과 실업 증가율 사이의 상관성은 대체로 양陽의 관계에 있음을 알 수 있다. 특히 IMF 경제 위기 때 자살 증가율과 실업 증가율은 놀라운 상동성을 보여준다. 그러나 다른 해들에서 두 증가'율' 사이의 관계는 대체로 불규칙하다. 양자의 변동폭은 해마다 많은 차이가 있고 특히 1990~91년 구간이나 그래프가 끝나는 부분(2006~7년)에서 자살 증가율과 실업 증가율은 음陰의 관계에 있다. 실업률이 늘었는데 자살률은 떨어지거나, 실업자가 소폭 줄었는데 자살자는 늘어난 것이다. 이 두 개의 사례를 갖고 두 '율'사이의 함수관계를 부정하는 논자도 있을 수 있다.

　이 그래프를 통해 우리는 '다른 조건이 모두 동일할 때' 자살 증

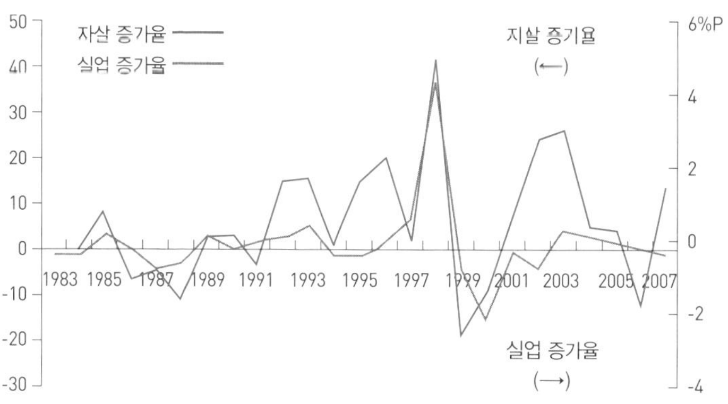

· 그림3 자살 증가율과 실업 증가율 사이의 상관성(박형민, 「소통방식으로서의 자살」, 『문화과학』 2013년 여름호에서 인용)

가‘율’과 실업 증가‘율’ 사이에는 대체로 양의 관계가 성립한다, 단 예외일 때도 있다, 언제 그런 예외가 나타나는지는 예측할 수 없다, 정도만 말할 수 있는 듯하다. 경제학 등 일부 분야의 지식 자체는 우리를 때로 당혹하게 한다. '다른 조건이 모두 동일할 때'라는 현실에서는 존재 불가능한 '조건'을 내세워야 이들 연구가 만든 지식은 성립할까 말까 한다. 그러나 그것은 경제학의 한계라기보다 근대 실증과학 자체의 한계라 해야 한다.

어쨌든 이런 연구들을 통해 오히려 자살에 대한 계량적·경제학적 접근이 갖는 한계와 자살이라는 현상의 복잡성이 잘 드러나는 듯하다. 통계학적 분석으로 자살자의 복잡한 동기 및 충동(자살생각)과, 자살에 이르는 과정(자살행동)에 작용하는 주관적이고 미시적인 원인과 변수를 드러낼 수 없다. 그래서 그런 연구에서 제시된 표와 그래프(즉 결론들)는 '문제상황'과의 '연관성co-relation'이나 효과에 관한 것이지, 원인이나 인과관계를 밝힌 것이라 보아서는 안 된다.

그러나 개별성이 거세된 추상적인 자살자의 집합(통계 숫자로 표현된다)이 가진 어떤 경향적 변화가 '경제' 상황(통계치로 표현된다)의 변화에 영향받은 사실들 자체는 '사실'로서 기술될 수 있고 그럴 필요도 있다. 거시적 경향을 아는 것은 장기 추세를 보는 데는 나름의 중요성을 가지며, 뭉툭한 거시적 접근이 때로 실천적으로 의미 있는 미시적 처방의 자료가 되기도 하기 때문이다.

자살률과 경제의 상관성에 관한 상반된 연구결과들

앞에서 언급한 이유들 때문에, 거시적 경제지표들과 자살률 사

자살론: 고통과 해석 사이에서

이의 관계에 대해서 계량학적 연구는 상반된 연구결과를 내놓기도 한다. 자살에 관한 변인의 통제에 실패하거나 변인을 제대로 고려하지 못한 경우, 상식과 다르거나 서로 상반된 결과를 도출하는 연구도 여럿 있다. 경제학적·통계학적 연구 중에는 자살에 작용하는 '개인적인' '원인'뿐 아니라 '사회적'이고 '집합적'인 변인도 미처 고려하지 못하는 경우들이 있기 때문이다. 그러나 고려해야 할 자살 변인의 수가 늘어날 때마다 계량적 방법은 무기력하거나 무의미해지는 듯하다. 다음에서 그 몇 가지 예들을 살펴보자.

'역사적으로' 한국에서는 총 GDP의 증가와 함께 자살률은 높아져왔다.[7] 국가경제의 규모가 커지면서 자살률도 높아졌다는 것이다. 그러나 이 '사실'이 의미하는 바는 매우 모호하다. 자본주의의 발전(양적 팽창)이 자살률을 경향적으로 높이는가? 너무 많은 요소를 더 고려해야 하기 때문에 총 GDP 자체가 별로 의미 없는 숫자에 불과하다. 총 GDP 규모가 아니라 개인소득을 의미하는 1인당 GDP는 어떨까? 앤토니오 앤드레스Antonio R. Andres라는 미국 학사는 유럽 국가들의 사례를 소사해 국가별 1인당 GDP는 자살률에 유의미한 통계적 유관성이 없다고 주장했다.[8] 경제적으로 잘사는 나라(즉 1인당 GDP가 높은?) 국민의 자살률이 높거나 낮다고 말할 근거가 없다는 것이다. 한편 한국 학자 유경원 등은 OECD 소속 24개국의 1980년에서 2002년에 이르는 장기적인 추세를 조사해 '다른 조건이 동일할 때' 1인당 GDP가 증가함에 따라 그 국가들에서의 자살률은 오히려 증가해왔으며, '저성장 국가'의 자살률이 '고성장 국가'에 비해 더 높다는 통계적 '사실'을 밝혔다.[9]

한 국가 안에서의 경제성장'률'과 자살'률' 관계를 보면 어떨까? 양자는 통계적 유관성이 아주 높지 않을까? 특히 한국에서 경제성장률과 자살률이 민감한 연관성을 가진 것으로 조사한 연구가 있다. 이 연구는 한국과 브라질, 멕시코, 아르헨티나를 비교해 유독 한국의 자살률이 경기변동과 밀접한 관련을 맺고 있으며, 특히 40대 남성의 자살률이 그중에서도 두드러진다는 결과를 내놓았다. 우리의 상식과 부합하는 결과다. 그러나 남미 국가들은 문화적인 특징 때문인지 왠지, 경기변동과 자살률 사이에 거의 연관성이 없었다.[10] 그러니까 경제성장률과 자살률이라는 두 숫자 사이의 연관성을 '일반화'하기란 어려운 것이다. 다만 한국에서는 그래왔다고 이야기할 수 있을지라도.

자살률과 실업률 사이의 관계도 일반화가 어렵다. 실업률이 높을수록 자살률이 높아질 거라는 것은 상식에 속할까? 그러나 이에 대해서도 상식과 다른 연구결과가 있다. 경제학자 노용환은 1990~2004년 사이 한국의 실업률과 자살률을 비교 조사해, 오히려 실업률이 높을수록 자살률이 낮았다는 통계 분석결과를 내놓았다. 그러면서 경기상승기에 노동자가 감당해야 할 고된 노동과 그로 인한 스트레스와 과로가 자살률을 높이고, 실업으로 인한 어려움이 오히려 가족의 결속을 강화시켜 자살률을 낮출 수 있다는 해석을 채택했다. 이는 독일 학자가 자국의 상황을 놓고 비슷한 결과치를 얻어낸 뒤 한 해석이었다.[11] 가치 있는 해석일 수 있을까? 경제성장률이나 실업률이 자살률과 통계적으로 유의미한 관계가 없다고 주장한 한국 인구학자는 또 있다. 그러나 그는 그 같은 거시

자살론: 고통과 해석 사이에서

경제지표들 중에서, 유독 자살률과 소득분배 지표 사이에는 확실한 상관관계가 나타난다고 주장했다. 특히 1997년 IMF 외환 위기 이후의 한국에서 10대와 20대를 제외한 거의 모든 연령층에서의 자살률과 소득분배 지표 사이에 강한 상관관계가 존재한다는 것이다. 그래서 한국의 급격한 경제적 양극화가 자살률의 급증과 깊은 관계가 있다고 주장했다.[12] 물론 다른 사회적 변수를 고려한 것은 아니지만 이는 '상식'과는 부합한다.

왜 어떤 연구는 '상식'과 부합하고 어떤 연구는 그렇지 않은 것일까? 상식에는 직관을 통해 고려되어 있는 어떤 결정적인 중요 변인을 오히려 '과학적' 연구들이 빠뜨린 것이 아닐까? 가난하고 치안이 불안한 남미 국가의 자살률은 어떨까? 우리는 우리나라의 사회문화적 상황을 보편적인 것으로 착각해서 아예 잘못된 상식을 갖고 있을 수도 있다. 노인과 청소년의 자살률은 20~50대의 성인에 비해 낮은가, 높은가? 19세기 말 사회를 공부한 대가 뒤르켐도 적어도 이 문제에 관한 한 지금 우리 눈으로 보면 '틀린' 답을 내놓고 있었다.

경제성장률이나 실업률 같은 가장 거시적인 국민경제의 지표뿐 아니라 이혼율, 출산율, 여성의 노동시장 참여율, 알코올 소비량 등등 보다 구체적으로 '가족'이나 '개인'의 행·불행과 유관할 듯한 지표와 자살률 사이의 관계에 대해 연구한 논문들도 많이 있다. 미국 보건사회학자 앤토니오 앤드레스는 1947~2001년에 이르는 중장기 자료를 이용해 자살률을 국가간 비교로 분석했는데 국가별 1인당 GDP, 소득불평등 지표뿐 아니라 알코올 소비량이 자살률

자살과 '경제' 그리고 자살의 '식민지 근대'

에 유의미한 영향을 미치지 않는다고 주장했다. 하지만 이혼율, 출산율, 여성의 노동시장 참여율 등은 자살률에 통계학적으로 유의미한 연관이 있다고 주장했다.[13] 그러나, 이혼율의 증가와 여성 자살률의 상관성에 대해서도 학자들의 해석과 연구결과는 엇갈린다. 미국 학자는 이혼율의 증가가 여성 자살률을 감소시켜왔다는 결과를 내놓았는데, 이와 정반대로 한국 경제학자는 이혼율의 증가가 여성 자살률의 증가와 양(+)의 상관성이 있다는 결론을 얻기도 했다.[14] 또한 여성의 노동시장 참여율이 높아지면 가정의 소득수준과 효용수준이 올라가 자살률이 떨어진다는 연구가 있는가 하면, 반대로 여성의 노동시장 참여가 부부갈등을 증대시키고 가정해체의 가능성을 높여 자살률이 상승한다는 견해도 있다.

이상에서 보듯, 자살률 변화를 다른 경제 통계수치와 비교하는 계량적 연구는 자살과 '경제'에 관해 서로 상반된 해석을 내놓기도 한다. 학자들이 변인을 최대한 고려해 정밀한 방정식을 만들고자 했을 것임에도, 자살이라는 복잡한 현상에 작용하는 여러 문화적·사회적 요소 중 어떤 것들을 원천적으로 사상할 수밖에 없기 때문일 것이다.[15] 유사한 통계적 연구의 결과라도 시공간의 차이에 따라 전혀 다른 맥락으로 읽어야만 의미가 있는 것이다. 이를테면 한국에서 경제성장률의 자살률과의 유관성은 다른 국가들에서의 그것과 다를 뿐 아니라, 한국 안에서도 1960년대와 2000년대가 차이 날 수 있으며, 그 문화정치적 의미도 다르다는 것이다.

거시적인 통계학적 연구는 그래프와 통계수치를 보고 '경제' 또

자살론: 고통과 해석 사이에서

는 '복지' 정책을 입안하는 경제관료나 사회복지단체 혹은 시민단체들에게는 의미가 있을지 모른다.[*] 그러나 거시적 통계학의 '율'로 표현된 자살에 관한 지식은 '나'나 우리 이웃의 행복이나 우울 또는 행복의 문제와는 실천적으로는 거의 의미가 없다. 오히려 저 계량적 연구들은 자살에 작용하는 '경제'와 '자살의 문화사회학'에 대한 관점을 다시 확립할 것을 요청하는 듯하다.

결론부터 말하면, 자살에 작용하는 '경제'적 요인을 보다 구체적으로 개인의 삶과 심리에 영향을 미치는 미시적인 사실들로 한정할 필요가 있다. 그 사실들은 '개인들'에게 구체적인 '경제 문제'나 '생활고'로서 작용한다(또는 자살자나 자살을 목격하는 타인들에 의해 그렇게 표현될 것이다). 그림4에서 보듯, 그나마 가계부실지수 같은 보다 복합적이고 미시적인 '경제적' 상황을 수치로 표현한 지수와 자살률은 좀더 의미 있는 연관 상황을 표시한다.[**] '개인들'의 자살생각 및 자살행동을 유발하는 '경제 문제'나 '생활고'는, '희망'에 대한 나름의 합리적 판단과 주관적이 심리적 정황, 그리고 위기에

---

[*] 또는 그들에게도 전혀 의미가 없을 수 있다. 자살률을 낮추기 위해 실업률을 낮춰야 한다고 생각하는 정부나, 여성의 노동 참가율이 자살률에 미칠 영향을 고려하는 여성단체는 아직까지는 없는 듯하다.

[**] '가계부실지수'는 가계 부문의 자산 및 부채 규모, 이자 부담 정도, 채무상환 능력 등을 종합적으로 고려해 가계의 부실 정도를 측정·판단·예측하기 위한 지표를 말한다. 이는 가계의 가처분소득에 대한 실제 부채이자 지급액의 비율로서 이자 지급 부담 정도를 알 수 있는 이자상환비율(debt service ratio), 채무상환 능력을 나타내는 금융자산/금융비율(asset-debt ratio), 가계의 지급여력을 나타내는 가계흑자율, 미래의 부채상환 가능성 여부를 간접적으로 판단할 수 있는 실업률 등 4가지 구성지표로 작성한다. 따라서 이자상환비율·실업률이 높거나, 자산/부채비율·가계흑자율이 낮을수록 가계부실지수는 상승하게 된다.(미래와경영연구소 편, 『NEW 경제용어사전』, 미래와경영, 2006)

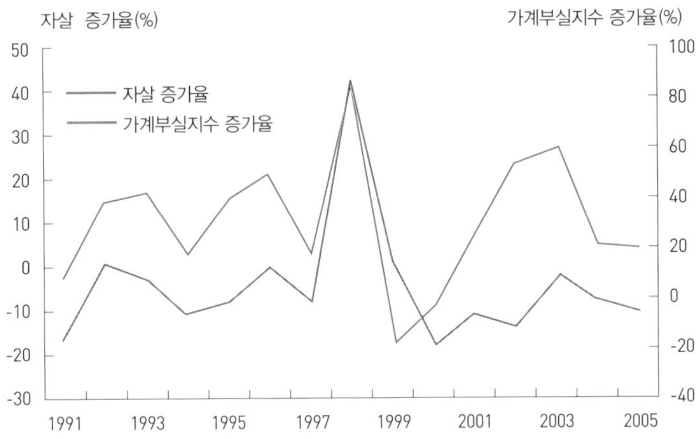

· 그림4 자살 증가율과 가계부실지수 증가율 추이(정정훈, 「돌볼 필요가 없는 생명, 살 가치가 없는 생명」, 『문화과학』 2013년 여름호에서 인용)

처한 사람을 둘러싼 지지망의 유무(즉 곤궁한 상황에서 기댈 데가 있는가 없는가) 등의 구조적 요인과 복합적으로 작용한다. 소득이나 실업, 또는 부채나 경제활동 여부 같은 구체적인 경제적 요인들도 자아와 가족의 상황과 연관될 때만 의미 있다.

항상 문제는 복합적이다. 그리고 자살 문제의 궁극적 차원은 '자아'와 '관계'다.[16] 이를테면 실업과 자살의 연관성에 대한 가장 설득력 있는 설명은, 실업이 개인에게 경제력과 경제적 목표를 달성할 기회를 박탈하게 하는 것뿐 아니라, 자아존중감과 가족 등 타자들과의 관계를 크게 훼손할 수 있기에 자살에 영향을 미친다는 방식의 담화일 것이다. 즉 자살 유발요인과 문제상황에 영향을 미치는 것으로서 '실업'이 의미 있지, 실업'률'과 자살'률'의 관계에 대한 설명 따위는 사회의 누구에게도 무의미한 지식이라는 것이다.

자살론: 고통과 해석 사이에서

　문제는 '생활고'와 빈곤에 의해 야기되는 '관계'와 자아의 상황이다. 물론 거기 돈이 언제나 결부돼 있다. 이들을 아울러 자살의 '도덕경제'라 부를 수 있을 것이다.

자살의 역사와 한국의 '경제 성장'

　일제강점기, 구조화된 절대빈곤과 경제적 소외가 식민지 조선의 민중 앞에 있었지만, 그들보다 오늘날 한국 사람들이 훨씬 더 많이 자살한다. 어쩌면 당연한 이런 이야기를 반복하는 것은 경제와 인간의 행복(불행)이 맺는 관련성을 보는 우리의 관점 중에 심각하게 잘못된 것이 끊이지 않고 재생산되기 때문이다. 성장(률)이 마치 '국민의 행복'을 보증하는 객관적 지표인 양 생각하는 '국민'이 상당히 많고, 천박한 경제주의와 성장신화는 대통령과 경제관료, 그리고 주류 경제학자와 신문·방송 등에 의해 끝없이 퍼뜨려진다. 성장률과 국가경쟁력 따위의 '수치'를 마치 선과 악의 문제로 다루고 해석하는 담론은 중지될 때가 되지 않았나? 예외적이라 할 시기를 제외하고 한국 경제는 수십 년간 해마다 성장을 멈추지 않았다.• 국민경제의 규모는 세계 십 몇 위가 되고, 몇몇 한국 기업은 '글로벌' 기업으로 커졌다. 이런 사실은 무엇을 의미할까? 인간으로서 최소한의 존엄을 지킬 수 있는 수준의 경제를 가진 사회에서라면, 더 큰 문제는 욕망과 그것을 재생산해내는 구조가 아닌가? 한마디로 '성장'은 '자살'과 반대되는 자리에 있는 개념이라 할

• 오일쇼크와 정치 위기가 겹친 1979~80년 사이에 한국 경제성장률은 −5.2%였다. 그리고 1997~98년에 마이너스 성장이 기록됐다.

자살과 '경제' 그리고 자살의 '식민지 근대'

수 있는 '행복'이나 '자아존중'과는 직접적인 관계가 없다.

이 문제에 대한 매우 복합적이고 큰 착각이 우리 사회에 만연해 있다. 사회학자 정승화가 말한 것처럼 박정희의 근대화 개발이 '승 승장구'하는 것처럼 보이던 1960~70년대의 "개발독재 시기는 한 국 근대사에서 가장 자살률이 높았던 '절망의 시대'"였다고 볼 수 있다. 박정희 집권 초기인 1965년 한국의 자살률은 인구 10만 명 당 29.8명, 1975년 자살률은 31.9명. 1963년과 1979년을 제외하 고 1960~70년대 내내 인구 10만 명당 25명 이상의 높은 수치였 다.[17] 이 자살률은 마치 2000년대의 그것처럼 세계 최고 수준이 었다. 수치 자체도 2000년대 중반의 것만큼 높다. 급격한 박정희 식 근대화가 기존의 가족·친족·지역 공동체를 와해시켰고, 사회 안전망 없는 '개발'이 인간을 절망으로 내몰았던 것이다. 전태일 의 죽음이나 광주대단지 사건이 말해주는 것은 뭘까? 박정희 시절 '국민'은 행복하지 않았다.

결국 한국이 세계 최빈국에서 10위권의 경제대국이 되는 사이 에 한국의 자살률은 늘 세계 최상위권이었던 것이다. 1990년대보 다도 2010년대 한국 사람이 두 배 더 많이 자살한다. 그러니까 훨 씬 더 많은 한국 사람이 그때보다 우울하거나 불행해진 것이다.

식민지 시기도 마찬가지다. 소위 뉴라이트와 식민지근대화론자 들이 신앙으로 모시는 것처럼 식민지 자본주의는 분명 양적으로 '성장'했는지 모른다.[18] 그들은 일종의 물신숭배자들이다. 그러나 그 성장은 '인간'과 얼마나 깊은 관계가 있는가? 식민지 개발 문제 를 두고 꽤 심각한 경제학적 논의가 있는 것으로 알지만, 성장 논

자살론: 고통과 해석 사이에서

쟁은 식민지 시기 특히 1930년대까지의 조선인의 신장, 실질소득의 증가 여부, 문맹률의 감소 등에 초점이 두어져왔다. 만약 '일제 강점'이 아니었으면 과연 저런 지표들이 어떻게 달라졌을까? 이씨 조선이 이어졌거나, 혹은 다른 제국이 조선을 통치했거나, 혹은 조선 민중이 스스로 새로운 근대국가를 수립했다면? 조선인의 키나 문맹이나 실질소득이 일본이 통치했던 것보다 나아졌을까? 그리고 만약 '삶의 질'을 따지고 싶다면 유엔 등에서 사용하는 교육 불평등, 기대수명, 범죄 발생률 등등의 다양한 인간개발지표 등을 포함시켜야 할 것이다.[19]

일제강점기 경제 성장의 공허함은 자살 문제에서 드러난다. 일제 경찰이 파악한 통계로도 1910년대보다 1920~30년대에 "생활 곤란"으로 자살한 사람의 비율은 2배 늘어난다. 그 경제 성장이 인간의 평화와 행복을 위한 경제 성장이었는지 의심하지 않을 수 없다. 하지만 일부 경제(사)학자의 머릿속에는 이런 관점이나 코드 자체가 부재한 경우가 있다. '다른 모든 조건이 같을 때' 따위의 유보항이나, 통계숫자를 추출하는 것을 학자적 양심과 동일시하며 식민지배와 군국주의 파시즘의 전쟁 동원을 합리화한 것은, 진리와 거리가 멀다.

일제강점기의 사람들도 물론, '행복'과 '삶의 질'에 대해 우리처럼 많이 생각했다. 또한 '경제'가 사회적 약자의 자살을 유발한다는 정당한 '사회적' 인식을 갖고 있었다. 심지어 총독부 기관지 매일신보조차 그랬다. 예컨대 1917년 5월 매일신보는 쌀값 등귀 속에서 속출한 자살 사건을 보도하면서 "미가米價가 살인"했다는 표현을 썼다.[20]

자살과 '경제' 그리고 자살의 '식민지 근대'

1917년에 비해서 1931년의 조선 경제는 규모가 두 배로 커졌다. '성장'이다. 특히 1931~33년은 일제가 만주사변을 일으켜 일제강점기 중에서도 경제성장률이 가장 높은 시기였다. 그러나 1931년의 조선인들은 정치적 억압과 '경제' 때문에 불행했다. '행복'과 '경제'를 탁월하게 연결시킨 다음 글을 보자. 잡지 『삼천리』에 실린 글이다.

어느 때, 어느 곳에서든지 우리들은 셋만 모여 앉으면 그중에 한둘은 빚꾼, 병자, 출옥자가 끼게 된다. 아니 심한 경우에는 셋이 모두 그러한 때가 있다. 빚꾼이 많은 것은 실로 우리의 특색이다. 최근 총독부 통계에 의하면 금융조합 대출이 1억 2천만 원, 식은과 동척의 대출이 6천만 원, 기타 금융기관의 대출이 1억 1천만 원, 그리고 세민에게 특별한 교섭이 있는 전당포의 대출조차 또한 수백만 원을 헤인다 하며 이 밖에 소작료, 집세, 물세, 국가의 공과 등에 쪼들리지 않는 인민이 겨우 헤일 만하게밖에 없다 함은 일반이 승인하는 현실이다. (…) 이제 요즈음의 신문에는 농촌에서 보리 한 되에 3전씩 한다고 전한다. 3전의 보리를 팔아서 언제 이 많은 조합 빚을 갚고 앓는 이에 약을 사줄가. (…) 이에 이르러 다시 한번 우리들 사이에는 행복의 씨가 자라고 있느냐. 불행의 씨가 더 많이 자라고 있느냐.[21]

도시의 '국민'은 "식은"(조선식산은행)과 "동척"(동양척식주식회사) 등에 빚을 지고 있고, 일원 일전이 급한 영세민은 전당포 신세를 지며 늘 찌들어 있다. 농민들은 농사를 짓다보면 저절로 "빚꾼"이 된다. 소작료와 조합 빚 따위를 갚느라고 허리가 휜다. 가계 자금

자살론: 고통과 해석 사이에서

조달에 "쪼들리지 않는 인민"은 드물다. 그래서 1931년에도 생활고와 빚 때문에 자살한 이들이 많았다. 그해 자살률은 10.5명에 달했으며 그중 23%가 '생활고' 때문에 자살했다 한다.[22] 『삼천리』의 논자가 사태를 과장하고 있는 것일까?

1932년에 쓰인 아래 글도 신문기사에 불과하지만, 식민지 경제구조의 문제를 제대로 제기한다. 식민지 경제구조에서 조선인은 차표 없이 달리는 차에 올라탄 승객으로 비유된다. 평범한 조선인에게는 자본축적이나 경제적 자활의 기회가 원천적으로 봉쇄되어 있다. 그들은 그저 목숨을 부지하는 데 급급하거나 비생산적 소비의 주체일 뿐이다.

조선에 투자된 일본인의 자본이 이십칠억 사천만 원, 조선총독부의 부채가 사억 일천만 원, 이 돈의 조화는 어떠한가. 이상 합계 삼십일억 오천만 원에 대한 이윤급이자를 최저 연 팔분을 잡더라도 이익 오천이백만 원의 지출을 조선이 주민이, 주로 조선인이 연년하고 있는 것이다. 왜 "주로 조선인이"라고 하는가. 대개 조선인은 이 자본을 생산업에 이용할 줄을 모르고 주로 소비에만 쓰는 자인 까닭이다.

이리하여 조선의 돈, 주로 조선인의 돈은 해마다 이억 오천이백만 원가량씩 줄어간다.

돈 세상에 돈이 없는 사람은 차표 없는 승객과 같다. 차표 없는 승객은 수모를 당하고 강제하차를 당할 수밖에 없을 것이다. 여기서 투기, 사기, 횡령, 자살, 독직, 유리, 차압 등 신문보도의 재료가 생기는 것이다. 차표는 없고, 차에서 내리기는 섭고.

돈 세상에 돈 벌 줄을 모르는 우리 조선인은 실로 가여운 존재다. 쌀
독에서 인심 난다고 돈 세상에 돈이 없으니 의리는 울고 양심은 질식
하려 한다. 경제적 자활력! 이것이 우리가 금일에 맞아야 할 생명액의
주사다.[23]

식민지 공업화의 주역이 조선인이었다[24]는 과감한 주장도 있는
데 왜 동아일보는 '조선인의 경제'는 "투기, 사기, 횡령, 독직, 유
리, 차압" 따위밖에 없다고 말하고 있는 것일까? 물론 자살도 '조
선인의 경제'의 한 항목이다.

조선인들은 식민지 경제라는 차가 달려가는 방향에 대한 아무
런 발언권도 없다. 성장은 물론 중요한 가치다. 그러나 '누구를 위
한 어떤 성장인가'가 이슈일 때 성장은 진정으로 의미 있다.[25] 결
국 문제는 정치적 주권과 계급관계일지 모른다. 어떤 방향의 경제
정책을 누구의 힘으로 결정하는가. 또한 성장의 과실 또는 손실을
어떻게 배분할 것인가. 성장 여부 자체는 이에 비하면 작은 문제에
불과한 것 아닌가. 바로 지금 우리가 목도하고 있는 것처럼, 마치
'시장'이나 재벌이 유일한 주권자인 것처럼 되면, 대다수 일자리를
비정규직화하고, 철저히 인간을 '양극화'하는 '성장'도 가능하다.
대다수 인간은 재벌이나 상위계급이 먹고 남은 성장의 부스러기를
떨어뜨려주기trickle down만을 기다리는 신세가 된다. 그리고 경제
위기나 불황의 대가는 가난한 사람들이 치른다. 그런 일을 정당화
하는 인식이나 '학문' 자체가 대다수 인간을 비주권자나 머슴의 자
리에 두는 엘리트주의의 소산이거나 '가짜'다.

자살론: 고통과 해석 사이에서

2
식민지 경제와 자살의 서사

만약 '자살의 역사'를 '경제'와 함께 고려해야 한다면, '경제'가 삶에 야기하는 문화와 인간관계의 구체적인 변화를 살펴야겠다. 거시경제와 통계적 상황 이면에 있는 문화정치의 구체적이고 미시적인 '현실'이 자살의 구체적인 원인들과 유관하다. 다시 말해, 어떤 시대의 사람들은 어떻게 학교 다닐 돈을 마련하거나 집을 얻을 돈을 구하는가? '작은 사람들'은 누구의 어떤 돈을 어떻게 빌리는가 또는 그렇지 못하는가? 또한 '보통 사람들'은 경제적 위기에 처했을 때 어떤 (상징)자본과 인적 네트워크를 활용해 그것을 이겨내거나 이겨내지 못하는가?

앞에서도 말했지만 이는 광의의 민사民事 관행과 수행, 즉 자본주의가 실제로 '생활인'들을 포획해 사고하고 행위하게끔 만드는 법·제도와 일상의 윤리와 문화의 문제다. 즉 법적 체제의 저층을 구성하고 또 그것을 넘어서는 문화정치의 문제다. 고통스러운 민사를 처리하는 개인의 개별적 방식 뒤에는, 또 위에는, 무엇이 움직이고 있는가? 법이 움직이고 있는가? 공동체의 윤리가 있는가? 또 그 근저에 개인의 '양심'과 '인정人情'을 구성하는 '문화'와 '망탈리테'가 기능한다. 개인은 그런 과정에서 행위하여 경제적 주체가 되고, 위기 앞에서 자신이 보유한 상징자본을 총동원해 위기를 극복하거나 또는 고립되면서 굴복한다.

이런 관점에서 경제와 자살이 연관된 사건들을 바라보자. 식민지 자본주의가 본격적으로 한반도에 뿌리내리던 1920년대 초에도, 조선인들은 '경제'와 '생활고'에 몰려 스스로 목숨을 끊었다. 1920년 7월 19일, 진남포에 살던 34세의 젊은 실업가 김정민이 강물에 투신해 자살했다. 신문에 보도된 자살 '원인'은 "전황錢荒의 여파에 따른 사업 실패"였다. 같은 해 4월 17일에는 춘천에 살던 50세의 김영순이 "빚에 졸려 살 수 없어서" 자살했다. 그의 빚은 150원 정도였다 한다.[26] 오늘날로 치면 300~500만 원 정도의 돈이다. 1921년 3월 6일 경성에 살던 실직자 김진연이 "생활의 도리가 망연하여" 자살했다. 그는 월급 10여 원을 받던 전차회사 차장보 자리에서 잘리고 난 뒤에 목을 맸다 한다.[27] 생활고에 몰린 가족의 동반자살도 시작됐다.•

빚 (졸림), 절대빈곤, 사업 실패, 실직 등이 자살과 관련한 문제

• 그러나 가족 동반자살은 1950~60년대에 더 심각해진다. 일제시대에는 그다지 빈발하는 사건이 아니었다.

자살론: 고통과 해석 사이에서

상황이다. 이런 경향은 식민지 시대 전체에서 관철된다. 수천 건에 달하는 자살 관련 신문기사(와 거기서 다뤄진 자살자들의 유서), 그리고 식민지 시대 문학작품에 나타난 자살의 서사 가운데 '경제'나 '생활고'가 야기하는 자살의 상황을 살펴보면 섬세하게 다른 맥락과 이유가 작용하고 있다는 것을 알게 된다.[28]

이 자살 서사를 다음과 같은 세 가지 유형으로 나눌 수 있다고 생각한다. 물론 이들은 서로 겹쳐 있으며, '경제'나 '생활고'가 아닌 자살생각과 자살행동을 유발하는 이유들(이를테면 가정불화, 건강 등)과 섞이고 상호작용하는 문제상황이다. 각 유형의 자살 서사에 주로 관련되는 젠더 및 계급·계층원들도 조금씩 다르다.

(1) 절대빈곤과 실업 등으로 인한 반복된 생활난과 갈등 상황.

(2) 빚과 빚 졸림이 자살의 문제상황이 되는 경우.

(3) 투자나 사업 실패가 직접 원인이 된 경우.

절대빈곤과 자살

이는 그야말로 주로 최하층 빈민들이 겪는 것으로, 누적된 생활의 불안정과 그와 연관된 가족 및 인간관계의 파탄이 원인이다.

1921년 5월 11일 서울 광희문 성벽 밑에서 박한경이라는 58세의 중늙은이와 그 부인 장씨가 동반자살을 기도했다. 생활난에 못 이긴 것이었다. 이들은 유서를 남겼다. "본인이 팔자가 고험하여 중년부터 눈이 멀고 무자녀 하고 무재정 하고 처 장씨는 해수병으로 누년 고생하다가 지금은 행동조차 마음대로 못한즉 내외가 이

자살과 '경제' 그리고 자살의 '식민지 근대'

지경에 여년을 제대로 마치기 극난하여 본인의 내외가 복약 동사합니다. 방에서 죽자한즉 남의 집에서 죽기가 미안하여 거리에서 죽나이다.” 부부는 복어 알과 “시도론”을 마시고 나란히 누워 죽기를 기다렸으나, 여인은 깨어나고 남자만 죽었다. 이들은 본래 강화도 사람으로 경성에 올라와 근근이 살았지만 점점 생활이 곤란해지다가 “의식이 여의치 못”하는 지경에 이르렀다. 그래서 “다시 작년 섣달에 부천에 사는 친척집에” 내려가서 더부살이를 했지만, 노동 능력이 없어 친척에게 괄시를 당했다. 그러자 집을 나서 경성에 올라와 헤매 다니며 죽을 곳을 찾았다 한다.[29]

이 자살 서사에서 나타나는 것은, 노동 능력이 없는 빈곤 가구에 대한 사회구제 시스템이나 (오늘날의 개념으로) ‘사회안전망’이 없었다는 사실이다. 동반자살을 시도한 부부는 “무재정” 할 뿐 아니라 그들을 부양할 자식이나 가족이 없다. 친척에게 의지하려 했으나, 그들을 괄시한 친척은 외려 죽음을 재촉하게 된 요인이었다. 지역의 공동체나 공무원, 혹은 복지단체가 개입했다는 식의 이야기도 물론 없다. 조선에 이식된 자본주의는, 노동 능력이 없거나 최하층 소속의 사람들이 곧 ‘벌거벗은 생명’이 될 수 있는 성격의 자본주의였던 듯하다.[30]

1931년 8월 대전에 살던 22세의 청년 남모가 자기 집에서 목을 매 자살했다. 남모는 굶주리던 끝에 대전 읍내 ‘혼마치 문원당’이라는 과자점에서 과자를 훔쳐 먹다 잡혔다. 경찰은 “그의 정형이 가련함으로” 훈방 조치했는데, 청년은 남 보기 부끄럽다 여겨 결국 자살했다는 것이다.[31]

자살론: 고통과 해석 사이에서

일제강점기에 경제 성장이 지속되었다 하나 절대빈곤은 근치되지 않았다. 절대빈곤은 사전적으로 "신체적 건강과 효능을 최소한 유지할 수 있을 정도의 의식주를 획득하기 위한 자원이 결핍 상태에 있는 빈곤"[•]을 말한다는데, 1920~30년대를 통틀어 기근·아사에 관한 보고는 끊이지 않는다. 몇 가지 사례만 들면, 1924년에는 큰 가뭄 때문에, 1925년에는 유명한 을축년 대홍수로 전국적 대기근이 발생했다.[32] 1929년에는 경북에, 1935년에는 함북의 농촌에 기근이 덮쳐 굶어죽는 사람들이 속출했다. 대공황의 끝물인 1930년에도, 일본 경제가 급격히 성장세를 탔었다던 1935년에도 최소한의 의식주가 해결되지 않아 생기는 현상인 아사·동사가 조선 신문의 사회면에 허다하다.[33] 이런 측면에서 식민통치는 경제면에서도 대실패였다.

1930년 3월, 동아일보의 평양 주재 기자는 자살과 아사, 또는 자살과 생활고의 관계를 다음과 같이 탁월하게 파악했다. 그는 묻는다. 정칠이 파악한 직접적인 자살 원인 중 '생활고'가 차지하는 비중이 3분의 1이나 되지만, 생활고가 가정 분란 등으로 인한 또다른 자살상황을 야기한다고 추론할 때, 생활고가 자살 문제에 있어 얼마나 심각한 문제일까? 자살자 외에도 아사자·행려병자의 숫자도 만만치 않으니 조선인의 생활고란 도대체 얼마나 심각한가?

작년도 평남도의 통계를 뒤져보면 자살자가 일백십삼 인 중 그 원인

에 있어서 생활난으로 생목숨을 끊은 사람이 삼십삼 명에 달하여 자살자 전부의 삼분의 일에 해당하다 또 가정불화로 자살자가 십사 인 인바 대체로 생활 곤란은 그 가정의 평화를 교란한다는 점에 있어서 가정 불리를 원인으로 자살한 자 중 그 이면의 사정을 들춰보면 생활난에 원인 됨이 많을 듯하다. 요컨대 조선인의 몰락되는 경제생활에 있어서 살려야 살 수 없어 "사"에 자진한 생명이 삼십삼 이상으로 사십 명에 근하다는 것이다. 아무리 그래도 먹지 못해 죽으랴 하는 단순 이상의 속단으로 그들을 비웃는 사람이 있다면 그에게 다시 이 사실을 제시하고 싶다. 즉 자살자 외에 비명에 횡사한 자 중 '아사자'가 삼십이 명이라는 숫자다. 그 위에 다시 행로병 사망자가 일백이십사 인에 달하는바 행로 사망자는 대개 걸인으로 영양불량을 원인으로 하여 사에 지한 것임으로 자살에 이르지 아니하고도 아사 혹은 영양불량으로 그 생명을 몸에서 떠나보낸 것이니 전후를 합하야 이백여 명이 먹지 못하면 살지 못한다는 자연법칙의 희생자다.[34]

요컨대 조선의 자살자와 아사자는 다른 존재가 아니라는 것이다. 자살자와 아사자는 또한 다 같은 "자연법칙의 희생자"다. 식민지 자본주의는 '문명'이 아니라 약육강식과 적자생존이 지배하는 일종의 '자연'인 것이다. 그러면서 기자는 "경제적 몰락과 함께 금력, 권력의 횡포" 때문에 조선인의 생명이 "점점 헐가의 궁극에 달하는 것을 아파하지 않을 수 없"[35]다고 결론을 맺었다. 이런 것이 식민지 조선의 경제와 '인간 조건'을 바라보는 정당한 관점이 아닐까.

절대빈곤이 야기하는 자살은 곧잘 가족 동반자살로 현상한다.

자살론: 고통과 해석 사이에서

사회학자 정승화는 1950~60년대 동반자살이 이 형태의 자살과 특히 관련이 깊은 것으로 설명했다.[36] 옳은 말이지만 그뿐 아니라 1990년대까지 근현대 한국사 전체에서 가족 동반자살의 상당수는 빈곤과 관련된 것이다.

관련하여 짚고 넘어가지 않을 수 없는 것은 단어 자체가 식민지 시기나 1950~60년대에나 어울릴 듯한 '절대빈곤'이 2010년대의 한국에도 엄존한다는 사실이다. 한국의 대도시 지역에는 가구 생활비가 법정 최저생계비에도 못 미치는 가구가 6.6%, 농어촌 지역에는 14.8%에 달한다. 대도시의 절대빈곤층 93.5%가 기초생활수급자로서 정부의 지원을 받고 있으나, 농어촌의 절대빈곤층은 51.4%가 기초생활수급자 지원 혜택조차 받지 못하고 있다 한다.[37] 이 같은 현실이 오늘날 노인층의 높은 자살률과 연관성이 있다.

식민지 자본주의의 뱀파이어

모든 계층의 남녀가 함께 이 유형의 자살자일 수 있다는 점에서 중요하다. 이는 '금융'의 힘과 논리가 '인간'을 압도하기에 벌어지는 일이다. 자살은 '빚의 형태'나 빚을 둘러싼 '문화'와 연관을 맺는다. '빚' 때문에 자살하는 사람은 조선시대에도 있었다. 하지만 자본주의적인 투기 때문에 자살한 사람들은 근대 이후에 나타나기 시작한다. 주식신용거래 실패와 '카드 빚' 때문에 '보통 사람'들이 대거 자살자가 된 것은 각각 1980년대와 2000년대의 일이다. 이 때는 각각 한 단계 업그레이드된 금융자본주의가 개인들의 삶으로 파고든 순간이다. 현재 우리는 천재적인(?) 두뇌를 가진 영국과 미

자살과 '경제' 그리고 자살의 '식민지 근대'

국의 수학자와 통계학자, 그리고 MBA 출신들이 만든 최신 기법의 초고도 금융자본주의 사회에 살고 있다. '금융'이 발달하면 인간이 행복해질까? 정반대다. 그런데 아직도 '금융 선진화' 따위의 구호를 외치는 미친놈들이 있다.

　빚(쟁이들)의 압박 방법 문제가 특히 중요하다. 빚쟁이들 가운데에는 물론 '법'이라는 것도 포함된다. 법은 이자율뿐 아니라 빚을 받아내는 방법도 정해준다. 그리고 '법'은 직접 빚을 받으러 다니기도 한다.[38] 얼마나 자주, 또한 어떻게 채무자를 독촉하는가는 채무자의 심리적 상황에 직결될 것이다. 한도를 넘는 압박은 채무자의 불안과 우울을 야기하고, 그것이 임계치를 넘을 때 급기야 죽음을 생각할 수 있다. 물론 임계치는 사람마다 다르다. 어떤 사람은 불과 이삼백만 원 때문에 영혼을 팔고 목숨을 버리기도 하지만, 어떤 인간은 몇 십 억 아니 몇 백 억의 빚을 지고도 살아간다. 빚을 졌더라도 그것이 생명과 존재 전체를 위협할 정도가 아니라면, 조금 더 버틸 수 있다면, 그리고 만약 독촉하며 괴롭히는 압력이 없다면, 또는 빚 때문에 가정불화나 다른 갈등이 추가로 야기되지 않는다면, 자살하지 않을 것이다. 또는 자신이 빚을 졌더라도 갚아줄 타인(부모, 친족 공동체 등)이 있으면 자살하지 않는다. 잠시 19세기와 식민지 시대의 빚 졸림에 관한 사례를 통해 자살에 관한 '도덕경제'의 변화과정을 살펴보자.

자살론: 고통과 해석 사이에서

빚 졌지만 자살하지 않는다: 19세기의 도덕경제

하영휘의 『양반의 사생활』(푸른역사, 2008)은 이 문제에 관한 흥미로운 실례 하나를 보여준다. 1700여 통이나 되는 서신을 남겼다는 '사생활'의 주인공은 이름 있는 노론 성리학자이며 풍양 조씨 양반가문의 일원인 조병덕(1800~70년)이다. 그는 일종의 유교 이상주의자다. 그는 주자학에서 말하는 조경모독(朝耕暮讀, 낮에 밭 갈고 밤에 책 읽는다)과 비기력불식(非其力不食, 자신이 지은 게 아니면 먹지 않는다) 등의 명제를 믿고 실천하려 한다. 그러나 물론 '현실'은 그런 것이 아니다. 조병덕은 '현실'에 도무지 무능해 그의 도학은 완전한 무용지물이다. '공맹의 도'는 제 아들이나 며느리한테도 전혀 먹히지 않을 뿐 아니라, 그 자신도 감당해내지 못한다.

조병덕이 남긴 편지들에는 줄곧 "굶어죽을까 걱정이다" "빚 독촉이 끊이지 않는 것도 실은 하루하루 큰일이니 어떻게 해야 좋을지 모르겠다"가 반복된다. 책을 팔아 급전을 마련하기도 하고, 조강지처가 죽있을 때는 차리리 잘된 건지 모르겠다는 편지를 장인에게 썼다. 두번째 아내가 죽었을 때는 남의 땅에 몰래 투장까지 한다. '도'는커녕 도무지 유학자로서 최소한의 체면도 못 지키는 지경이다.

그렇게 자주 '굶어죽을까 걱정'하거나 자주 빚 독촉을 당한다는 것은, 그리고 그로 인한 가정불화가 동반된다는 것은 '생계형 자살'의 전형적인 조건이 될 수 있다. 정말 자살할 지경이었던 듯하지만 조병덕은 자살하지는 않는다. 그는 비교적 장수했다. 그리고 비록 무능하고 가난하지만, '양반'으로서의 기득권을 은근히 누렸다. 기득권은 조병덕이 가진 봉건적 인간 네트워크로부터 나온다. 그의 시대착오나 무능은 굶어죽기에 딱 알맞은 것이지만, 벌열 閥閱 집안의 유학자라는 사실이 그를 지켜낸다. 즉 그는 유교적 '도덕경제'에 빌붙어 체모와 목숨을 유지해간다. 조건 없이 돈을 빌려주거나 이런저런 물품을 증여하는 친척들과 친우들이 있었던 것이다. 그리고 사실 조병덕이 가난한 것은 과거도 봐야 하고 때마다 제사도 지내야 하기 때문이다. 즉 양반으로서 체면을 차리는 데 돈을 많이 쓰기 때문이다. '문방사우'들도 빚을 많이 지게 한 '친구'들이다. 하지만 그러한 소모품과 비용도 지역의 수령이나 동족 고관들이 선물하거나 증여했다. 그 같은 성리학적 반反—세속주의 또는 그 위선적 질서와 문화체계가 급격히 무너지자, 유교의 '도덕경제' 대신 전면적인 자본주의의 '경제도덕'이 본격적으로 조선에 찾아온다.

만약 조병덕 같은 벌열의 피붙이가 아닌 19세기의 평범한 농민이나 도시 서민들이라면 그 같은 빈곤과 빚짐의 상황에서 어떻게 됐을까? 야반도주와 유리걸식, 아사가 그들의 운명이었다.

식민지 조선의 '경제도덕'과 식민지 근대의 '채귀'

또한 그런 운명을 1910~40년대의 조선인들도 물려받았다. 일제강점기 전 시기에 걸쳐, 그리고 상하 전 계층, 모든 성인 연령대의 조선인들이 빚 때문에 고민하다가 자살했다. 사례는 너무 많고 다양하다.

30대 남자들이 공권력에 의해 채무를 강제집행당한 후, 또는 가

자살론: 고통과 해석 사이에서

족의 빚보증을 섰다가 자살했다거나,[39] 40대의 거부가 5만 원에 달하는 거산을 탕진한 후에 스스로 목숨을 끊었다거나,[40] 120원의 빚을 갚지 못해 아버지에게 대신 갚아달라 하다가 자살한 청년이 있는가 하면, 그보다도 더 작은 겨우 50여 원의 빚을 갚지 못한 농촌 중노가 "채귀債鬼"의 독촉 때문에 자살한 일도 있었다.[41]

"빚에 졸려 자살"은 이 시대 자살 기사의 아주 흔한 헤드라인이었다. 그리고 이제는 쓰지 않는 '채귀'라는 섬뜩한 단어가 아주 광범위하게 자주 사용됐었다는 점도 기억할 만하다.『표준국어대사전』에 "악착같이 이자를 받고 빚 갚기를 몹시 졸라대는 빚쟁이를 비유적으로 이르는 말"로 풀이되어 있고, 박경리의『토지』에도 용례가 있다. 1960년대까지도 많이 쓰던 이 말은 언제 어떻게 사어가 되었을까?[42] 악착같이 이자와 빚을 받아내는 사람들을 '악惡'으로 간주하는 문화가 사라지고, 조폭과 대기업이 어깨를 나란히 하며 합법적으로 고리대금업을 하며, 채무자의 인권보다는 채권자의 재산권을 더 중시하는 '고도' 금융자본주의 사회가 된 것이 채귀 어휘사의 배경일 것이다.

채귀는 단지 사람을 지칭하는 말만은 아니라, 극심한 빚 (졸림)으로 야기되는 고통을 의미하는 환유어로 쓰이기도 했다. 채귀는 범죄와 자살을 불러오는 악마였다.

1931년 12월 10일 아침에 충북 부강에서는 황경도라는 67세의 노인이 다량의 양잿물을 마시고 자살했다. 자식도 없이 떡장사를 하며 살아가던 황노인은 "근근이 생활해오던바 근래에 와서는 채귀들이 너무나 혹독히 독촉함으로 살 수가 없어 죽어버리려" 했다

자살과 '경제' 그리고 자살의 '식민지 근대'

는 것이다.[43] 1937년 12월 29일 서울 하왕십리에서 있었던 사건도 비슷하다. 이 동리 주민 김덕기는 자신의 부친인 김홍래가 허리띠로 목을 매 자살한 것을 발견했다. 향년 65세의 김홍래는 과일 노점을 하면서 근근이 살고 있었는데 연말이 되자 "사방에서 채권자들은 달려들고 생활난은 가중하여" "죽음으로 모든 것을 해결한 것"이라 한다.[44]

채귀에 몰린 자들 중에는 간혹 다른 방식으로 인간이기를 포기한 사람들도 있었다. 1928년 평남 중화군에 살던 33세의 청년 유모는 동네 사람 함도혁에게 돈을 빌렸으나 갚지 못했다. 유모는 채권자에게 "무한한 독촉을 받았으나 갚을 길이 막연하여 여러 가지로 고민하다가", 결국 1928년 12월 27일 중화―평양 간 도로에서 우차에 곡식을 싣고 오던 사람을 죽이고, 훔친 우차와 곡식을 팔다가 경찰에 발각돼 구속되었다. 유모는 1929년 9월 5일 평양지방법원에서 사형을 선고받았다. 그가 원래 빚진 돈은 겨우 30원이었다.[45] 오늘날의 50~60만 원에 해당하는 돈이다. 1940년 6월 27일 밤 9시 경성 부내 서대문 부근 화천정 앞길에서 살인 사건 하나가 있었다. 가해자는 27살짜리 소모라는 청년이며 죽은 피해자는 18세밖에 먹지 않은 이모였다. 소모는 연전에 돈 3원을 이모에게 빌려줬다가 받지 못했는데, 그날 만나 돈을 받으려 시비 끝에 "한 번 때린 것이 그와 같이 절명된 것"이라 한다.[46] 단돈 3원 때문에 채귀가 된 것이다. 1940년의 3원은 오늘날 돈으로 6~8만 원가량이다.

앞의 사례들은 경우에 따라 조선 민중 자신이 채귀일 수 있다는 점을 보여준다. 마치 뱀파이어처럼 그 '악'은 전염되는 것이다. 중요한 것은 허다한 자살과 범죄 사건에서 이 같은 종류의 채귀들이 갚고 받아야 할 돈이 푼돈에 불과했다는 것이다.

그러나 식민지 자본주의의 채귀 중에는 도저히 저항할 수 없게 돈이 많고 힘이 아주 센 종류도 있었고, 공권력의 탈을 쓴 것도 있었다. 1929년 가을 추수기에 이 채귀들은 가난한 조선 농민들을 땅에서 한꺼번에 내쫓기도 했다. 그해 10월 동아일보는 경북 상주군의 농가가 추수기임에도 불구하고 "바쁜 기색이 조금도 없고 쓸쓸하여지며 남부여대하고 삶의 길을 찾아 방향 없이 떠나는" 사람들이 속출하고 있다는 보도를 했다. 이 소작농들은 1928년에 닥친 미증유의 가뭄 때문에 흉년을 맞고 "다만 내년의 농사만 믿고 여러 가지로 고변 대금을 하여 굶주린 처자들을 구하여오다가" "설상가상으로 금년 역시" 소출이 좋지 못해, 결국 짓고 있던 농사 자체를 두 해치 "비료 대금, 양식 대금 등으로 입모 차압을 당하"였다 한다. 2년 연이은 흉년과 얻어 쓴 빚 때문에 올해 지은 농사는 미리 차압 대상이 되어 "나락 한 이삭 만져보지 못하"게 됐다는 것이다.[47] 빚 대신 농사지은 논의 나락 자체를 뺏고 유랑걸식하게 만든 채귀는 물론 법의 힘으로 그렇게 했을 것이다.

일제 말의 금융자본주의와 자살 1 : 투기와 죽음충동

이는 중간층 이상의 30~50대 남성이 사업과 투자 혹은 투기 실패에 따른 전락轉落과 책임감을 견디지 못해 자살하는 경우다. 근자에도 물론 우리는 금융 불안으로 야기된 (중소)기업의 연쇄부도

자살과 '경제' 그리고 자살의 '식민지 근대'

나 주가폭락 때문에 중소기업의 '사장님'들이나 젊고 유능한 화이트칼라 계층의 남성이 스스로 목숨을 끊는 일을 목격한다. 경제 위기 상황에서의 기업 부도율과 주가지수는 자살률과 통계적으로 연관성을 갖고 있을지 모른다. 그러나 단지 위기 상황에서만이 아니라 자본주의 경제 자체가 투기를 자신의 한 본질로 삼고 있다는 점, 그래서 '사업'과 '투자' 같은 '정상적인' 경제행위들도 언제나 높은 '리스크'를 내포해, 매일매일 패배자들을 만들고 그중 어떤 인간들을 자살하게 한다는 점을 기억해야 할 것이다.

물론 일제강점기에도 그러했다. 1920년 7월 19일 평안남도 진남포 후포리에 살던 김정민이 투신자살했다. 그는 "진남포의 유수한 청년 실업가로 현재 상업회의소 상무위원 창고회사 취체역 신일조합 이사"뿐 아니라 청년회 회장으로 "인망이 많은" 34세의 청년이었다. "전황의 여파로 큰 빚에 졸리다 못하여 번민한 나머지" 자살했던 것이다. 1931년 5월에 목을 매 자살한 강성필도 마산 어시장에서 한때 상당한 성공을 거뒀던 사람이었다. 그러나 1929~30년의 "경제공황은 그의 상로에 크나큰 타격을" 주었고 다시 "과거의 지반을 만회할 수 없게 됨에 이것을 극도로 비관하고 삼사차나 자살을 도모하"던 끝에 다시 목을 맨 것이라 한다.[48]

그리고 '전황'이라 불린 불황이나 공황의 상황에서만이 아니라, 일상화된 투기와 고위험 사업이 식민지의 인간을 위협했다. 자본주의적 개발이란 원래 다 그런 것인가? 일제가 조선에 이식한 자본주의도 '카지노 자본주의'의 성격을 갖고 있었다. 일제 시기 내

자살론: 고통과 해석 사이에서

내 황금광, 토지 투기, 미두 등 일확천금을 벌어 순식간에 졸부가
탄생하는 신화와 투기 때문에 인생 자체를 망쳐버린 군상의 이야
기가 공존했다.[49] 조선일보 방씨 왕국을 만든 방응모, 매일신보를
운영했던 최창학 같은 졸부들은 대표적인 '로또 인생'이었다. 그러
나 그런 성공은 이름 없이 무덤으로 간 수없이 많은 '루저'들의 더
미 위에 쓰인다. 그것은 자본주의의 법칙이다.

소설가 채만식의 『탁류』(1937~38년)는 물오른 식민지 자본주의
의 잔혹상을 정밀하게 그린 소설로 유명하다. 특히 이 작품은 군산
에 있던 조선 유일의 미두 투기장을 무대로, 그 주변의 조선인들이
어떻게 금융자본주의의 독毒 때문에 타락하고 죽는지 생생하게 그
렸다. 오늘날의 주식선물투자에 비견될 수 있을 이 공인된 노름판
은 인생 실패자들을 양산했다. 소설 전반부부터 등장하는 정주사와
고태수라는 두 사내는 각각 자살충동에 휩싸여 있다.

군청 서기였다가 몰락한 소시민으로서 미두판의 하바꾼으로 전
락한 중늙은이 정주사는 그야말로 '잉어 인간'이다.* 그의 몰락은
"숙명적 코스대로"다. 그는 얼마 없던 밑천마저 다 털리고 부인의
바느질삯이나 친구한테 뜯은 1~2원마저도 하바에 쓸어넣어야 하
는 심각한 중독 상태에 있다. 거기다 다른 젊은 투기꾼들에게 온갖
멸시를 당하면서도 미두장을 떠나지 못하는 인간 빈대다. 그의 행

태와 심리 상태는 다음과 같이 묘사된다.

하바를 할 밑천이 없으면 혹은 개평이라도 뜯어 밑천을 할까 하고, 미두장엘 간다. 그렇지 않더라도 먹고 싶은 담배나 아편의 인에 몰리듯이 미두장에를 가보기라도 않고서는 궁금해 못 배긴다.

정주사도 어제오늘은 달랑 돈 십 전이 없으면서 그래도 요행수를 바라고 아침부터 부옇게 달려나와 비잉빙 돌고 있었다. (…) 정주사는 마침 만조가 되어 축제 밑에서 늠실거리는 강물을 내려다본다.

그는, 죽지만 않을 테라면은 시방 그대로 두루마기를 둘러쓰고 풍덩 물로 뛰어들어 자살이라도 해보고 싶은 마음이다.

젊은 녀석한테 대로상에서 멱살을 따잡혀, 들을 소리, 못 들을 소리 다 듣고 망신을 한 것이야 물론 창피다. 그러나 그러한 창피까지 보게 된 이 지경이니 장차 어떻게 해야 살아가느냐 하는 것이, 창피고 체면이고 다 접어놓고, 앞을 서는 걱정이다.

"어린 자식들을 데리고 어떻게 살아가나?"

이것은 아무리 되씹어도 별 뾰족한 수가 없고, 죽어 없어져서, 만사를 보지 않고, 듣지 않고, 생각지 않고 하는 도리뿐이다.

미상불 그래서 정주사는 막막한 때면,

"죽고 싶다."

"죽어버리자."

이렇게 벼른다. 그러나 막상 죽자고 들면 죽을 수가 없고, 다만 죽자고 든 것만이 마치 염불이나 기도처럼 위안과 단념을 시켜준다. 이러한 묘리를 체득한 정주사는 그래서 이제는 죽고 싶어하는 것이 하나

자살론: 고통과 해석 사이에서

의 행티가 되어버렸던 것이다.

만약 오늘날의 정신과 의사가 정주사의 증세를 진단한다면 그는 아마도 '자살 고위험군'에 속할 것이다. 그는 만성적 우울과 자기 모멸 상태에 있고, '미래'에 대해 막막해하며 특히 입버릇처럼 '죽고 싶다'고 되뇐다. '자살생각 척도Scale for Suicide Ideation' 검사에서도 얼마나 자주, 그리고 구체적으로 자살생각을 하는지가 중요한데, 정주사는 이미 상당히 심각한 상황에 있다.

『탁류』 초반부의 또다른 주인공인 태수는 상업학교를 나온 20대 은행원이다. 홀어미가 키운 '얼굴 하얀' 모범생이었던 그는 식민지 자본주의의 마굴이 있는 군산 지점에 전근을 오게 된 후부터 인생을 망치기 시작한다. 미두와 유흥에 빠져 빚을 지게 되고 급기야 은행 고객의 돈을 횡령한다. 금액은 무려 1천8백 원으로, 감당할 수 있는 액수가 아니다. 그래서 늘 불안과 걱정을 머릿속에 두고 살지만, '될 대로 되라'는 심성이다. 빌각되어 잘못되면 주어버리겠다는 데까지 "막가는" 마음이다. 그래서 "늘 입버릇처럼" 자살을 말한다. 작가는 다음과 같이 '우울'하면서도 충동적이며, 자기파괴적인 심리 상태를 탁월하게 그리고 있다. '소설'이 아니면 불가능한 파악이다.

이어 시간이 다 되자, 태수는 사무상 앞을 걷어치우고 은행을 나섰다. 그는 걱정에 애를 못 삭여 짜증이 났다. 누가 보면 어디 몸이 아프냐고 놀랄 만큼 이맛살을 잔뜩 찌푸리고 몸에 풀기가 없다.

그러나 그것도 잠깐이요 기색은 도로 평탄해진다. 그는 무엇이고 오래 두고는 생각하거나 걱정을 하질 않는다. 또 그랬자 별수가 없는 것을 그는 잘 알고 있다.

"걱정하면 소용 있나? 약차하거던 죽어버리면 고만이지!"

그는 혼잣말로 씹어 뱉는 것이다.

그는 일을 저지른 후로 요즈음 와서는 늘 이런 막가는 마음을 먹는다. 그러고 나면 걱정이 되고 속 답답하던 것이 후련해지곤 하던 것이다.

일을 저질렀다는 것은 다름이 아니라, 항용 있는 재정의 파탈로, 남의 돈에 손을 댄 것이다. (…) 백석이가 다른 은행으로 거래를 옮기리 어쩌리 하는 소문이 들렸다. 만약 그러는 날이면 예금한 것을 한꺼번에 모조리 찾아갈 것이요, 따라서 태수가 손댄 일천팔백 원이 비는 게 드러날 것이다. 동시에 그날이 태수는 끝장을 보는 날이다.

태수는 어디로 도망을 가거나, 또 늘 입버릇같이 되뇌던 자살을 하거나, 두 가지 외에는 별수가 없다.

"모든 것을 끝장내버리는 게 얼마나 쉬울까 생각했다" "죽어버리면 모든 문제가 해결될 것이라고 생각했다"는 등의 자포자기 상태 또한 자살생각 척도에서 중요한 항목이다. 태수의 심리 상태는 정주사보다 더 공격적이다. 그의 자살생각은 범죄 심리와 동전의 양면을 이루는 자기파괴충동에 가까운 것이다. 아니 이미 자기파괴의 길에 들어서서 멈추지 못하고 있다. 우울과 자기파괴충동, 도덕적 붕괴는 합력으로 강력한 문제상황을 구성할 터이다. 태수는 자살하지 않지만, 결국 살해당해 비참한 최후를 맞는다.

채만식은 고향인 군산의 미두장 주변에서 고태수나 정주사와 흡사한 실제 인물들을 많이 목격했을 것이다. 식민지 조선이 기른 지극히 정상적이고(?) 멀쩡한 중간층의 인간들이 어느 날부터 투기에 빠져 죽음의 길로 간다. 1927년 3월 29일 군산 앞바다에서 50세가량의 남자 시신 하나가 발견됐는데, 인근 충남 서천군 화양면에 살던 최만영이었다. 그는 서천군에서 상당한 재산가로 이름이 있었는데 미두장에 다니면서 재산을 탕진했던 것으로 알려져 있었다.[50] 1931년 9월 13일 군산공원에서 자살한 34세의 청년 김진학도 미두에 실패한 후 세상을 비관하고 목을 맸다 한다.[51]

'하바꾼' 같은 미시경제 주체가 선물거래소를 통해 생겨나는 일, 그리고 투기와 카지노 자본주의 덕에 그런 마음을 가진 자들이 출현하는 일은 물론 '식민지 근대' 이전에는 없던 일이다. 상존하는 투기와 그로 인한 좌절이야말로 '근대'의 징표인 것이다. '사농공상'의 이데올로기와 성리학이 지배하던 조선시대에도 부동산 투기나 주식 같은 게 있었던가. 그리고 그런 일에서의 실패로 죽어야겠다고 마음먹은 이들이 있었는가.

일제 말의 금융자본주의와 자살 2: 위기를 넘기는 구보씨

식민지 조선에는 전근대적인 부조 및 사금융 제도가 일제가 만든 새로운 공적 금융 시스템과 병존했다 한다. 서민과 중소상인 들은 공금융기관에만 의지하기 어려웠기 때문에 공동체적인 상호부조를 위한 계 등의 조직을 활용했다. 특히 여전히 생산과 소비가 미분화된 상태에 있던 농촌에서는 고리채와 계 조직이 전통적

자살과 '경제' 그리고 자살의 '식민지 근대'

인 현물경제를 기초로 정착해 있었다 한다. 그러나 그와 '동시에' 1930년대에 이미 식민지 조선의 근대적 금융기관 보급률은 당시 서구 선진국에 비견될 만한 정도였으며, 국민소득에서 금융자산이 차지하는 비중도 1970년대 한국 수준이었다.[52] 제국의 힘이란 놀랍다. 식민지 자본주의가 '발전'하면서, 대부와 '금융기법'도 따라 발전했을 것이다. 따라서 빚 졸림의 방식도 더욱 복잡해지고 체계화됐을 것이다.

1941년에 발표된 박태원의 소설 「채가債家」(『문장』 3권 4호, 1941년 4월)[53]에 바로 이런 현실이 반영되어 있다. 서울의 중산층 가족이 집을 사면서 겪는 이야기가 세밀하게 그려져 있는데, 발전한 금융자본주의 시스템[54]과 그에 적응해 살아가는 중간층의 윤리적 태도가 무엇인지 잘 보여준다. 이를 앞의 푼돈을 빚져 채귀가 된 민중들의 사건과 비교해볼 필요가 있다.

소설 속 구보('나')는 지금의 서울 성북구 돈암동인 돈암정에 빚을 얻어 집을 짓게 되는 바람에 곤경에 처하게 된다. 집에 대한 구보의 소유욕은 단순한 것이 아니었다. 투기욕이었다. 그것은 자본주의가 '땅'을 투자의 대상으로 만들고, 자본의 국가적(혹은 무정부적) 운동이 그 자체로써 개인들을 자본의 포로로 노획하는 과정에서 양성된 새로운 형태의 소유욕망이다. 이런 종류의 욕망은 경작자(농민)들이 가진 원초적인(?) 토지 소유욕과는 유가 다른 것이다. 이 욕망은 언제 생겨나 '개발'되었던가?[55] 식민지의 땅 전체가 '신흥'하던 제국주의 자본의 좋은 먹이이자 배양지였다는 점과 식민지 조선을 휩쓸던 개발 붐과 금광열을 생각하면, 「채가」의 경우는

어쩌면 '투기' 축에 끼지도 못하는 것일 수도 있겠다.[56]

그런데 '구보'를 앞세운 박태원 소설이 흔히 그렇듯, 소설 속의 일들은 고스란히 작가 주변에서 실제로 있었던 일에 가깝고 현실성이 높다. 1930년대 후반 서울의 집값은 크게 오르고 있었다.[57] 급격하고 전반적인 통화팽창, 물가앙등과 함께, 전시경제의 거품이 경제 전반에 퍼지고 있었던 것이다. 1940년의 서울 부동산 가격은 1936년에 비해 무려 두 배였다. 특히 구보가 집을 짓기로 한 돈암동은 1930년대 말, 일제가 수립한 소위 '대경성건설계획'의 '토지구획정리사업'의 한 지구로서 선정되어 '개발 혜택'을 본 지역이었다. 돈암동은 인구 5만 호 규모의 '교외 주택'과 전차·버스 노선의 연장과 수도시설 정비 등의 기반시설도 갖추게 될 "대경성도시계획의 선발대"[58]였다.

그런 상황에서 구보의 집 짓기가 애당초 '투기'였던 것은 집을 지을 만한 '여유자금'이 충분하지 않았기 때문이다. 그래서 우선 3분의 1의 사금으로 공사를 시작하고, 상량할 때 주기로 한 3분의 1의 중도금은 "사방팔방으로 주선한 끝에, 두 푼 오 리나 주기로 하고, 사사변을 얻어다 어김없이 갖다 바쳤다". 즉, 월 2.5%(연 30%)나 되는 고금리의 단기사채를 썼다는 것이다. 그리고 곧 준공이 다가와 다시 나머지 공사비 잔금을 줘야 했다. 역시 자금이 부족하자, 구보는 완성돼가는 집을 은행이나 조합에 저당잡혀 공사 청부업자에게 나머지 공사비와 중도금 대출금을 갚기로 한다. 애초에 "매간 칠백 원 팔백 원씩이나 하는 명륜정 같은 동리와는, 우선, 지리적으로 함께 칠 수는 없겠지만, 아무리 들고 나더라도, 설마하니 육백 원이야 못 받겠느냐"는 막연한 심리가 있기도 했지만, 사정이 급했기 때문이다. 흥미롭지 않은가? 돈을 다 갖고 있지 못해도, 신용과 분할 거래로 부동산을 소유할 수 있다. 집을 사본 적 있거나 대출을 받아본 이들은 그런 절묘한 금융제도가 복잡하고 정교하게 짜여져 있다는 사실을 경험해봤을 것이다. 그럴 때 자본은 우리로 하여금 뭔가를 저당잡히게 한다. 바로 우리의 미래다. 미래에 우리가 벌 돈, 살아가는 방법, 생각 그 자체를 저당 잡는다. 집을 사면 우리는 부동산 소유자 또는 빚 있는 자로서 세상을 살고 판단하게 된다.

그러나 결정적인 문제가 생겼다. 하필 그때 은행과 조합의 대출 창구가 당국의 경제 통제정책에 의해 닫혀버린 것이다. 그래서 구보는 당황하여 "사면으로 돌아다니며 비럭질을 하다시피 하여서 푼 육 리에 사사변을 또 얻어다가, 가까스로 청부업자에게 끝전을 치"렀다. 이제 대출 규모는 4천여 원에 이르고 이자도 "한 머리는 푼 육 리, 또 한 머리는 두 푼 오 리" 즉, 얼마쯤의 돈은 1.6%(연 19.2%)로, 다른 덩어리의 빚은 2.5%(연 30%) 이자로 빌렸다는 것이다. 그래서 "암만 잘 받고 이 집을 팔아버린다 하더라도 별로 떨어질 돈이 없기는 고사하고, 까딱 잘못하였다가는 들여놓은 본전도 성하게는 건지지 못할 모양"(「채가」)이 되었다. 이자와 비용이 과대하여 '투자'의 의미 자체가 훼손된 것이다. 곧 4천여 원의 원금을 갚아야 할 날짜가 또 다가온다. 그야말로 빚의 악순환이 본격화된 것이다. 그는 아예 집을 팔아버리고 "부채를 청산하고, 좀더 건전한 생활의 설계를 하"리라 굳게 결심한다. 그러나 이때 부동산 경

자살론: 고통과 해석 사이에서

기가 죽어 있어 집을 팔 수도 없었다.[59] 마치 오늘날의 현실을 보는 것 같지 않은가?

한데 이 같은 상황에 대한 '나'의 대응은 놀라운 것이다. 빚 갚기가 용이하지 않자 '돌려 막기'를 결심했기 때문이다. 이렇게 무리한 행동이 가능했던 것은, "토지 경기의 시대적 광열狂熱"[60]이 만들어낸 행동양식이자 시스템의 산물일 테다.

(소)시민이자 양식 있는(?) 인텔리들도, '투자'와 '대출'에 합리적인 수준 이상으로 과감할 수 있었고 빚을 빚으로 갚는 금융자본주의가 이미 식민지 조선에 자리잡고 있던 것이다. '나'는 브로커의 소개를 받아 집을 저당잡히고 다시 "서 푼 구문, 푼 오 리 이자에 오천오백 원을 얻어 쓰기로" 했다. 그래서, "선변 떼고, 구문 주고, 인지대, 대서 비용, 모두 제한 나머지, 오천이백 원도 옳게 남지 못한 돈을 품에 지니고 집으로 돌아오는 길에, 나의 마음에 가득한 것은, 육 개월 뒤에 갚기로 되어 있는 오천오백 원의 본전보다도 오히려 딩징 내월부디 디달이 치러야만 할 이자 팔십이 원 오십 전에 대한 걱정"(「채가」)이었다. 즉, 돈을 얻는 데는 성공했지만, 개월당 1.5%로 원금 5500원에 대한 이자 82.5원을 매달 물어야 하는 상황은 공포와 불안이었던 것이다. 오늘날이면 2, 3백만 원의 돈이다. 우리의 구보씨는 '하우스푸어'가 될 지경에 처했다. 자본은 도시 (소)시민의 욕망을 양성하고, 다시 그것을 이용해 제 몸집을 불린다. 대출이자란, 그리고 수수료(구문)와 선이자 같은 '금융비용'이란 자본이 개인에게 일반적으로 부과하는 경제행위에 대한 비용이다. 이를 약자가 지불하는 구조가 금융자본주의의 행태다. 그런데

자살과 '경제' 그리고 자살의 '식민지 근대'

그마저 정상적인 상황이 아니다.

그러니까 구보가 무리한 '내 집 마련'(≒투기)에 나서고 그로 인한 마魔의 금융자본주의 매트릭스 속으로 들어가게 된 직접적인 이유는, 일제의 경제정책과 거시적인 경제변동에 휩쓸린 때문이다. '내 집 마련'이라는 도시 (소)시민의 욕망은 총자본의 '도시화' 정책과 금융자본주의의 운동 상황에 적절히 편승할 수 있는가에 따라 실현될 수 있다. 과연 여기에 제대로 편승할 수 있는가 하는 점은 (소)시민이 가진 '자본'(경제자본 자체)의 한계가 일차적이지만, 그뿐만 아니다. 대출자금을 빌릴 수 있는 네트워크와 경기변동과 총자본의 정책을 읽을 수 있는 정보력 등으로 구성된 상징자본도 문제가 된다. 구보는 이에 실패해 거액의 비용을 지불하고 있다. 그것은 당장 고율의 이자(1.5%×12개월=연 18%)로, 그 자체가 '가정 불행'의 원인이자 존재 자체를 위협하는 것이다.

> "우리에게 빚만 없더래두…… 다달이 팔십이 원 오십 전씩 내는 것만 없더래두…… 우리들의 살림살이는, 얼마나 재미날 수 있을 것인가?"

이는 기실 일제의 경제정책들 사이의 모순과 실패 탓이다. 일제가 1930년대 중반 이후 경성부에 수립한 제반의 도시개발계획은 결국 제대로 실현될 수 없었는데, 전시의 자금난 때문이었다.[61] 제국주의는 위기를 구보 같은 개인에게 전가하고 있는 셈이다. '투기열'과 일상화·제도화된 탐욕은 그런 개인 중에서 일부가 기꺼이 금융자본주의의 '부후腐朽함'과 '정부 실패government failure'의 희생양이 되게끔 한다.[62] 탐욕-불안-공포의 연쇄 회로가 이미 짜여져, 자기가 희생양이 될 수도 있다는 사실이 널리 알려져 있는데도 '설마' 하면서 부나방처럼 욕망을 향해 뛰어든다. 그리고 어떤 사람들은 정말 희생양이 된다. 그것이 자본주의의 법칙이다.

앞에서 말한 대로 '가계부실지수'가 엄청나게 높아져 가정의 행복 자체가 위협받는 지경에 왔다. 그러나 구보는 무척 괴로워하면서도 파탄 지경에 이르지는 않는다. 무엇보다 아내와 두 딸이 있고, '정규직'은 아니지만 식민지 인텔리이자 유명한 작가로서 그는 꽤 만만치 않은 고정적 수입이 있었기 때문이다.

그리고 결정적으로 그는 와타나베라는 일본인 사채업자에게서 돈을 빌리는 데 성공해 위기 국면을 벗어난다. 그것은 그가 일본인 사채업자를 만날 수 있고, 또한 능숙하게 일본어를 할 수 있었기 때문이다. 즉, 그는 학력자본과 인적 네트워크로 난관을 이겨나가는 것이다. 만약 그에게 이런 '도덕경제'적 능력이 없었다면 어떻게 됐을까? 엄청나게 많은 공사비와 이자만 물고 결국 그의 집은 경매로 넘어갔을 것이다. 그리고 '불안'이 가정의 평화를 박살냈을지도 모른다.

이상에서 살핀 것처럼 '자살의 식민지 근대'는 경제 문제에서 뚜렷한 계기를 형성하고 있었다. 그것은 식민지 경제에서의 식민지인들이 처한 무無 주권과 비주체의 상황, 그리고 임금·고용에서의 극심한 인종적 불평등과 일상화된 생활난, 그리고 투기적 개발을 배경으로 한 것이었다. 또한 일제가 추진한 조선의 공업화는 지속적인 농촌 인구의 하강 분해와 자본주의적 양극화를 야기했다. 이런 상황은 식민지 조선의 경제가 양적으로 조금씩 '성장'했다는 사실과 전혀 배치됨 없이 병진됐던 것이다. 굳이 수탈론 따위를 따르지 않더라도, 식민지 조선의 '경제'는 풍요와 성장 혹은 '근대화'보다는, 빈곤과 죽음, 무권리와 불평등, 아니면 동원과 착취 같은 키워드에 여전히 더 잘 연결된다. 그것은 경제(학)주의이나 실증주의적 사시邪視가 아니라, '평범한 조선 사람'의 입장에 설 때 더 분명해진다.

자살론: 고통과 해석 사이에서

3

자살률을 낮추는 한 가지 방법

1997년 IMF 경제 위기와 2000년대 이후 '경제'에 관여된 개인의 고통이 심각해지고 자살률이 매우 빠르게 높아지면서, 자살과 '경제'에 대한 관심이 더 높아져왔다. 소득 불평등과 경쟁의 심화가 직관적으로 생각해볼 수 있는 '원인'일 텐데, 성장은 둔화되고 급격히 고령화되는 고도화된 자본주의 사회에서 자살을 어떻게 볼 것인가는 그야말로 첨예한 이슈가 아닐 수 없다.

한국이 1990년대 이후 이른바 고성장사회에서 저성장사회로 전환되면서 자살률이 급격히 높아졌다는 주장도 있다. 출산률이 낮아지고 고령화사회가 되거나 혹은 여성의 노동시장 참여가 확대되면서 자살률이 높아진 것은 세계 여러 다른 나라들에서 관찰되는 '추세'라는 것이다. 그러면서 현재 한국의 높은 자살률이 선진국화

자살과 '경제' 그리고 자살의 '식민지 근대'

하는 길에서 발생하는 일종의 '성장통' 같은 것이라 주장했다.[63] 성장통이라면 그리 나쁜 게 아니지 않은가. 상당히 위험하고 잔인한 관점이다. 믿을 수 없는 '선진국' 기준에 경제(학)주의가 작용한 것이다. 이런 관점은 자살의 책임을 개인에게 귀속시키거나 '어쩔 수 없는 것'이라 간주하는, '경제'가 인간보다 우선인 시장근본주의적인 시각과도 상통한다. 그리고 결코 모든 고도 자본주의 사회에서다 자살률이 높은 것은 아니며, 한국이 개발도상의 고성장사회일 때도 자살률이 높았다는 사실 자체를 몰각한 주장이다.

자살과 경제 문제의 '최종심급'에도 결국 '정치'가 있을 것이다.[64] 물론 정치가 모든 것을 할 수 없지만, 이제까지의 논의를 통해서도 한국의 자살률을 낮추는 손쉬운(?) 방법 하나를 도출할 수 있다. 허두의 일본변호사협회 회장이 제안한 그대로다. 소상공업자와 개인에 대한 대출 규모와 이자율을 낮추고, 대부금의 추심 방법을 바꾸면 된다. '금융'을 규제해 자본이 힘없는 개인을 상대로 하는 돈놀이를 자제시키면 된다. 만약 강원랜드가 없다면, 주식시장 같은 공인된 도박판이 없다면, 아니 불법·편법 대부업이 없다면 거기서의 개인들의 투기를 국가가 지금과 다르게만 관리한다면 어떻게 될까? 최소 매년 수십 건의 자살을 막을 수 있지 않을까? 과연 한국에서 그것을 누가 할 수 있는가? 그것을 할 수 있는 정권은 어디에 있을까?[65]

자본주의 사회에는 사금융과 투기가 존재하기 마련이다. 그래서 공권력과 국가적 기관이 어떤 이자율과 태도로 돈을 융통하고 투기를 관리하는가도 결정적으로 중요하다. 그것은 어쩌면 우리 사

자살론: 고통과 해석 사이에서

회의 '윤리'나 '문명'적 상황을 결정하는 중대한 요인일 수도 있다. 왜냐하면 사금융은 이자율에 있어서나 추심방법에 있어서나 상상할 수 있는 가장 잔혹한 방법을 사용할 수 있기 때문이다. 그것은 규제받지 않을 경우 아주 쉽게 '문명'과 '사회'를 벗어난다. 〈황해〉도 좋고 〈화차〉도 좋다. 사금융과 조직폭력의 연관을, 그리고 인신매매와 신체포기각서에 관한 이야기들을 떠올려보자. 따라서 국가가 관장하는 공적 금융이 중소상인이나 서민들에게 관대할수록, 좋은 사회가 될 것이다. 하지만 일제강점기 이래 한국사에서 고리대금업이 문제 되지 않은 때는 단 한 번도 없다. 한반도의 공권력은 대부분 고리대금업을 방치하거나 보호했다.

오늘날 '1%를 위한 자본주의 극복'이라는 정당한 구호가 외쳐진다. 하지만 너무 추상적이다. 대기업과 조폭이 운영하는 합법(!) 사채업체가 있는 한 그렇다. 또한 천문학적 규모의 가계부채가 있는 한 그렇다. 가계부채가 '한국 경제의' 시한폭탄이라는 걱정이 많다. 제대로 된 걱정일까? 경제(학)주의적 관점일 뿐이다. 감당하기 어려운 가계부채는 가정 파탄과 자살의 시한폭탄 같은 것이다. 한국 경제가 폭탄을 맞기 전에, 이미 부채의 폭탄을 맞았거나 지금 당장 '채귀' 때문에 고통과 해체를 겪는 가족들이 적지 않을 것이기 때문이다.

6장

정신질환과 자살
: 식민지 조선의 정신착란과 신경쇠약

1

'정신착란에 의한 자살'

대부분의 현대 자살학은 '이상심리'와 정신질환을 자살의 '이유'로 간주한다. 그 근거가 되는 것은 정신의학 담론이다. 서구 정신의학은 우울증, 경계성 인격장애, 조울증 등의 유병자들이 자살률에 관한 통세사료를 통해 정신질환과 자살의 유관성을 '과학적으로' 확정하려 한다. 그것이 자살학의 유력한 축이 돼왔다. 그런데 문제는 정신의학의 지식과 담론 자체가 불변의 진리가 아니며, 정신적 장애나 자살생각과 싸우는 유일무이한 방편도 아니라는 점이다.

우울증에 관한 세계적인 명저라 할 만한 『한낮의 우울 *The Noonday Demon*』을 보면, 가장 합리적인 미국인인 동시에 지성적인 작가인 앤드루 솔로몬 Andrew Solomon이 자신의 우울과 자살충동과 싸우기 위해 온갖 방편을 다 취하다가, 아프리카 무속에 연원을 둔 부두교 의례에 도움을 받는 이야기가 나온다. 이런 종교적 의례는 흔히 '미신'으로 간주되지만, 결코 심리적 효과가 없는 것은 아니다. '마음의 병'이 귀신 들린 것 때문이 아니라고 누가 확증하겠는가? 한국이든 미국이든 점집들이 여전히 융성한 것이 이에 대한 증거의 하나이리라.

정신병이 과학의 영역에 들어오기 전에, 그리고 서구 정신의학이 사회를 장악하기 전에, 정신질환은 조선의 민속에서는 귀신이 일으킨 것으로 간주되었고, 그 치료도 당연히(?) 무격巫覡의 일이었다. 특히 정신질환에 걸린 사람을 치료하는 방법으로 복숭아 나뭇가지로 환자의 몸을 때리며 경을 외는 것이 특효 처방으로 여겨졌다. 예로부터 동쪽으로 난 복숭아 나뭇가지는 신험이 있는 것으로 간주되었기 때문이다. 1910~20년대 조선 전역에서 그런 민속이 발견되었던 모양이다. 조선총독부 촉탁 민속학자 무라야마 지준村山智順의 『조선의 귀신朝鮮の鬼神』에는 무당 등이 축귀를 위해 정신질환에 걸린 사람을 복숭아 나뭇가지 따위로 때리다가 숨지게 한 일들이 여럿 보고돼 있다. 이를테면 1924년 11월 경북 영덕군의 배상일 등은, 22세의 김도암이 수년 전부터 앓아오던 정신질환을 고쳐준다며 수족을 묶고 때리다 숨지게 했다.[1] 이 같은 전통사회적 상황과 유입된 서구 정신의학은 식민지 조선에서 계속 공존했다.

그런데 정신의학 자체가 늘 변해왔다는 점은 짚고 넘어갈 만하다. 정신의학이 '과학'으로서 의학 내부의 독립적 분과가 된 역사는 150년을 넘지 않으며, 지난 100여 년 사이에 정신의학은 언제나 이데올로기와 자본, 그리고 자연과학과 인문사회과학의 담론

자살론: 고통과 해석 사이에서

들 사이에서, '유사과학'화와 힘겹게 싸워왔다. 물론 자기 자신과
도 싸워온 것이며 앞으로도 그럴 것이다. 정신질환들의 진단명 자
체가 달라져왔고, 환자를 대하고 치유하는 패러다임과 방법론 자
체도 계속 변해왔다. 이를테면 20세기 중반까지 정신질환자의 뇌
일부를 잘라내는 전두엽 절제술이나, 전기고문과 비슷한 방법으로
행해진 전기충격요법 같은 치료술도 정신의학의 이름으로 시행되
었었다.[2] 물론 그 방법들은 일정한 '효과'가 있었다. 한국에서 '신
경정신과'가 '정신건강의학과'로 공식적으로 명칭이 변경된 것은
불과 4년 전의 일이다.[3] 진단과 치료의 패러다임이, 혹은 그것과
상호작용하는 사회적 환경이 계속 바뀌었다는 것이다.

'정신병'들 중에서 특히 신경쇠약은 19세기 말에서 20세기 전반
까지를, 우울증은 20세기 말부터 지금까지를 각각 대표하는 진단
명이자 정신질환 담론의 패러다임이다. 이런 패러다임의 생산지는
물론 미국을 위시한 서구 '선진국'이다.

자살과 관련된 정신질환도 마찬가지다. 앞서 4장에서 제시한
표6에서 보듯, 일제 경찰이 자살 '원인'이라 지목한 정신의 장애
는 두 가지, 즉 '정신착란'과 '우울'이다. '우울'은 일제시대 평균
'자살 원인'의 2% 이하로 매우 빈도수가 낮다는 사실을 알 수 있
다. 모든 자살자가 우울증 환자로 분류되다시피 하는 오늘날과는
사뭇 큰 차이가 있지 않은가?

정신질환과 자살: 식민지 조선의 정신착란과 신경쇠약

정신착란과 죽음

일제 경찰은 1910년에는 평균 27.31%, 1930년에는 15.1%에 이르는 자살 사건에 대해 '정신착란'이라는 설명을 사용했다. 몇 가지 의문을 불러일으킨다.

'정신착란'이란 무엇인가? 과연 당시의 조선인 중에는 실제로 '정신착란자'가 많았을까? 아니면 이는 '실제'와는 거리가 있는 어떤 표상화의 양상을 보여주는 것일까? 단지 원인을 분류하기 어려운 사건을 여기 몰아넣은 것은 아닌가? 그런데 왜 오늘날에는 '정신착란에 의한 자살'을 찾아보기 힘들까?

우선 일본 '내지'의 경찰과 자살학 서적이 자살의 '원인'으로 '정신착란'이라는 단어를 쓰고 있었던 점을 밝혀둔다.[4] 하지만 매년 수백 명의 '정신착란에 의한 자살자'가 보고되고 있었음에도 매일신보, 동아일보 등 일제강점기의 조선 언론은 '정신착란'이라는 말을 그리 자주 사용하지 않았다.[5] 조선인들 사이에서 '정신착란'은 일상적인 단어가 아니었던 것일까? 이런 차이는 일제 공권력과 조선인 사회의 자살 표상의 차이이거나, 인간 정신 상태에 대한 제국과 식민지인 사이의 기술 방법의 차이일 수도 있다. 예를 들어보자. 1925년 총독부 경찰은 263명의 조선인이 정신착란 때문에 자살했다고 통계보고했는데 그해 동아일보에서 정신착란("정신에 착란"도 포함)이라는 술어가 사용된 기사는 불과 6건이다. 1925년은 1920년대 전체에서 동아일보가 가장 자주 '정신착란'을 사용한 경우에 해당한다. 그 기사 가운데서도 '정신착란'은 자살 사건을 보도하면서, 특히 경찰 통계를 인용한 기사들에서 사용되었다.[6]

1925년 6월 개성에 살던 16세의 젊은 여성 김귀례가 기차에 뛰어들어 자살한 사건에 대한 보도 기사는 구체적인 사례를 들어 정신착란과 자살을 연관시킨 보기 드문 예다.

기사만 보면 '원인'에 의혹이 있을 만한 사건 아닌가? 죽은 여성은 남편이 경찰 공무원 시험에 불합격한 날, 갑자기 "정신에 착란"이 생겨 집을 나가고, 달리는 기차에 뛰어들어 자살한 시체로 발견됐다. 기사의 제목은 "시형학대媤兄虐待로 자살. 생활난도 심하야"다. 적어도 세 가지의 '문제상황'이 복합돼 있다. 평소에 시아주버니와의 관계가 안 좋았고 생활고도 심했다. 그리고 여기에 '정신착란'이 겹쳤다. 이 기사는 기자의 현장 취재 또는 경찰서 취재를 통해 작성됐을 것이다. 왜 기자는 그중 '정신착란'이 가장 중요하다 봤을까? 그리고 왜 경찰 관리는 이 자살 사건을 보고할 때 '정신착란에 의한 자살'이라 요약하고 정리했을까? 유서가 남지 않아 '원인'을 정확히 알 수 없는 자살 사건이나, 돌발적이고 충동적인 어떤 행위에 '정신착란'이라는 술어를 부여했다는 것을 짐작해

볼 수 있다.

조선인 사회가 이 말을 잘 사용하지 않았다는 점은 다른 해에도 분명했다. 무려 279명의 조선인이 '정신착란'으로 자살했다는 1929년에도 동아일보 기사에서 "정신(에) 착란"이라는 술어가 사용된 경우는 단 1건에 불과했다. 그나마 일본 도쿄에서 일어난 한 사건을 '동경뎐보'[東京電報]를 인용해 보도한 경우였다. 이런 양상은 식민지 시대 내내 비슷한 양상을 띤다. 그렇다면 도대체 20세기 초 일제의 공권력은 어떤 경우에, 무엇을 가리켜 '정신착란'이라 일컬었을까? 그 힌트가 도쿄 경찰을 인용한 1929년 동아일보 사건 보도에 들어 있다.

이는 시골에서 도쿄로 온 청년 요시다가 수상 관저 근처에 숨어 있다가 관저에서 나오는 자동차를 습격한 일이었다. 요시다는 근처에서 근무중이던 경찰에게 바로 검거됐는데, 그가 단도를 들고 습격한 것은 수상의 차가 아니었다. 이 시골 출신의 가난한 청년은 뭔가를 크게 잘못 생각하고 또 오인한 것이었다.

> 그자는 저울 만들어 파는 직공인데 불경기로 말미암아 직업을 잃고 그 결과 정신에 착란을 일으킨 것인 듯하다는데 그가 가진 단도는 자기가 일할 때 쓰는 다섯 치가량 되는 조그만 칼이라는바 소관 고지마치[麴町] 경찰서에서는 방금 엄중 취조중이라더라.[8]

일본 경찰이 파악한 정신착란의 내용은 이 같은 것이었다. 즉 경찰은 다섯 치밖에 안 되는 작은 칼을 들고 수상의 차(라 오인한 차)

자살론: 고통과 해석 사이에서

에 뛰어든 상경 실업자의 행위가 전혀 합리적이지 않다고 생각했던 모양이다. 그 비非이성은 직업을 잃고 "그 결과" "정신에 착란"이 일어나 나타난 것이다. 이 경우의 '정신착란'은 김귀례의 경우처럼 갑자기 생긴 것이 아니라, 비교적 중장기적인 기간에 걸쳐 발병한 정신 증상이다. 따라서 정신착란은 모호하면서도 폭넓게 '비이성'을 지칭하는 용어다.

오늘날에도 사용되는 『일본국어대사전』에 의하면 '정신착란'은 "중증의 의식 장해의 총칭. 말에 조리가 없고, '의식불명한' 상태에서 횡설수설하는 등, 겉보기에도 이상한 상태를 알 수 있는 것. 착란"[9]이라 풀이돼 있다. 즉 '착란'과 동의어라는 것인데, 다시 '착란'의 뜻풀이를 보니 "헝클어지고 질서가 없는 것, 어수선한 것, 특히, 감정과 사고가 혼란한 것"[10]이라 한다. 결국 정신착란은 '감정과 사고의 혼란'이라는 폭넓은 뜻으로 사용되는 일본어이고, 이것이 식민지 시기의 조선인 자살을 표상하는 언어로 사용된 것이라 할 수 있다.

그런데 일본인들이 상용했을 뿐이거나 이제는 별로 쓰이지 않는 이 '자살 원인' 술어를 군이 살펴야 하는 이유가 또 있다. 이 단어를 포괄적으로 사용해 인간 행동을 설명하거나 '정신착란'을 자살 원인과 결부시킨 경우는 해방 이후 한국에서 많이 눈에 띤다. 특히 1970~80년대 한국 신문은 정신착란이라는 단어를 상당히 자주 썼다. 그 용례는 식민지 시대 일본 경찰의 사용례와 닮아 있다. 예를 들어 다음의 기사들을 보자. 1955년 10월과 1971년 1월에 발생한 군인 총기 자살 사건은 모두 '정신착란' 때문에 일어난 일로 설명되고 있다.

처자 총살銃殺코 자살. 정신착란이 빚은 참극(목포발).

해군장교가 지난 29일 상오 자기 부인과 어린 자식을 '칼빙'총으로 쏘아 죽이고 자기도 자살한 참극. (…) 그런데 평소 동장교는 가정적으로도 극히 원만할 뿐만 아니라 모범적인 장교로서 많은 부하들의 존경을 받고 있었던 만큼 이러한 발작적인 행동의 동기는 자세치 않으나 탐문한 바에 의하면 과거의 정신착란증으로 치료를 받은 바 있어 동 증세의 재발이 아닌가 추측되고 있다.[11]

정신착란 발작 공孔하사는 자살. 해병사海兵司 발표.

19일 상오 해병대사령부 발표에 의하면 공경열 하사는 사고를 낸 후 인근 산속에 도주, 19일 아침 8시 40분쯤 가지고 있던 M16 소총으로 자살했다. 공하사는 사고를 저지르기 바로 직전에 종류 미상의 술 두 병을 마신 후 순간적인 정신착란을 일으켰음이 밝혀졌다. 공하사는 입대 전 고아로 자라났으며 평소에 과격한 성격의 소유자로 동료로부터 소외당한 열등의식에 사로잡혀 있었다.[12]

그러나 1955년의 사건은 뭔가 오래된 정신질환을 설명하면서 정신착란이라는 말을, 1971년의 사건은 불안정과 자살충동을 대상으로 삼아 정신착란이라는 말을 사용했다. '정신착란'은 아직까지 우리말 사전에도 등재돼 있다. 그 사전적인 어의는 "급성 중독이나 전염병 따위로 말미암아 의식 장애를 일으켜 지각, 기억, 주

자살론: 고통과 해석 사이에서

의, 사고 따위의 지적 능력을 일시적으로 잃어버리는 상태(≒아멘
티아)"와 같은 '의학'용어로 축소되어 있다. 이 같은 뜻의 '정신착란
에 의한 자살'은 1993년의 대법원 판례에 등장했고 산업재해로도
공식적으로 인정됐다.[13] 광산 노동에 의한 진폐증이나 원진레이온
같은 회사에서의 이황화탄소중독 같은 병이 야기한 정신질환과 그
에 따른 자살 사이의 유관성을 대한민국 대법원이 인정한 것이다.

하지만 현재, 일상에서도 의학용어로도 이 단어는 그리 자주 사
용되지 않고 있다. 정신의학 발달이 이 단어의 쇠퇴를 야기한 것
일까? 인간이 보여주는 다양한 정신병리학적 정황에 대한 진단법,
치료술과 함께 그 언어적 재현 또한 분화하고 복잡화해왔다. 그 같
은 '발전'에 걸맞지 않은 어떤 '모호한' 단어들은 교육과 담론의 체
계로부터 퇴출돼왔을 터다. '정신착란'이 그중 하나임을 짐작할 수
있다. 예컨대 20여 년간 한국 주요 의과대학에서 교과서로 사용되
고 있는 『최신 정신의학』[14] 같은 책을 보면, '정신착란'은 정신의학
교과서에는 전혀 나오지도 않는다.

요건대 식민시 시대 일제 경찰이 수천여 식민지 조선인의 자살
에 딱지처럼 붙여놓은 '정신착란에 의한 자살'은, 100% 근거 없거
나 관료주의적 편의의 소산인 것만은 아니다. 그러나 그것은 자살
의 '원인'에 관한 매우 부정확하고 낡은 언어표상의 하나다. 논자에
따라서는 '충동적인 자살'을 인정하지 않기도 한다. 누적돼온 고통
과 자해 성향이 어느 순간 발현됐을 뿐이라는 것이다.[15]

정신질환과 자살: 식민지 조선의 정신착란과 신경쇠약

2

신경쇠약과 근대성

＼

정신의학의 발전이나 자살 담론의 분화에 의해 쇠퇴해버린 또 다른 중요한 표상어의 하나가 신경쇠약nervous breakdown 또는 neurasthenia이다. 정신착란과 달리 '신경쇠약'은 1920~30년대 조선인들뿐 아니라 세계적으로 통용된 단어였다. 그런데 오늘날 쓰인 정신의학사에 의하면 '신경성 질환'이나 '신경쇠약' 같은 말은 대표적인 유사과학용어일 뿐이다. 19세기 말 정신과 의사들이, 신체 중 '신경'에 속하는 부분의 병을 앓고 있다는 말을 하기가 '정신병'이나 '광기' 같은 말보다는 환자들에게 훨씬 더 편하게 들린다는 것을 알고, 이를 과학의 담론으로 만들었다. 신경쇠약이라는 진단명은 1869년 조지 비어드George Beard라는 미국인 의사가 사용하기 시작하면서 일반화됐다.[16] 그리하여 20세기 중반 정신과가 완전히 독립된 의학의 분과가 되고 정신분석이 대세를 잡기 전까지, 의사들 또한 정신병이든 신경증이든 모두 다 본질상 "신경에 의한 것"이라는 이 허구에 기꺼이 동참했다 한다.[17]

그런데 재밌는 것은, 이 병의 '발명'과 세계적 확산이 근대성의 경험과 그 확산 과정과 시기적으로 딱 겹친다는 점이다. 그래서 '신경쇠약'은 '근대성' 또는 '근대성'에 반응하는 정신 및 신체의 상황과 깊은 관련을 가진 언어로 인식되고 사용됐다. 조선에서도 마음[心]과 몸[身]의 가운데쯤에 있는 매개물로서 신경의 관계에 대한 인식은 1900년대에 성립됐으며, 『고목화』(1907년)나 『혈의 누』(1906~7년) 같은 신소설에서도 "신경의 손상이 정신 혼미를 초래한다"는 식의 표현이 등장했다.[18] 또한 황성신문, 대한매일신보 같은 1900년대 매체에는 '신경쇠약'이 독립적이고 명확한 단어로서 나타나기 시작했고,[19] 1910년대에는 『조선급만주朝鮮及滿洲』 같은 매체가 병으로서의 '신경쇠약'을 소개하기도 했다.[20] 그러나 조선의 대중적인 신문·잡지 등에서 이 단어가 무수히 쏟아지기 시작한 것은 1920년대부터이며, '신경쇠약'이 단지 병명으로서가 아니라 다기한 문화적·정치적 함축을 갖게 된 것도 이때부터다.

이를테면 척안중아자隻眼中啞子가 쓴 동아일보의 사회비평 「상여想餘」(1920년 7월 13일~24일)는 일제 검열당국을 신경쇠약 환자에 비유했다. 조선인들이 "정치적 의미와는 전연全然히 다른 의미로 사용"하는 이런저런 표현들은 "절대 자유가 아니면 아니 될 것"이지만 "신경쇠약에 걸린 당국은 별별 공상이 많은 고로 천상외天想外의

정신질환과 자살: 식민지 조선의 정신착란과 신경쇠약

억측”으로 검열에 임한다는 것이다.[21] 이 칼럼은 일본 공군기가 여의도에서 시범비행을 하던 날, 조선총독부가 ‘만세’라는 말을 사용해도 된다는 ‘특별허가’를 내준 사실을 상기시키면서 총독부 검열 당국이 마치 ‘신경쇠약 환자처럼’ 조선인들이 쓰는 어휘 하나하나에 과민하고 히스테리컬하게 반응한다는 비판을 한 것이었다. 흥미로운 것은, 이와는 반대되는 정치적 맥락에서 신경쇠약이 사용된 경우도 있다는 점이다. 이광수가 쓴 「문사와 수양」(『창조』 8호, 1921년 1월)이라든가, 최현배의 「조선 민족 갱생의 도 (7)」(동아일보 1926년 10월 2일) 등을 보면 신경쇠약에 걸린 것은 지배자가 아니라 피지배자인 조선 민족이다. 건강하지 못한 정신 상태를 가진 조선 청년이나 조선 민족 전체가 신경쇠약 환자에 비유되고 있다.

‘신경쇠약’은 단지 서구 의학용어를 번역한 전문용어로서만이 아닌, 문학적이고 저널리즘적인 담화소로 사용됐으며, 또한 광범위한 대중을 상대로 한 건강·보건 담론에서도 지배적인 표상어의 하나가 되었다.[22] 이러한 정황을 배경으로 하면서, 식민지 조선 언론은 자주 ‘신경쇠약’으로 자살의 ‘원인’을 설명했다. ‘공식적인’ 자살 통계에서는 ‘신경쇠약’은 아예 빠져 있었지만, 신경쇠약은 자살을 야기하는 가장 유력한 정신의 병증으로 간주되어갔다.

신경쇠약과 자살 1: 근대의 과잉 또는 결핍

1921년 7월의 동아일보는 “빈빈한 한강 자살”이라는 제목하에 한 청년이 한강에서 투신자살을 기도했으나 실패한 사건을 보도하고 있다. 이는 신경쇠약과 자살 사이의 관련성을 표현하는 전형

자살론: 고통과 해석 사이에서

적인 방법 하나를 보여준다. 자살기도자는 24세의 청년인데, 경찰
조사결과 "작년 팔월 이래로 신경쇠약에 걸려 세상을 비관하여 자
살하고자 하였다"는 것이다.[23] 짧은 문장 속에 신경쇠약과 자살의
상관성에 대한 당대의 인식 방법이 압축돼 있다. 즉 1920~30년대
사람들은 '신경쇠약→세상 비관(염세)→자살(기도)'이라는 회로를
지식화했다.

신경쇠약은 계층과 민족을 초월한 '근대'의 병이기도 했다.
1922년 12월 3일 대구은행 지배인이었던 일본인 코토古藤라는 자
가 음독자살했다. 신문에 의하면 은행의 자금 흐름이 원활하지 않
아 "많은 애를 써왔는데 이러한 일로 말미암아 신경쇠약에 걸려 모
든 일이 자기 뜻대로 잘 되지 아니하여 세상을 비관한 결과"였다.
사인에 대해 의혹이 제기됐다. 사회 유력자였기 때문일 것이다. 그
러나, "가족과 친지들에게 유서를 남겼으나 그 내용에도 아무 다
른 사정은 없고 다만 죽음에 대하여 큰 유쾌를 느끼고 있던 것이
분명하다"고 한다. 그의 죽음은 "신경쇠약에 각오한 죽음"이었다
는 것이다.[24] 이 기사에서 신경쇠약은 '모든 일을 잘 안 되게 하는'
그리하여 '세상을 비관'하게 하는 확실한 원인이다.

그해 5월에는 앞의 일본인과는 전혀 다른 사회적·계급적 지위
를 가진 조선인이 자살을 기도한 일이 있었다. 이 자살기도에서도
'신경쇠약'은 똑같은 역할을 한다. 부산에서 일본으로 가는 연락선
창경환 선상에서 23세의 조선인 노동자 문상민이 바다에 뛰어들
어 죽으려 했으나 선원들에 의해 구조돼 미수에 그쳤다. 그는 "작
년에 일본으로 가서 노동을 하고 있었으나 극도의 신경쇠약에 걸

렸으므로 일도 못 함을 비관함이라"는 것이다.[25]

이 기사들은 신경쇠약 혹은 신경쇠약이 야기하는 증상이 어떻게 자살과 연관되는지 보여준다. 신경쇠약은 과도한 정신적·육체적 스트레스가 야기하는 증상일 테다. 오늘날의 의학에서는 이를 만성피로증후군Chronic Fatigue Syndrome과 다중화학적민감성Multiple Chemical Sensitivities 정도로 부를 텐데, '신경쇠약'이라는 명명은 서로 구분하기 힘든 기질성 원인과 정서적·인지적 증상 사이를 연결하는 다리 역할을 했던 것이다.[26] 또한 신경쇠약은 모든 일을 잘 안 되게 하는 원인이기도 하고, 그러한 상황의 결과이기도 하다.

그런데 그 같은 상황을 야기하는 신경쇠약은 처음부터 근대문명과 '도시'가 빚어내는 것으로 간주됐다. 비어드는 인간이 진보와 근대문명의 외피를 두르는 데 따른 대가가 "인간 신경력의 고갈이고 그 결과로 얻게 된 것이 바로 신경과민과 신경쇠약이었다"고 인식했을 뿐 아니라, 생각을 비약시켜 신경쇠약이 존재하는 사회를 곧 문명사회로, 그렇지 않은 사회를 원시적인 사회로 간주했다 한다.[27] 근대문명과 거기에 처한 인간들의 다양한 '신경'질환(신경과민·신경쇠약·히스테리 등)의 연관성에 관한 모델을 제시하고자 한 것은 단지 비어드뿐만은 아니었다. 프로이트를 위시한 19세기 후반의 정신의학 연구는 신경증과 문명이 처한 인간 정신의 관계에 집중되었다 한다.[28]

그래서 '비관'에 이르게 한다는 신경쇠약은 강력한 문화적 은유를 포지하며, 근대문명의 최중심인 아메리카에서뿐 아니라 봉건의 잔재와 농촌사회의 면모가 가득한 식민지 조선에서도 문명과 도시가 야기하는 '현대(인)의 질병'으로 인식되었다. 대표적 식민지 모더니즘 소설로 꼽히는 박태원의 「소설가 구보씨의 일일」(1934년)에 포착된 '신경쇠약'을 살펴보자. 이 소설에는 여러 번 이 단어가 나온다. 작가는 도시인의 신체화된 정신 증상(원인 모를 두통과 통증)과 불안 및 우울, 필요 이상의 과민함, 또는 염세주의를 야기하거나 이 모두를 종합하는 일종의 대명사로서 '신경쇠약'을 맥락화하고 있다.

구보는 마침내 다리 모퉁이에까지 이르렀다. 그의 일 있는 듯싶게 꾸미는 걸음걸이는 그곳에서 멈추어진다. 그는 어딜 갈까 생각하여본다. 모두가 그의 갈 곳이었다. 한 군데라도 그가 갈 곳은 없었다.
한낮의 거리 위에서 구보는 갑자기 격렬한 두통을 느낀다. 비록 식욕은 왕성하더라도, 잠은 잘 오더라도, 그것은 역시 신경쇠약에 틀림없었다.

취박臭剝   4.0

취나臭那   2.0

취안臭安   2.0

고정苦丁   4.0

수水   200.0

1일 3회 분복 分服 2일분

건강 염려증에 걸려 있거나 실제로 '창백한 식민지 지식 청년'이었을(또는 그런 자의식을 지닌) 소설가 구보는 경성 거리 한가운데에

정신질환과 자살: 식민지 조선의 정신착란과 신경쇠약

서 맛보는 격렬한 두통 때문에, 자기가 '신경쇠약'임에 틀림없다고 자가진단한다. 비록 불면증과 식욕부진은 없지만. 그리고 신경쇠약에 대한 병원의 처방전까지 소설 속에 옮겨놓았다. 그러면서 그는 신경쇠약 같은 병이 예민하고 개성적인, 또는 창조적인 지성을 지닌 존재들에게 일어날 수 있는 병이라며 신체 증상을 정신의 특이성으로 격상시켰다.

> 그는 저 불결한 고물상들을 어떻게 이 거리에서 쫓아낼 것인가를 생각하며, 문득 반자의 무늬가 눈에 시끄럽다고, 양지洋紙로 반자를 발라버렸던 서해曙海 역시 신경쇠약이었음에 틀림없었다고, 이름 모를 웃음을 입가에 띠어보았다. 서해의 너털웃음. 그것도 생각하여보면, 역시 공허한, 적막한 음향이었다.

그래서 구보는, 1932년 불과 31세의 나이로 요절한 소설가 최서해도 "신경쇠약이었음에 틀림없었다"고 추측한다. 이 주관적 추론의 근거는 자신이 본 최서해의 언행인데, 이는 '예민한 신경'을 가진 자로서 작가라는 존재에 자기를 동일화하고, 그 병의 의미를 탈속적인 것으로 격상하고 전유하려는 인식을 보여준다. 그러나 기실 구보 자신은 20대 중반의 신체 강건한 청년이었다.

「소설가 구보씨의 일일」은 현대의 질병으로서 신경쇠약을 적절히 포착하고 있지만, 기실 신경쇠약은 단지 '예민한 신경'을 지닌 예술가·지식인들에게만이 아니라, 그들과 가장 먼 거리에 있는 (것으로 여겨지는) 자본가나 노동자에게서 모두 발생할 수 있는 매

자살론: 고통과 해석 사이에서

우 통속적인(?) 질병이었다. 그만큼 신경쇠약의 문화적·사회적 의미 맥락은 넓고 컸다. 신경쇠약의 의미장들 중에서 식민지 조선의 '특수한' 상황과 연관된 경우들을 살펴보자.

신경쇠약과 자살 2: 탄압받는 식민지인의 증상

1921년 3월 동아일보는 3·1독립운동 대표 48인의 하나였던 안세환이 행방불명된 사건을 다루었다. 이 기사에 의하면 안세환은 옥중에 있으면서 "극도로 신경쇠약이 되어" 치료를 받은 적이 있고, 근일에도 다시 "신경이 극도로 쇠약하여 정신에 이상이 생겨 말도 잘 하지 못"할 정도였다고 한다.[29] 이 기사는 "정신의 이상인가?"라는 의문문을 부제로 뽑고, "독립운동에 참가하였던 사십팔인 중의 한 사람인 안세환씨는 오랫동안 서대문감옥에 갇혔다가 작년 10월에 무죄백방된 것은 세상이 다 아는바"라 시작했다. 또한 기사 전체를 통해 안세환의 억울하고 비극적인 최후를 암시했다. 이 같은 서사 담화는 '신경쇠약 → 정신이상 → 죽음(자살)'이라는 일반적인 의미 연쇄 안에다, '일제의 정치적 탄압'이라는 강력한 의미 고리 하나를 더 삽입한 것이다.

1923년 3월에 자살한 한 청년의 경우도 이와 유사한 서사 담화로 구성되어 있었다. 자살자는 이중각이라는 청년 활동가였다. 동아일보는 그의 화려한(?) 운동·투옥 경력과 함께, 1920년대 사회주의자이자 인텔리겐치아로서의 전형적인 면모를 상세히 소개했다. 이중각은 '청년구락부'를 조직하고 『신청년』(1919년)을 발행한 주체의 한 사람이었으며, 3·1운동이 일어나자 비밀 출판물도 냈다. 그해 여름부터는 도쿄에 가서 『녹성綠星』이라는 잡지를 발행했으며, 재일 조선인들을 규합해 조직을 만들고 독립운동을 일으키려다 검거됐다 한다. 귀국한 후에는 '노동대회'에 들어가서 활동했으며 1922년 겨울에는 '자유노동조합 사건'으로 재차 검거됐다. 그런 그의 최후에 대해 동아일보는 다음과 같이 설명했다. "여러 번 체포되는 동안 신경이 극도로 쇠약하여 정신에 이상이 생겨 세상을 비관하고 그와 같이 죽었다." 동아일보는 그런 그의 자살을 조선 "청년의 번민을 상징하는"[30] 사건으로 의미화하고 크게 보도했다.

독립운동가였던 안세환이나 청년 사회주의자 이중각의 고통과 절망을 야기한 신경쇠약은 식민지 조선의 정치적 상황에 의해 야기된 것이기에 여기서 신경쇠약은 보편적인 '근대'의 질병이 아니라 특수하고 정치적인 질병이 된다. 이런 정황은 1930년대에도 있었다. 1931년 평양 고무공장 파업의 여성 영웅으로서 을밀대 위에서 농성을 벌여 유명했던 강주룡도 신경쇠약으로 사망한 것으로 알려져 있다. 강주룡은 예심법원에서 보석으로 풀려났으나 서성리에 있는 빈민굴의 자기 집에서 극심한 신경쇠약이 원인이 되어 32세의 나이로 사망했다고 한다.[31]

한편 「조선 민족 갱생의 도 (7)」에서 최현배는 다른 각도에서 신경쇠약에 정치적 의미를 부여했다. 그에게 신경쇠약 환자의 자기의식은 조선인 전체의 정체성과 유비될 만한 것이었다.

신경쇠약자가 자기에 대한 신념이 박약해지는 것은 누구나 다 아는 사실이다. 그의 심정은 항상 불안의 중에 있다. (…) 자신의 박약한 증

자살론: 고통과 해석 사이에서

세는 점차 만연하여 타인에 대한 신념까지도 없어진다. 그리하여 심하면 공연히 재방인在傍人이 자기에게 위해를 가하고자 한다고 절규하는 이른바 정신병에까지 이르는 것이다. (…) 우리 조선 사람이 자신의 작으며 더구나 남을 믿지 못하고 항상 서로 의아하며 시기하며 음해하는 가증할 사실의 역사를 가진 것은 지울 수 없다. 당파의 쟁투에 꽃이 떨어질 때가 없으며 민족적으로 일치단결하는 힘이 없다.[32]

조선 민족의 고질적인(?) 자존감 부족이나 의지박약과 비교되는 이 신경쇠약은 특수하고 민족적인 것이다. 따라서 신경쇠약은 "근대의 징표이면서 동시에 명확하게 비―서구적인 결핍의 징표이기도 한 것"[33]이라는 설명도 틀린 것은 아니지만, 최현배에게 신경쇠약은 단지 결핍이 아니라 제국과의 폭력적인 관계에서 발생하는 식민지적인 정신병이며, 조선인 전체가 가진 '불신' '비단결성'과 병치 가능한 증상이다.

신경쇠약과 자살 3 : 신경쇠약의 희화화

이처럼 1920~30년대 조선사회에서 신경쇠약의 의미망은 넓었다. 만약 오늘날의 정신과 의사라면 '신경쇠약'처럼 원인을 뚜렷이 알 수 없는 피로감과 불안, 두통, 불면 등을 호소하는 다양한 환자들에게 어떤 진단을 내렸을까?

우울증 아닐까?[34] 오늘날 우울증은 단지 무기력과 우울한 감정이 지속되는 기분장애나 세로토닌 분비 교란에서 야기되는 질환의 이름이 아니다. 그것은 기질적 원인이 뚜렷하지 않은 여러 신체 증

정신질환과 자살: 식민지 조선의 정신착란과 신경쇠약

상을 동반하고 또 각종 성인병을 야기할 수도 있고, 결국 수명 단축을 초래할 수도 있는 심각한 신체 질환으로도 간주된다. 또한 어떤 보수적인 정신과 의사들은 냉소주의와 허무주의 그리고 심지어 좌파 이데올로기나 급진적 휴머니즘을 우울증과 관련시키기도 한다. 따라서 우울증은 지배적인 생활양식과 체제에 순응하거나 적응하지 못하는 정신적 증상과 연관되는 것으로 의미가 확장하는 것이다.[35] 물론 오늘날 대부분의 자살자들이 우울증 환자와 등치되는 것은 말할 것도 없다.[36]

'우울증'이 오늘날의 자살 담론과 정신의학 일각의 지배적 키워드라면, 1920~30년대에는 신경쇠약이 그 자리에 있었던 듯하다. 그것은 '만병의 근원'이자 세대와 계급을 초월하는 병이었기에 어린이나 중학생도 그 병에 걸릴 수 있었다.[37]

동아일보 1932년 2월 27일자에는 18세의 "일 독자"가 자신의 신체 증상을 문의하고 경성제대병원 의사 김동익이 이에 대해 답하는 형식으로 "생식기성 신경쇠약"에 대해 상세히 설명하는 글이 있다.[38] 이 글을 통해 1930년대 대중 ─ 의학 담론의 신경쇠약이 어떤 것인지 파악해볼 수 있음과 동시에, 신경쇠약의 의미가 결국 통속화되고 희화화되고 있다는 것을 알 수 있다.

이 18세 남성은 자신의 증상을 "정신 과로함과 방사 과도가 원인이 되어 수년 전부터 현운증이 있더니", 즉 정신적 피로와 과도한 섹스(혹은 자위?) 때문에 몇 년 전부터 어지럼증이 있었는데, 7~8개월 전부터는 "신체가 쇠약해지며 두통이 있고 머릿골이 흔들리며 늘 슬픔을 느끼며 귀가 울고 기억력 감퇴, 시력 쇠퇴, 성욕 부진, 식

자살론: 고통과 해석 사이에서

욕 부진, 소화 불량, 안색이 창백, 가끔 가슴이 두근두근하고 불면
증이 있으며 오래 앉아 있으면 허리가 시지근"하다고 설명했다.

머리가 가끔 아프고 기억력이 왠지 약해진 듯하고, 소화도 안 되
고 어쩌다 가슴도 두근두근하고 허리도 좀 아프고 잠도 잘 안 온다
는 환자 스스로의 종합진단과 처방이 더 재밌다. 그는 "제일 정력
이 부족한가봅니다. 정력을 직접 보전하는 주사할 약물을 일러주
시오"라고 요구했다. 결국 정력이 문제였던 것이다. 이에 대해 의
사 김동익은 "당신의 병명은 생식기성 신경쇠약증"이라 명쾌하게
(?) 답한 뒤, "원래 이 병의 이름을 지은 근본 뜻은 방사 과도, 수
음, 부자연한 성교 등으로 인하여 생식기 장애를 일으켜서 먼저 생
식기 신경의 신경쇠약을 일으키고 나중에 전신 쇠약까지 일으키게
되는 것"이라 했다.[39]

그런데 김동익의 설명을 들으니, 환자는 단지 엄살꾼이 아니다.
신경쇠약 증상은 환자가 호소한 것처럼 전 신체에 걸쳐 광범위하
고 다양하다. "수족은 찬 것이 보통이나" "별안간 화끈하게 더워지
는 수도 있으며", 기억력 삼퇴와 집중력 약화 때문에 일의 능률이
떨어진다. "제일 괴로운 증세는 불면증이니" "한 시나 새로 두 시
가 되도록 잠을 이루지 못하기는 예사"라는 것이다. "또 어떤 때는
몸이 근질근질하여 꼭 개미가 기어다니는 것과 같은 감각이 있게
되는 수도 있"다. 이 '무서운' 병은 신체증상과 정신증상을 함께 일
으킨다. "어떤 경우 침울해져서 남 보기에도 수심이 만면"하고 "슬
픈 마음이 생기기도" 하고 "또 어떠한 때는 무서운 증이 생기고 또
는 다른 사람이 자기를 해하려는 것과 같은 쓸데없는 생각 즉 강박

정신질환과 자살: 식민지 조선의 정신착란과 신경쇠약

관념이 들 수도 있”다.

그런데 ‘생식기 신경장애’는 생식기 약화가 원인이 아니라 다른 원인의 신경쇠약이 생식기 약화를 야기하는 경우에도 이 병명을 붙인다고 했다. 이 병은 여자에게도 있지만, “그중에도 우리 조선 청년 남자에게는 대단히 많”다고 했다. 과도한 성교와 수음이 그 원인이라는 것이다. 그런데 이는 문화적으로 “방사 과도의 기회를 제공한 조혼제도”에 원인이 있기에 “전 조선 민족 보건 문제상 중대한 토의사항”이라 주장한다. 엉뚱한 데로 결론이 나아간 것이다. 아마도 환자가 18세라는 점이 고려된 듯하다.

생을 갉아먹고 죽음에 이르게 하는 신경쇠약은 저처럼 희화화되어 다른 의미를 갖게 된다. 이와 같은 담론에서 오히려 신경쇠약 담론은 역의 의미를 띠게 되어 강한 생의 의지나 에로스와 연관되고 있는 것이 아닌가. 모든 건강 담론이 그러하듯 말이다.

1930년대의 신문에서도 신경쇠약 때문에 자살했다는 보도가 끊이지 않았다.[40] 그러나, 이 시기에는 계절별로 또한 세대나 계층별(어린이, 여성, 청소년 등)로 신경쇠약에 주의해야 한다는 담론이 쏟아진다. 물론 신경쇠약에 좋다는 약과 광고도 허다했다.[41] 그것은 ‘우울증은 마음의 감기’[42]라는 오늘날의 우울증 담론과 비슷한 듯하다. 우울증에 대한 오늘날의 담론은, 우울증을 단지 죽음에 이르는 치명적 질병으로서만 취급하지 않고 그런 공포와 함께, ‘누구나 우울증에 걸릴 수 있다’는 ‘친근함’을 동시에 조장한다. 물론 그 병은 적절한 치료로 다스릴 수 있는 병이기도 하다.

3

'온갖 정신병 환자들'과
자살의 근대

중요한 것은 '원인'을 분류하기 어렵거나 충동적인 자살뿐 아니라 자살 일반을 '정신병 증세'로 보는 관점이 근대 초기에 확립되었으며, 자살자나 '정신이상자'에 대하 의학적이면서도 생체-정치저인 관점이 권력에 의해 조선인늘에게 적용되어갔다는 점일 것이다.[43] 물론 이러한 관점은, 인간을 근본적으로 병에 의해 사멸할 존재로서 또한 언제나 병에 취약하고 노출된 존재로 파악하는 근대 서양의학의 관점 자체에서 비롯하는 것일 수 있다. 그리고 정신질환과 그 유병자에 대해 식민지 조선에서 벌어진 과정은 푸코 등이 서유럽에서 고찰한 것과 다르지 않다. 조선총독부는 최초로 이 땅의 정신질환자를 관리·수용했으며, 이들을 감시하고 관리하는 역할·책임을 가족과 정신병의가 있는 병원에 부여했다. 또한 식민지의 이데올로기적 국가기구는 정신질환자를 광폭하고 위험한 존재로 의미화해 사회로부터 배제하기 시작했다.[44]

그런데 정신의 병은 여러 가지 외적인 원인에 의해서 생기는 것뿐 아니라, 문명과 '현대'에 반응해 자기로부터 생겨나는 그야말로 내발적인 병으로 인식되기 시작했다. '현대'와 현대인의 여러 양상을 고찰한다는 고현학考現學. Modernology의 자세로 쓴 「소설가 구보씨의 일일」에는 다음과 같은 진한 농담이 있다.

갑자기 구보는 온갖 사람을 모두 정신병자라 관찰하고 싶은 강렬한 충동을 느꼈다. 실로 다수의 정신병 환자가 그 안에 있었다.

의상분일증意想奔逸症, 언어도착증言語倒錯症, 과대망상증誇大妄想症, 추외언어증醜猥言語症, 여자음란증女子淫亂症, 지리멸렬증支離滅裂症, 질투망상증嫉妬妄想症, 남자음란증男子淫亂症, 병적기행증病的奇行症, 병적허언기편증病的虛言欺騙症, 병적부덕증病的不德症, 병적낭비증病的浪費症……

온갖 마음과 감정의 행태와 버릇에 '증'을 붙여 '병리화'했다. 이 대목이 든 소설 22장의 제목이 "온갖 정신병 환자들"이다. 박태원은 자신을 비롯한 1934년의 경성에 살던 현대인들이 '온갖 정신병 환자들'이라 생각했고, "그러다가, 문득 구보는 그러한 것에 흥미를 느끼려는 자기가, 오직 그런 것에 흥미를 갖는다는 것만으로도 이미 하나의 환자에 틀림없다 깨닫고 그리고 유쾌하게 웃었다"고

도 쓰고 있다. '요즘 사람 중에 정신병자 아닌 사람이 없다'는 데서
더 나아가 그런 현상에 흥미를 갖는 것 자체가 (정신)병이라는 생
각의 연환.

 '현대인은 모두 정신병 환자'라는 발견은 정신질환의 문화(사)에
서 중요한 인식론적 계기를 이룬다. 그것은 현대성의 병리와 자아
들의 관계를 새롭게 발견하게 한다. 그런데 이 같은 인식은 정신
의 병을 자살의 '개인적' '비사회적' 원인으로 간주하게 하고, '개
인적' '원인'에도 '원인'이 있다는 점을 쉽게 몰각한다. 또는 그 원
인의 원인을 문명이나 도시 같은 추상 수준이 높은 항목들에 귀착
하게 한다.

 어쨌든 '정신질환에 의한 자살'은, 현대성과 자살이 맺는 한 가
지 강력한 연결 고리임은 분명하다. 그 고리 중 최초의, 가장 흔한
것의 이름이 '정신착란'과 '신경쇠약'이었던 것이다.

7장

자살 문제에 대한 근대국가와 사회의 대응

1

'자살예방의 날'

'역대 최악'이었다는 평가를 듣는 이명박정부가 괜찮은 일 하나를 한 게 있다. 2012년 3월 1일자로 '자살예방 및 생명존중문화 조성을 위한 법률'(자살예방법)을 공포한 것이다. "자살에 대한 국가적 차원의 책무와 예방정책에 관하여 필요한 사항을 규정함으로써 국민의 소중한 생명을 보호하고 생명존중문화를 조성함을 목적으로 한다"는 이 법률은, 자살을 국가와 사회(지자체·기업체·학교 등)가 관리해야 할 '사회적' 현상으로 간주하고 법 제도화한 최초의 것이다.

이 법률은 곱씹어봐야 할 여러 의미가 있지만 우선 아이로니컬한 점은 바로 이 나라의 자살률을 부동의 세계 최고로 만든 것이 바로 이명박정부라는 사실이다. 주지하듯 이명박정부는 복지와 인

자살 문제에 대한 근대국가와 사회의 대응

권을 전반적으로 후퇴시키고 경제적 양극화를 심화시켰다. 재벌 중심의 사회 경제정책을 밀어붙여 고용 불안정성을 높였고, 교육 정책을 통해 사회 전반의 '경쟁'의 정도를 한껏 강화했다. 이 모두가 사회적 우울이나 정신적 긴장을 높이는 일이니, 이명박정권은 사상 최고·세계 최고 자살률의 '배후'에 다름 아니다. 2008년부터 5년 사이에 단 한 해도 이명박정부 치하에서 자살률은 낮아지지 않았다.

노인은 노인대로, 청소년은 청소년대로 끔찍하게 많이 자살하고 있다. 따라서 이명박정부에서 '자살예방 및 생명존중문화 조성을 위한 법률'이 제정 공포된 것은 하나의 거대한 역설인 것이다. 쌍용자동차 노동자와 가족 들만 생각해도 그렇다. 이명박정부가 법

년도	자살자 수	10만 명당 자살자 수	증감치	하루 평균
2010년	15,566명	31.2	+0.2%	42.6명
2009년	15,413명	31.0	+5.0%	42.2명
2008년	12,858명	26.0	+1.2%	35.2명
2007년	12,174명	24.8	+3.0%	33.3명
2006년	10,653명	21.8	−2.9%	29.1명
2005년	12,011명	24.7	+1.0%	32.9명
2004년	11,492명	23.7	+1.1%	31.4명
2003년	10,898명	22.6	+4.7%	29.8명
2002년	8,612명	17.9	+3.8%	23.5명
2001년	6,911명	14.1	+0.5%	18.9명

· 표8 2000년대 대한민국 자살률 추이(위키피디아 자료 참조)

자살론: 고통과 해석 사이에서

률을 제정하게 움직인 것은 어쩌면 '자살로 인한 사회·경제적 손실이 한 해 평균 약 5조 원으로 추정된다'[1]는 '실용적' 보고 때문인지도 모른다.

물론 이명박정부만 자살률 세계 1위의 공로자인 것은 아니다. 1997년 IMF 이후에 한국에서 자살률은 폭발적으로 높아졌고, 김대중·노무현정권이 지속한 신자유주의 정책이 '공범'이라 해도 된다. 그러니까 자살예방법 제정은 십 수년 사이에 끔찍하게 높아진 자살률에 대한 사회적 대응의 누적된 결과라고도 볼 수 있다. IMF 경제위기 이후 한국에서 자살 담론과 자살학도 크게 늘고 높아졌다.

이 법률의 조항에는 곱씹어볼 만한 대목이 많다. 보건복지부는 이전과는 다른 수준에서 계층별·연령대별 자살 실태조사를 하게끔 돼 있으며, 자살예방센터와 긴급전화를 중앙과 지방에 설치해야 한다. 또한 자살예방기본계획 및 시행계획을 수립·시행해야 하고, '자살예방의 날'을 지정하고 자살유해정보 예방체계를 구축해야 한다. 또한 단지 국가가 "자살위험자"[*]에 대해 의무만 가진 것이 아니라, "국민"도 자실 문제에 관해 "권리와 의무"(제3조)를 갖는다. 즉, "국민은 자살위험에 노출되거나 스스로 노출되었다고 판단될 경우 국가 및 지방자치단체에 도움을 요청할 권리가 있"을 뿐 아니라, "자살을 할 위험성이 높은 자를 발견한 경우에는 구조되도록 조치를 취하여야" 한다. 하지만 이 '의무'는 불이행시 불이익이나 처벌을 당하는 강제 조항은 아니다. 그래서 이 조항 자체가

---

[*] 이 법률 속에서 규정된 "자살의 위험에 노출되거나 노출될 가능성이 있다고 판단되는 자".

자살 문제에 대한 근대국가와 사회의 대응

자신과 타인들의 자살 위험에 대해 어떤 '실효성'을 가질지 의문이 기는 하다.

그럼에도 이 법안의 제정 자체에 의미가 있다. 왜냐하면 아직도 우리나라 사람들 중에는 자살이 사회적 현상이라는 엄연한 사실을 외면하고 단지 극소수의 개인에 의해 저질러지는 일이라 생각하거나, 또한 잔인한 몇몇 종교 교단 때문에 무조건 '자살은 죄악'이라고 생각하는 경우도 적지 않기 때문이다. 그런데 자살예방법은 자살 문제에 대한 국가와 사회(기업 등)의 책임과 자살 위험에 처한 사람들에 대한 타인들의 의무까지 규정하며 그것을 '사회화'한 것이다.

그런데 좀더 자세히 들여다보니 이 법안에는 개선·수정해야 할 대목들이 많다. 우선 법의 기본 취지나 철학적(?) 근거 중에도 의구심이 드는 대목이 있다. 즉, "자살예방정책은 생명윤리의식 및 생명존중문화의 확산, 건강한 정신과 가치관의 함양 등 사회문화적 인식개선에 중점을 두고 수립되어야 한다"(제2조 2항)고 "기본정책"의 방향을 규정한 것이다. 이는 바로 앞에서 비판한바, 우리 사회 일각의 자살에 관한 잘못된 관념이나 일부 종교 교단에서 조장하는 생각에 근거한 게 아닌가 의심스럽다. 즉, 이는 암암리에 자살자들이 생명을 존중하지 않거나 "건강한" 가치관을 갖지 않은 사람들인 것처럼 말하고 있고, "생명존중의 문화"가 조성되면 자살자들이 줄어들 것이라는 관념적인 생각을 전제하고 있다. 과연 자살자들이나 자살생각을 하는 사람들이 생명을 존중하지 않는 사람들인가? 또는 그들이 생명을 존중하지 않아서 자살했는가? 우리 사회에서 과연 누가 생명을 존중하지 않는가? 문제는 단지 생명이 아니라 '생 자체를 포함한 제대로 된 삶'이다.

(대부분의) 자살자들이야말로 어떤 면에서는 진정 삶을 사랑하는 사람들이다. 그들은 그야말로 최후의 궁지에 몰려, 인간으로서 자신의 존엄을 지키고 최후로 타자들과 소통하기 위해 자살한다. 자살생각을 하는 순간 그가 누구든 일종의 사회적 약자이며, 거기에는 반드시 자살 원인을 제공한 상황과 구조가 있다는 점을 확실히 해야 한다. 그리고 자살은 대부분 일종의 "차악의 선택"[2]이다. 또한 모든 자살에는 반드시 '원인'을 야기한 복잡하고 구체적인 관계의 상황이 있다. 따라서 사회적 우울과 고립을 줄여야 '삶의 질'을 높일 수 있고, '미래'를 살아갈 용기를 줄 수 있다. 경제적이든 또는 의학적이든, 심리학적이든 이런 인식과 방책을 통해서만 개별자들의 자살을 줄일 수 있다. 또한 관념적이고도 대증對症적인 수준을 넘어서는 정책이 나오고, 가족·학교·노사 정책을 보다 현실적으로 자살 문제와 관련시킬 수 있을 듯하다. 그런데 이 법안은 자살자에 대한 통계적 파악과 지자체의 자살예방센터 설치 외에는 별로 구체적이지 않다. 지살 현황을 좀더 잘 파악하고, 자살 위험이 높은 사람에 대한 '긴급구제'로서의 의미를 부분적으로 가질 수 있을지 모르되, 근본적인 '국민 정신건강 향상'에는 별로 도움이 안 된다는 뜻이다.

또한 구체적인 내용 자체가 부족한 항도 있다. 이를테면 자살 예방에 대한 사업주의 책무는 "근로자의 정신적인 건강 유지를 위하여 노력해야 한다"는 선언적인 말 한마디밖에 없다. 즉 아무 실효성이 없는 사문死文이 처음부터 법조항에 포함된 것이다. 만약 자

자살 문제에 대한 근대국가와 사회의 대응

살자가 발생한 기업과 학교 등에 대해 자살 정황과 관련된 모든 이
와 관리자, 책임자에게 경찰 조사를 의무적으로 받게 하거나, 해당
업주 또는 학교 교장을 견책한다면? 특히 폭력과 부당해고 등 사
용자의 행위가 자살의 직·간접 원인이 되었을 경우 기업주가 반
드시 유족에게 보상하게 하거나, 원인을 제공한 경우 처벌받아야
한다는 규정이 있다면 어떻게 될까?[3]

자살론: 고통과 해석 사이에서

근대국가와 자살의 사회화

자살에 대한 봉건국가의 입장과 정책

여기서는 근대국가와 사회가 제도로써 자살이라는 사회 현상에 대해 인식하고 대처해온 과정을 살펴보려 한다. 근대국가는 지안 治安, police이나 보건의 패러다임으로 자살이라는 현상을 해석하고 대처해왔다. 국가에 의해 자살(기도)자는 범법자 혹은 정신질환자로 간주되기도 했지만, 국가가 자살에 대해 보편 복지의 관점에서 접근하게 된 것은 20세기 중반 이후의 일이다. 다시 말해 국가가 '모든 삶(죽음)'을 인지하고 관리해야 할 대상으로 인식하고, 자살 또한 그에 포함시켜 생각하게 된 것은 '복지국가 패러다임' 이후의 일이다. 오늘날 소위 서구 선진국들만이 자살에 관한 종합대책을 갖고 있다. 1990년대 이후 미국·영국 등 대표적인 신자유주의 국

가들에서 양극화로 인한 사회적 모순이 격화되는데도, 자살예방정
책을 통해 자살률은 낮춰왔다.

　신자유주의는 새로운 버전의 사회진화론이며 '자기 책임'의 논리
다. 한국에서는 그래서 '약육강식'이 횡행하고, 자살률이 높아지고
있다. 시민적 공동체가 남아 있거나 인권에 대한 감수성이 발달한
사회는, 자살로부터 신자유주의의 야만으로부터 인간을 어느 정도
보호할 수 있다.

　'자살의 근대'와 국가(통치성)의 관계에 대한 사회학적 논의는 대
개 푸코에 기대 진행돼왔다. 푸코는『성의 역사』에서부터 특유의
통찰로 국가와 생명의 관계에 대해 말했다. 그는 전근대의 국가권
력이 "죽게 '하든가' 살게 '내버려'"두는 권력이었으나, 근대국가는
"살게 '하든가' 죽음 속으로 '내쫓는' 권력"이라고 전제한다.[4] 사형
제도를 생각하면 이해가 쉬운데, 고대나 봉건의 주권(왕권)은 자기
에게 도전하거나 '법'에서 벗어난 자를 마음껏 죽이는 데 그 권력
의 일차적 본성이 있었다. 그에 비해 근대국가는 인구를 관리하고
생을 이어나가게 하는 데 기본적인 목적이 있다. 근대국가는 자본
주의와 뗄 수 없는 한몸이기 때문이다. 그러나 그 국가는 자의적으
로 사형을 집행하지는 않는다. 그것은 근대권력의 본성에 배치된
다. 사형당하는 자는 줄어들지만 근대국가가 벌이는 전쟁 때문에
다수의 삶이 한꺼번에 죽는다. 그리고 방치하고 배제한다. 푸코의
설명은 기본적으로 서유럽 국가들에서의 상황을 염두에 둔 것이지
만 보편성이 있다고 할 수 있다.

　전근대의 국가나 근대국가나 자살을 좋아하지 않는다. 특히 전

근대국가에서의 자살은, 왕과 황제만이 행사할 수 있는 '죽임의 권리'를 침해하는 불경한 범죄다.[5] 그런데 근대로 들며 삶을 낳고 증대하고 조직하는 생체통제권력이 출현하자, 역설적으로 자살할 권리가 나타났다. 그것은 "삶에 행사하는 권력의 경계와 틈새에 개인적이고 사적인 죽을 권리"로서 출현했다. 자살이라는 현상 혹은 자살에의 의지는 "그토록 기이하면서도 그토록 규칙적이고 그토록 지속적인 양태로 나타나며, 따라서 개인적 특수 사정 또는 사고로 설명할 수 없는" 죽음에의 고집이다.[6] 정치권력이 삶의 관리를 임무로 삼은 사회에서 최초의 "경악스런 현상들" 중의 하나였기에, 자살은 19세기에 들어 사회과학적 '분석' 최초의 대상이 되었다.[7]

물론 푸코의 논의는 탁견이지만, '죽이는 권력'과 '살게 하는 권력' 사이의 구분은 선명한 것 같지는 않다. 또한 푸코의 논의는 자살에 대한 전근대 권력의 통치성 전체를 다 보여주지는 못하는 것 같다. 동아시아 전근대 국가권력의 경우에는 따로 많은 연구가 필요해 보인다. 불완전하나마 우선 자살에 대해 조선이 취한 태도를 다음의 세 항으로 나눠 생각해보았다.

(1) 절박한 상황에서 충忠이나 절節을 지키기 위해 목숨을 버린 충신·열녀의 자살은 공식적으로 인정되었다. 심지어 권장되기도 했다. 그중 어떤 죽음은 국가권력에 의해 애도되고 포상됐다.

이런 죽음은 일종의 명예자살로 규정할 수 있다. 자신의 윤리적 신념이나 존재의 연속성, 정절 같은 '가치'가 손상당하지 않게끔 정체성을 지키고, 여생을 굴욕 속에 살지 않게끔 선택한 자발적

자살 문제에 대한 근대국가와 사회의 대응

인 죽음이다. 흥미로운 것은 봉건사회의 '개인'은 (개인적) '자유'가 없지만, 그럼에도 죽음 앞에서 어디까지나 '개인'으로서 죽음/삶을 선택하기도 했다는 점이다. 그것은 자살이라는 행위가 가진 고유한 모순이다. 이 책 허두에 나타난 것처럼 대역도로 몰린 갑신정변 주역의 가족들은 상당수가 봉건의 이데올로기나 가치판단에 따라 집단적으로 자살했다. 그중 어린이나 여성 들은 가부장에 의해 '자살 당하기도' 했다. 그들을 과연 '개인'이라 부를 수 있을까? 그러나 그런 상황에 몰린 '개인들' 모두가 자살한 것은 아니었다.

또한 병자호란 후 수많은 조선 여성들이 호병에 의해 정절을 훼손당하거나 청나라에 끌려갔을 때도, 많은 여성—개별자들이 목숨을 스스로 끊었지만 모든 '개인'이 자결을 택한 것은 아니었다. 병자호란 당시 강화도가 함락되었을 때 많은 사대부가의 젊은 여성들뿐 아니라, 노비나 평민 노파 들도 아주 짧은 시간에 집단적으로 자살했다고 한다. 『연려실기술』 등에 기술된바 그중에는 남편이나 오라비 등에게 자살을 강요당한 경우도 적지 않았다. 그러나, 그렇게 죽지 않고 포로가 되어 청나라에 끌려가서 모욕을 당하고, 또 끝내 살아 돌아온 여인들도 많았다. 물론 그렇게 살아온 여인들에게 '화냥년'(還鄕女, 환향녀) 같은 또다른 굴욕이 부과됐지만 말이다. 조선 최고 지배계급 안에도 그런 여인들이 있어 왕조는 골머리를 앓았다. 부원군 장유가 청나라에서 살아 돌아온 며느리 때문에 벌인 이혼 소송은 유명하다.

조선에서 '흔한' 명예자살은 한편 유교 이데올로기를 체화한 '개인들'에 의해 수행된 것이고, 다른 한편 지배체제와 가부장권력에

자살론: 고통과 해석 사이에서

의해 강요된 것이라 볼 수 있겠다. 유교국가는 그런 죽음을 통해 개인과 국가를 연결 짓고 그들이 '개인'이라는 점을 소거하면서, 봉건제적인 '죽음의 정치'를 폈던 것이다. 조선 후기 사회에 외려 성리학 이데올로기가 확대된 데에 병자호란의 여파가 작용했다는 게 통설인데, 전쟁의 상처가 아문 뒤 '죽음의 정치'도 계속되거나 확대됐다. 절絕의 가치가 확산·재구성되고 충신/열녀의 죽음이 권력에 의해 애도됐다. 이를테면 숙종 7년(1681), 병자호란 때 적병에게 포로가 되어 자결한 성천 기생 금옥을 뒤늦게 정려·포상한 일이 있다.[8]

(2) 물론 조선사회에서도 '개인적'인 이유로 자살하는 사람들이 있었지만 기본적으로 소수였다. 그런데『조선왕조실록』기사를 보면 임금이 그 같은 자살자에 대해 연민을 표시하는 경우들이 있다. 그 죽음은 '사회적인 것'이었기 때문일 것이다. 이를테면 숙종 1년(1675)에 평안도에 심한 기근이 들어 영유현의 백성이 자결하는 일이 생기자 임금이 안타까움을 표명하며 구휼을 명하였다. 영조 1년(1725)에도 똑같은 사례가 있다. 이는 조선 후기에 빈발한 기근과 그 '부수적 희생'에 대한 왕(국가)의 입장 표명과 구휼이 일종의 정책과도 같은 일이었음을 알 수 있다.[9] 이 경우에 국가는 '죽이는 권력'과 '살게 하는 권력' 사이의 어딘가에 있다.

그러나『심리록』에 나타난 것처럼 기본적으로 유교국가는 '개인적' 자살자를 높이 평가하지도 않았고,[10] 권력에 항거하거나 저항할 다른 방법이 없을 때 약자가 행한 자살에 대해서도 관대하지 않았다. 자살자의 가족은 처벌받기도 했다.[11]

결론적으로 조선의 봉건 국가권력은 대단히 정치적으로 자살을 가치평가하거나 특히 명예자살을 정치에 이용했다고 할 수 있겠다. 물론 조선시대에 자살에 대한 사회(학)적 인식이나 자살론 같은 것은 없었다. 아직 일상화된 자살 문제나 ('열녀' 문제 같은 것을 제외하고는) '사회적 현상으로서의 자살'이라 할 것이 없었기 때문이었을 것이다.

(3) 한편 이와 별개로 조선은 '처벌하는 국가'로서, 전쟁에서 패배한 장수나 독직·부패 등을 저지른 관료, 그리고 역逆의 죄를 범한 개인들에게 자살을 형벌로서 부과했다. 즉 사약賜藥으로 대표되는 사사賜死다. '사사'란 왕에게 죽음을 하사받는다는 뜻이니, '나를 죽임'의 주체는 어디까지나 '나'가 아니라 왕이다. 푸코의 말이 잘 들어맞는다. 자결·자처自處라는 말로 불린 사사의 방법 중에서 사약은 원래 조선의『형전刑典』에는 명시된 사형 방법이 아니었다 한다. 조선의 최고 법전인『경국대전』중 일부인『형전』에는 교수·참수만을 사형제도로 명시하고 있었다. 따라서 왕족 또는 사대부는 그들의 '고귀한' 신분을 고려해 '명예자살'의 형식을 빌려 왕으로부터 죽임을 받았던 것이다. 사약 사사는 물론 예禮에 따라 행해졌다. 왕의 대리인이 유시諭示와 함께 극약을 싸 갖고 가서 죄인이 직접 자기 손으로 마시게 한 것이다. 이런 처벌을 당했던 연산군의 어머니 윤씨나 숙종의 빈 장희빈을 그린 TV 드라마나 영화 덕분에 이 방법은 대중적으로 잘 알려져 있다. 그런데 이 죽음(죽임)의 방법은 참으로 미묘하지 않은가? 이는 타살(왕이 독약을 주어 죽게 한다)도 아니고 자살(그러나 내가 내 손으로 그 약을 마신다)도 아니다.[12]

자살론: 고통과 해석 사이에서

조선 중기의 문신이며 소북小北의 영수였던 유영경은 선조 말 영창대군을 세자로 옹립하려 했으나 실패했다. 광해군이 즉위한 후 여당이 된 대북파는 정치보복 차원에서 그를 탄핵하고 죽일 것을 간했다. 그런데 유영경은 한때 광해군을 가르친 스승이었다. 왕은 내키지 않았지만 할 수 없이(?) 귀양 가 있는 유영경을 죽게 했다. 이 죽음 또는 죽임의 과정에서 의금부와 광해군이 대화하는 장면이 기록돼 있는데, 왕은 옛 스승이자 야당 당수였던 자의 명예를 지켜주기 위해 나름 애썼다.

의금부가 아뢰기를,

"죄인 유영경을 유배지에서 자결하도록 하였습니다. 전례에 사사賜死하는 사람은 의금부의 낭청이 약물을 싸 가지고 가서 전지傳旨를 유시하고 그대로 사약을 주어 죽게 하였는데, 자결하게 하는 경우는 근거할 만한 전례가 없으며, 또 옛일을 들어서 아는 사람도 없습니다. 단지 의금부 낭청만을 보내어 전지를 유시하고 자결하도록 해야 합니까? 감히 여쭙니다."

하니, 전교하기를,

"유영경은 비단 선조의 대신일 뿐만 아니라, 나에게는 과거에 사부였다. 공의에 몰리어 내가 끝까지 비호하지 못한다마는, 그렇다고 차마 사약을 내리지도 못하겠으니, 이 계사에 따라 낭청을 보내어 유시하고 자진하게 하라."[13]

유영경의 명예를 지켜주기 위해 정식으로 사약을 받아 처벌받

자살 문제에 대한 근대국가와 사회의 대응

는 죄인들의 전례에 따르지 않고, 다만 자살의 형식을 빌려 죽이라는 것이다. 그렇게 그가 자살(당)하고 난 뒤에도 반대파들은 그치지 않았다. 중죄인인데 처벌을 면했으니 있을 수 없는 일이라며 죽은 자를 처벌할 것을 왕에게 계속 건의했다. 그의 (강요당한) 자살이 처벌받지 않고 스스로 죽은 것이라는 해석 때문인데, 왕은 또다시 이를 거절했다.[14] 유영경의 죽음은 자살일까, 타살일까? 사건은 '처벌로서의 자살'과 자결 사이의 미묘한 경계를 보여준다. 이 미묘함은 물론 유교적 봉건국가 조선의 법체계 때문에 만들어진 것이다.

조선총독부(식민국가)의 자살 인식과 대응

1908년 8월 『서북학회월보』에 실린 「경찰문답」은 조선에 등장하던 근대권력의 자살에 대한 인식을 보여주는 자료다. 이 문헌은 치안의 범위와 경찰법의 효능을 설명하는 중요한 자료이기도 한데, 경찰권이 미쳐야 할 범위를 "폭행, 쟁투, 이취泥醉, 풍전瘋癲, 기타 공안公安을 해害하는 자, 자살을 원하는 자 등"이라 규정해두었다. 즉 자살(기도)은 사적 폭력 및 일탈 행위 등과 동렬에 놓인 범주의 것으로 인식되면서도, 미묘한 차이를 갖고 취급된다. 이 글은 "폭행, 쟁투, 이취, 풍전" 등의 구체적인 형사적 의미를 다시 부연하는 과정에서, 자살을 "일시의 정감情感으로 소기所起한 자나 그 행위가 인류의 정도를 위반하며 선량의 풍속을 장해障害하여 국민의 생존발달을 계計키 난難한 자"라 규정한다. 즉 자살은 형사범죄 자체로 규정되지는 않지만, 인륜성을 위반하는 행동이며 선량한 풍

자살론: 고통과 해석 사이에서

속을 해치고 '국민의 생존발달을 도모'하기 어렵게 하는 일이다. 그래서 "고로 당해관청은 상당한 수단과 소정所定한 법규로 당제지당금當制之當禁하나니라"고 했다.[15] 즉 자살(기도)은 금지·제지돼야 할 사항이다.

이처럼 이미 자살기도자("자살을 원하는 자")를 경찰이 취급해야 할 대상으로 명확히 인식했지만, 통감부나 총독부의 근대권력은 자살기도를 형법상의 처벌대상으로 포함시키지는 않았다. 중세 기독교국가는 자살기도자를 처벌했으며 영국이나 인도처럼 근대국가에서도 자살기도자에 대한 처벌법이 있는 경우도 있었다.[16] 현행 한국의 형법(형법 제250조 2항 등)에는 자살방조와 교사에 대해서만 처벌규정이 있다. 그리고 동반자살과 정사기도에 대해 자살방조, 교사죄뿐 아니라 살인미수죄가 적용된 사례들도 있다.

근대적 (유사) 국가권력으로서 총독부가 자살에 대해 한 일 중 가장 중요한 것은 자살 통계를 내기 시작한 것이다. 이를 통해 조선총독부는 자살을 인시하고 재현하는 결정적인 해석지와 언어를 세공했다. 『조선총독부 통계연보』에서 자살 항목은 '범죄'나 '변사자' 통계와 병렬된다. 이는 오늘날의 경찰 통계에서도 마찬가지다. 변사자를 조사해 자살인지 타살인지 가리는 임무를 경찰이 맡을 수밖에 없다는 실용적(?) 이유 외에도, 자살을 (범)죄나 일탈로 간주하는 형사刑事적 인식이 작동한 것이다. 물론 자살을 죄악시하는 전통적인 유교 관념과 기독교의 자살 인식 등이 여기에 함께 작용했을 수도 있다. 그러나 그 이행과 융합을 정확히 묘사하기는 어렵다. 일본이나 조선에서 발생한 근대권력은 필요에 따라 오래된 유교 이데올로기를 써먹고 재활용했다. 모든 '이행'이 그런 것처럼 낡은 것과 새로운 것은 뒤죽박죽 섞이고 혼합되기 마련이다.

그러나 다른 한편 역시 앞에서 본 대로 일본의 식민자들은 자살을 '문명'과 결부시키고, 조선의 자살률 증가를 '문명화'로 해석하기도 했다. 1927년 조선총독부가 발간한 『조선의 인구 현상』은 자살을 '인구 현상'으로 다루고 자살자 수의 증가를 문화 진전에 따른 자연스러운 결과로 간주했던 것이다.[17] 그런데 이처럼 문명과 자살을 연관시킬 때, 자살이 범죄나 사회 혼란을 보여주는 지표라기보다는 근대적인 인구 현상이라니, 식민자의 인식이 얼마나 모순적이고 차별적인지가 드러난다. 자살률이 조선보다 훨씬 높은 '내지'를 사회 혼란과 범죄로 표상하지는 않으니 말이다.

자살을 문명화와 연결시킬 수도 있겠으나, 그것은 특히 문명의 부정성과 연결돼야 하는 것 아닐까? 이를테면 다음과 같은 인식이 정당할 것이다. 이는 1926년 8월 황해도 신천에 살던 18세의 여성 배화식이 가정의 빈곤 때문에 더이상 자기 미래에 '전망'이 없다고 번민하던 끝에 자살한 사건에 대한 동아일보의 사설이다.

문화가 발달함을 따라 세상에는 자살하는 자의 수효가 늘어간다. (…) 문화의 발달이란 과연 인류사회의 생활을 원만케만 하는 것이 아니고 어느 점으로 번잡화시켜 민중의 정신이 순조로 가지 못하고 진로를 실하여 방종하는 예가 불소하다. 즉 생활 곤란으로 자살! 정신상 고통으로의 번민! 기타 여러 가지 현실의 가혹을 저주하고 자살의 길을 밟

게 된다. 이런 자살 사건을 도시 사회제도의 불합리라고 공수방관하며 태연치지할 것인가?[18]

병리로서의 자살과 권력의 대응

자살을 정신질환과 연관시키는 데도 조선총독부의 역할이 컸다. 1920~30년대에는 오늘날 현대의학에서 자살과 직접 연관이 있는 것으로 간주하는 정신분열병이나 우울증·조울병 등에 대한 인식은 아직 명확하지 않은 상태였는데, 자살은 신경쇠약 등의 여러 '정신이상'에 의해 초래되는 '병'으로 간주되기 시작했던 것이다. 주목할 만한 것은 근대적 생체권력으로서 조선총독부가 역사상 처음으로 "'정신위생학적 관점'에 근거하여 전 조선인의 정신건강을 위한 처우 방침"을 만들고 적용했다는 점이다.[19] 총독부는 주로 우생학적 입장에서 정신 위생에 접근하고, 정신질환자의 수용을 위한 제반시설과 법제 마련에도 나섰다.[20] 그래서 이 땅 최초로 정신과 병원과 수용시설을 설치했다. 자살자는 곧잘 정신이상자와 혼동되기는 했으나[21] 자살에 관한 복합적이고 대규모적이고 의학적인 '정책'은 없었다.

물론 자살방조죄가 있었고, 총독부 권력이 부분적이고도 대증적으로 자살예방에 나선 경우도 없지는 않다. 1922년 5월 16일자 동아일보에는 "자살장으로 화한 한강"이라는 제목의 기사가 실렸는데 이에 의하면 "여름이면 수정 같은 맑은 물로, 겨울이면 거울 같은 얼음물로 수영과 스케이트를 즐기게 해주는 시민의 휴식처이자 놀이터인 한강"이 "눈물 흘리는 영결장"으로 되고 있다는 것이다.

경찰 조사에 따르면 1921년에 한강에서 자살한 사람은 총 19명인데 1922년 5월 현재 이미 그 숫자를 육박하고 있었던 것이다. 그래서 경찰은 한강 인도교 위에 인사人事 상담소를 설치했다. 상담소는 다음과 같은 역할을 했다.

물에 빠져 죽으려는 사람에게 대하여 기어이 죽지 아니하면 안 될 그의 사정을 듣고 살도록 인도하여 주고자 한다는데 오늘날까지 물에 죽은 사람의 사정을 조사하면 제일에 생활난이오, 제이에 염세 비관이오, 제삼에 연애 실패 등이라더라.[22]

이런 자살 상담소의 존재는 자살예방센터나 '사랑의전화' 같은 상담 구호기구가 식민지 시대에 이미 존재할 수도 있었다는 것을 보여준다. 그러나 이 인사 상담소가 얼마나 지속되었는지, 이 상담소가 자살생각을 하는 사람들을 위한 특화된 곳인지는 알 수 없다. 1920년대의 '인사 상담소'란 주로 실업자들을 위한 취업 알선과 상담 센터를 의미했다.[23]

한강 인도교를 관할하는 경성 용산 경찰서는 자살자들 때문에 무척 곤혹스러웠던지 1922년 6월에는 아이디어를 하나 냈다. 인도교 난간에 붙여서 자살자의 마음을 돌리게 할 표어를 현상 공모했던 것이다. 일종의 자살예방 캠페인이라고도 할 수 있겠다.

잠시 시민들의 응모작에 주목해보자. 표어의 문구가 자살과 사생死生에 관한 당시의 대중적인 표상과 인식을 드러내주기 때문이다. "잠깐만 기다리고 생각을 돌려라" 하는 평범한 것도 있었고

"명사십리 해당화는 명년 춘삼월 다시 피지마는 인생 한 번 죽어지면 다시 오든 못하리라" 하는 가사풍도 있었다. 또한 "사람의 몸은 하느님이 주신 것이니, 네 몸이 네 몸이 아니라 하느님의 몸이라. 참고 살면 하느님이 도와주실 것이오, 죽으면 살인한 자와 일반이니 하느님이 벌을 주리라"는 기독교식 설교와 "고진감래라니 죽지 말고 살아 있소" "옛적 강태공이 궁팔십을 기다리지 않았으면 어찌 달팔십이 있었겠고, 궁팔십으로 알고 기다리시오" "죽은 재상이 산 거지만 못하다" "개똥밭에 굴러도 이승이 좋다"는 풍유법으로 된 표어도 있었다. 삶과 죽음에 대한 전통적인 표상과 새로운 인식 방법이 교차하고 있었음을 알 수 있게 한다. 결국 당국에서는 "여러 가지로 방법을 연구하다가 '잠깐 기다리시오'" 하는 팻말을 한강 인도교에 설치하기로 했다.[24]

그러나 투신자살은 전혀 줄지 않았던 듯, 그 이듬해인 1923년 여름에도 한강은 "사신死神이 발동發動"한 것처럼 자살자와 자살미수자가 많았다. "세상의 무정과 사회이 하대를 이기지 못하여 필경은 모든 것을 저주하고" "무참히 물에 빠져 죽는 사람이 금년에도 수십 인에 달"했다. 그래서 한 재조 일본인이 나서서 1만 원의 돈을 들이고 용산 경찰서와 의논해서 인도교의 "전등을 늘이고 철망을 치고 망보는 사람을 늘이는 계획"을 시행하려 했다.[25] 그럼에도 1926년부터 1930년 사이에 한강에 투신자살한 사람은 무려 109명이나 됐다. 물론 "잠깐 기다리시오"는 계속 붙어 있었다.[26]

이런 대책은 근래 한 생명보험회사가 서울시와 손잡고 벌인 캠페인과 유사하다. 이 회사는 2003~11년 사이 한강다리에서 투신

자살 문제에 대한 근대국가와 사회의 대응

한 사람이 1090명이나 되고(서울시 소방재난본부 통계) 그중 가장 많은 수가 마포대교에서 자살을 기도했다는 데 착안해(188건) 대 시민 이벤트를 통해 '스토리텔링' 교각과 '한 번만 더' 동상을 마포대교에 설치했다. 시민들에게 1922년 6월에 용산 경찰서가 그랬듯 교각에 붙일 문구를 공모하고 그중 잘된 것을 뽑고 '전문가'들의 윤색을 거친 후, 한강 다리에 온 사람들에게 건네는 20개의 문구를 확정했다. 그것은 "밥은 먹었어?" "요즘 힘들어" "노래방 가고 싶다" "무슨 고민 있어?" "지금 가서 한 번만 보고 와요" "보고 싶은 사람" "가장 빛나는 순간은 아직 오지 않았다" 등이었다. '말 건네기'가 고립과 절망에 대한 치유의 손길이 될 수 있다는 데 착안한 것이다.

기실 자살 사건이 자주 발생하는 장소에다 그 같은 방식의 조치를 취한 일은 적지 않았다. 이를테면 1950년대 이래로 부산에서 유명한 자살 장소로 알려진 태종대 신선바위(일명 자살바위) 주변에는 구명사救命寺라는 사찰이 민간인의 발의로 설치됐었고, 1970년대에는 "죽음은 비겁하다 잠깐만 참자"라 써진 팻말이 붙어 있었다 한다.[27] 서울시가 용산 경찰서의 협조로 한강대교에 있는 24개 아치에 자살기도를 막기 위한 미끄럼용 기름을 칠한 것은 1995년 9월이었다.[28] 최근 부산 '한국생명의전화'와 소방본부는 광안대교에 '생명의전화' 6대를 설치하기로 했다 한다. 광안대교는 풍광이 좋아 부산의 명소로 떠올랐는데, 자살 사고가 빈번하게 발생하고 있기 때문이다.[29] 이런 사례들은 자살자에 대한 긴급구제와 자살 수단에 대한 규제가 갖는 의미와 한계를 보여준다.

자살론: 고통과 해석 사이에서

　요컨대 총독부는 최초로 자살을 인구 정책 또는 치안의 대상으로 인식한 근대권력이었으며, 경찰이 부분적으로 자살예방 조치를 실행한 일도 있으나 체계적이고 종합적인 자살 관련 정책을 펴지는 않았다. 이는 총독부의 인식이 '예방의 필요'에까지는 못 미쳤기 때문일 것이다.

자살 문제에 대한 근대국가와 사회의 대응

3

조선인 사회의
자살 인식과 담론

이에 비해 '사회'는 어땠을까? 앞서 말한 대로 식민지 시대 '조선인 사회'는 한편 자살이 사회구조 때문에 발생하는 비극이라는 점을 명확히 하고 있었으며, 담론의 수준에서는 대개 자살자를 연민했다고 할 수 있다. '생활고에 의한 자살'에 대해서는 말할 것 없고 실연이나 염세 등 개인적 고뇌에 의한 자살에 대해서도 동정적이고 낭만적 시각을 유지하는 경우가 적지 않았다.

또한 '조선인 사회' 일각은 빈곤으로 야기된 자살을 단순히 사회악이 아니라, 총독부 정치의 실패나 현대 자본주의 사회의 모순에서 빚어진 것으로 뚜렷이 인식하고 있었다. 다음은 1920년대 중반의 동아일보 사설에서 가져온 글들인데, 민족개량주의라는 비판을 듣는 동아일보지만 적어도 자살에 관련해서는 날카로운 인식과 언

자살론: 고통과 해석 사이에서

어를 갖고 있었음을 보여준다.

"근래 조선 사람 중에 생활난으로 인하여 자살하는 경향이 점점 증가한다"는 문장으로 시작되는 동아일보 1924년 8월 16일자 사설은 "생활난과 자살"이라는 제목을 달고 강하게 "문명"과 "문화정치"의 현실을 비판한다.

조선 사람의 전 생명을 지보支保하는 것은 농업 이외에 아무것도 없는데 그나마 토지의 겸병이 날마다 더하고 소작료의 증가가 해마다 심하고 경작 면적의 분배가 더욱더욱 축소된다. 그리하여 농업을 잃게 되고 농업을 잃은 후에는 유리개걸밖에 할 것이 없고 유리개걸 지경에 이르러서는 자살하는 사람이 많이 생기게 된다. 아ー 이것이 문명의 혜택이냐 문화정치의 수확이냐?

그리고 조선사회의 계급관계와 자살 문제의 계급성을 적시하는 데까지 나아가 무산자와 유산자를 선명히 대비한다. 무도한 자본가가 아귀가 되어 가난한 사람들을 잡아먹는 것이 자살이라는 것이다.

저 잔인무도한 유산자를 보라. 일방에는 생활난을 견디다 못하여 귀중한 생명을 자살하는 데까지 이르는 사람이 계속적으로 증가하는 것을 보면서 조금도 괘념치 않는다. (…) 주판을 들어 박할剝割의 다소를 계량하고 장부를 들쳐 부극의 소장消長을 타산하고 그리하여 일반 무산자를 박해하기에 행여나 여력이 미치지 못할까 한다. 만일 생활난으로 자살하는 사람이 아귀가 된다 하면 아귀의 아귀는 무도한 자본

자살 문제에 대한 근대국가와 사회의 대응

가가 아니고 누구이랴.[30]

오늘날의 현실에도 잘 적용될 강렬한 문장이라 하지 않을 수 없다. 다음은 빈곤 계층 여성이 배가 고파 과자를 훔친 아들 때문에 슬퍼하다 자살한 사건을 소재로 쓴 1926년 2월의 논설이다. 조선인의 심성과 그 사회·역사적 변화를 거론하고 있어 주목되는데, "자살이라고 하는 행동이 우리 조선인 간에 많이 나타난 것은 십 년 내외의 일"이라 적절히 지적한다. 민족성이나 사회적 심성의 변화가 일어나고 있고 그것이 자살로 표현된다는 것이다. 그리고 그 만연한 자살의 원인이 절망을 강요하고 불안과 공포를 부추기는 사회 분위기라 명시한다.

물론 그전에도 전무하지는 아니하였지만은 격증되어 세인의 이목을 경동시킨 시기는 십 년 내외로 더욱 요즘에 우심하여가는 경향이 있다. 우리 조선인은 여러 가지 역사적 사실로 보아서 민족성이 평화적이니 적어도 평화를 타에 비하여 더욱 애호함이 사실이었으므로 자살과 같은 악착한 일은 차마 하지 못하던 것이 일반의 심성이였었다. 그러나 인정은 모두가 대동소이한 것이니 주위의 환경이 악착하면 부지불식간에 인심도 그 영향을 수하야 변화하지 아니할 수 없다. 정치와 경제가 조선인에게는 오즉 절망을 강제하고 그로 인하여 불안, 공포, 격동, 급전 등 비등 난마한 사회적 분위기는 자기의 심성을 자기가 분별하지 못하게 되는 고로 고통에 패하여 최후의 수단을 자살에서 구하는 듯하니 그 죄가 자살자에게 있다고 하는 것보다도 사회에 있고 정

자살론: 고통과 해석 사이에서

치에 있다 할 것이다. 더욱이 생활난으로 자살하는 자가 대다수이니 오인의 궤상에 통계가 없으므로 단언은 하기 어려우나 생활난 자살로는 세계에 유가 적은 만큼 조선인의 생활은 잔인하고 각박한 것이다.

"사회적 분위기"는 단지 '분위기'가 아니라 각박하고 잔인한 생활난을 야기하는 구조 자체다. 그래서 논설의 필자는 한 걸음 더 나아가 만연한 자살은 "소위 현대 '소유신성'이라는 원리하에 도덕 의의를 음미하여볼 기회"이며 "현대 생활의 결함을 여실히 적발하는 실물교재"라 주장한다.[31] 즉 문제의 근본에는 사적 소유제를 절대적 원리로 한 현대 자본주의가 있다는 것이다. 이런 인식은 총독부나 권력의 인식이기는 어렵다. 자살을 '개인화'하는 데 가장 큰 이해관계를 갖고 있는 것은 사실상 자본과 거기 결탁한 정치권력일 것이다. 그래서 이를테면, 총독부나 자본은 자살이 경제 상황과 연관성이 없다는 기사와 통계적 연구를 들먹이기도 했다. 1931년 총독부 경찰행정 관보인『경무휘보』제306호에는「경제 문제는 자살 증가의 원인이 아니다」는 글이 실렸는데 독일의 자살 통계를 인용했다 한다. 또한 1932년 11월 24일자 조선중앙일보는 경기변동이 자살률 변동과 관련이 없었다는 기사를 보도했는데, 미국 뉴욕의 생명보험회사의 통계 자료가 인용되었다 한다.[32] '통계가 과학'이라는 신화나 '통계의 마술'이 자살 문제의 이데올로기 전선에 동원된 사례라 할 것이다.

동아일보 1927년 3월 15일자의 사설은 1910년대에 비해 대폭

자살 문제에 대한 근대국가와 사회의 대응

늘어난 자살자 수를 소재로 쓴 글이다. 15년 전의 무려 4배가 된 조선인 자살자 수는, 그사이의 사회 변화와 일제의 통치 전반을 돌아보게 하는 것 아니겠는가? 그리하여 동아일보는 조선의 불행은 일본인의 불행이기에 "위정자의 맹성猛省을 촉"구한다는 결론을 내렸다.

> 그러므로 오인은 이 숫자 즉 매년 자살자가 증가하여 15년을 지나면 그 4배에 이른다는 것을 통하여 조선인의 생활환경이 얼마나 재래 조선인의 심해心海를 교란하며 유린하고 있는지를 대강 추측할 수 있을 것이다. 이것이 이대로 추진된다 하면 그 결과 조선인을 위하여 불행한 것도 물론이지만 일본인을 위하여서도 불행한 바가 적지 아니하리라는 것을 생각하는 동시에 위정자의 맹성猛省을 촉促하여 둔다.

그러나 앞에서 본 것처럼 자살을 사회 또는 정치와 비장한 어조로 결합하는 진지한 '사회적' 담화가 아예 자살의 개인(주의)적 성격을 무시했다고는 하기 어렵다. 이를테면 동아일보 1926년 9월 6일자 「인생관으로 본 자살」은 자살의 "가장 중요한 원인이 두 가지라고 볼 수 있으니 하나는 전제정치와 그에 관련된 각종 무리한 정책의 결과요 또하나는 자살자 자신의 천박한 인생관의 소치"라 명확히 하면서, "정치적 원인과 사회적 결함에 대하여는 이미 오인이 누누이 논의하여"왔다고 했다. 그래서 동아일보 1926년 8월 17일자 사설은 "빈빈한 참극, 자본주의 정신의 악희와 타약惰弱한 자"라는 제목을 달고, 자본주의를 비판함과 동시에 "가져야 할 강

자살론: 고통과 해석 사이에서

한 이지력을 가지지 못하고 정에 끌리어서 평등스러워야 할 인간 사에만 취醉하여 불평등스러운 자본주의 정신에 대항할 용기를 잃어버린"[33] '나약한' 사람들도 비판했다.

자살에 대한 사회심리학적 인식의 정초

이는 사회의 책임보다 '개인의 자세'를 강조한 것이라 볼 수도 있는데 같은 시기에 바로 이 자살의 책임 문제를 놓고 논쟁이 벌어지기도 했다. 1926~27년 사이에 조선일보 지면에서 한치진과 여수학인 간에 벌어진 논쟁은 자살 문제에 대한 가장 고전적(?)이면서도 전형적인 논제를 갖고 있었다.[34] 즉, 자살의 책임이 자살한 개인에게 있는가? 아니면 사회와 환경에 그 책임을 물어야 하나? 이분법적이고 꽤 유치한 이런 대립은 오늘날에도 반복되고 있다.

당시 미국 로스앤젤레스 남가주대학USC의 유학생으로서 미국의 현대사상과 실용주의 따위를 국내에 소개하고, 해방 후에는 민족주의 우파 관변지식인으로서 서울대 교수와 미군정 관료로 활동한 한치진은 1926년 9월에 「현대자살론」을 썼다. 이에 대해 사회주의자로 보이는 여수학인은 「현대자살론을 읽고」를 1926년 10월에 게재해서 이를 비판했다. 논쟁의 2라운드는 한치진이 1927년 2월 8일부터 2월 28일 사이에 역시 조선일보에 10회에 걸쳐 「현대자살재론」으로 반박하고, 여수학인은 「정신주의 자살관의 오진: 한군의 현대자살재론에 답함」으로 1927년 3월 조선일보에 2회에 걸쳐 재반박해서 이뤄졌다. 한치진은 기본적으로 반유물론·반사회주의의 입장에서 "사람의 의식이 사람의 물질생활을 결정하기도

자살 문제에 대한 근대국가와 사회의 대응

한다"면서, "나의 죽고 사는 것을 내가 아닌 주위환경에 의지하여 결정한다고 생각하는 것부터 모순 천지"라고 주장했다. 여기서 나아가 그는 자살자를 생존경쟁에서의 패배자, 즉 "현실에 대한 희망이라고는 반분半分어치도 없는 현실생활의 낙제자들", "혁신운동의 장애물"이라 칭하고 "이러한 비겁자들은 가급적 어서 속히 자살을 해서든지 어떻게 해서든지 없어져야 할 것을 느낀다"[35]는 데까지 나아갔다. 이런 입장은 자살을 보는 가장 우파적이고도 잔인한 자본주의자의 관점에 다름 아닌 것이다. 이는 자살자를 '루저'로, 또 자살을 국가나 신의 뜻에 반하는 일탈로 간주하는 식의 입장과 다르지 않은 것인데 더 큰 문제는, 정승화가 지적한 대로 이런 식의 논의가 개인의 정신과 의지를 강조하며 자살자에 대해 도덕적으로 비판하는 자유주의적인 발상 수준에 머무르지 않고, 전체를 위한 개인의 희생을 정당화하는 국가주의에 연결될 수 있음이다.[36]

한편 여수학인은 한치진의 자살론이 개인주의 사상의 입장에서나 사회주의 사상의 관점 모두에서 부당한 것이라고 비판하고, 자살 문제의 해결은 사람들을 생존의 막다른 궁지로 내모는 사회경제적 구조에 대한 비판과 식민지 현실을 구체적으로 변화시키는 실천적 노력으로써 가능하다는 점을 강조했다.[37] 당연하고 '조선인 사회'에서 통용되던 입장이라 할 수 있다.

물론 좀더 섬세하게 계층과 젠더, 연령과 직업 등의 문제에 대해 더 접근할 여지가 있었지만, 이처럼 1920년대에 이미 자살에 대한 '사회학적' 담론은 기본적인 형태를 갖추고 있었다.

자살론: 고통과 해석 사이에서

관련하여 『조선지광』이라는 좌파 계열의 잡지에 실린 신언준의 글 「자살 유행에 대한 사회학적 고찰」(『조선지광』 67호, 1926년 6월)을 볼 만하다. 이 글은 제목답게 사회과학적인 분석적 태도를 취하고 있어 당시의 사회(과)학에 대한 상이 무엇인지를 보여주기도 하면서, 동시에 자살에 관한 당대의 지식이 착종·종합돼 있는 양상을 보여준다. 신언준은 사회(과)학이란 곧 통계를 사용하는 지식이라는 생각을 갖고 있었던 듯, 통계를 많이 인용하고 있다. 우선 1910년부터 1925년까지 매년간의 조선총독부 통계를 인용해 조선 사회에서 식민통치 이후 자살자가 폭증했음을 말했다. 제국의 통계를 식민정치를 비판하는 데 원용한 경우다. 그리고 일본과 조선의 자살 양상을 비교해 자살을 식민지 조선의 구조적 모순을 나타내는 지표로 의미화했다.

> 일본이 비록 자살 사건으로 유명하나 이같이 격증치는 아니하며 또 그 원인으로 말하여도 타국에서 출현되는 자살 사건은 거의가 신경증과 연애관계에 유有함이 대다수이나 조선에 있어서는 생활난이 주요한 원인이다.[38]

그러나 이는 자체로 다소 부정확한 것이다. 일본이나 다른 나라에서도 생활고는 중요한 자살 '원인'으로 파악돼 있었기 때문이다. 이 글에서 가장 흥미로운 부분은 신언준이 동아일보 지면에 나타난 1926년 3월 1일부터 4월 1일까지 1개월 동안에 발생한 자살 사건을 대상으로 조선인 자살 '원인'의 전형성을 추출하려 시도하고,

자살 문제에 대한 근대국가와 사회의 대응

방	원인	직업	연령
전남	빗이 만허	어물상	중년
황해	의탁할 곳 업서	–	노인
함남	우상 실패牛商失敗	우상	중년
강원	절도 폭로	–	아동
경북	상업 실패	상	중년
전북	생활난	농	청년
경기	정사	–	소녀
평양	정사	–	소녀
전남	생활난	행상	청년
경기	생활난	미곡상	중년
경남	상업실패	–	중년
평양	무여비無旅費	노동자	소년
함북	정사	–	청년남자
총계	9,787	4,988	4

• 표9 1926년 3월 1일~4월 1일 동아일보에 기사화된 조선인 자살자의 직업과 자살 원인(신언준, 앞의 글, 56~57쪽)

이를 통해 조선인의 빈곤화 또는 프롤레타리아화가 구조적 모순의 핵심임을 증명하려 한 부분이다.

논의의 수준 자체는 그리 대단한 것은 아니지만 표9와 같은 분석을 통해 신언준은 "(ㄱ)조선인의 생활난은 매우 보편인 모양이다" 그리고 "(ㄴ)조선의 중산계급 상업가들의 몰락이 급격한 모양이다"는 두 명제를 도출한다. 그리고 이를 증명하기 위해 조선 농촌에서 자작 중농의 비율이 급감하고 소작농의 비율이 증가했으며, 소작농민들의 수입도 감소하고 있다는 '팩트'를 통계수치로 제

자살론: 고통과 해석 사이에서

시했다. 또한 목공·식자공·석공 등 도시 노동계급뿐 아니라 공무원들의 인종별 임금액을 통해, 일본인과 조선인 사이의 임금 격차가 1.5배 내지 2배에 달한다는 사실도 적시했다. 그러고는 "조선인의 경제는 이미 참멸기慘滅期에 입하였다"(비참하게 몰락하는 시기에 들어섰다), "조선인의 자살 유행은 곧 그들의 경제 상태의 반영이다"라는 중간 결론을 도출한다. 또한 인도인이나 중국인은 이런 경제적 비참 앞에서 토비나 군벌이 되는데, 조선인은 그마저 가로막혀 "걸인, 유맹流氓, 자살"밖에 선택할 수 없다 한다. 이 대목에서 신언준의 필치는 과격해진다. 일제의 검열당국으로로부터 부분적으로 글이 지워진 대목들도 많이 보인다.

이 글은 몇 가지 방법론적인 흠과 자살에 대한 잘못된 인식을 갖고 있다. 필자 자신이 말한 것처럼 표본 수가 너무 적고, 표에서 연령대를 나눈 분류 기준이나 해석도 자의적이다. "자살자의 대부분이 상업계 종사자"라든가 임금 격차를 자살과 연관시킨 부분에 논리적 비약이 있다. 결정적으로 신문에 나타난 자살 '원인'이 실제 '원인'이라는 보증이 없다는 점이 방법적 약점이다. 게다가 글의 후반부에서 "자살 유행은 민족적 열성劣性의 표현이다"고 한 것은 자신의 논지 자체를 무너뜨리는 오류다.

그럼에도 자살자의 직업과 자살 '원인'을 연결시키고자 한 것이나, 조선인의 '경제'를 식민지적 차별과 연동해 자살을 '사회적 죽음'으로 의미화한 것은 가치 있는 학적 태도임에 분명하다.

1930년대 이후의 자살 담론

1930년대에 이르러 자살 담론에는 실존주의 등 철학이나 정신의학의 담론, 그리고 자살학 자체의 발전이 영향을 끼치고 있었던 것으로 보인다. 일본에는 이미 1910년대 이후에 상당히 높은 수준의 자살학이 독자적으로 전개되고 있었다. 일본에서 뒤르켐의『자살론』이 번역 간행된 것은 1932년 5월이다.[39]

1931년 동아일보에는 이름 있는 문필가 두 사람이 쓴 자살론이 게재된 바 있다. 두 글은 '자살의 근대'가 펼쳐진 1920년대를 경과하고 난 뒤 합의되거나 누적된 자살에 대한 지식과 인식론을 보여준다는 점에서, 또한 여전히 "연년이 자살자가 격증되어"[40]가던 식민지 조선의 상황에 대한 지적 대응이라는 점에서 주목된다.

「농민」「흙의 노예」 등 '농민소설'을 쓴 바 있는 소설가 이무영은 동아일보 기자로 일하던 1931년 11월, 8회에 걸쳐 「자살 만담」이라는 글을 연재했다. 이 글은 자살에 대한 당대의 저널리즘적인 인식방법과 통속적 지식을 보여준다. 이무영에게 '자살의 근대'는 두 가지 방향으로 파악돼 있다.

그 첫째는 자본주의 문명의 발전과 자살의 증가가 '비례관계'에 있다는 것이다. 즉, "문명국일수록에 자살자 통계표는 미개 당시에 비하여 그것이 마치 문명을 구성시키는 요소의 일부분인 것 같은 현상"을 보여주며, "인간사회가 문명되어 인간의 생활이 향상 발전함에 따라서 마치 고명된바 생활태도와 같은 엄연한 존재로 자살사도 발전"된다는 것이다. 이런 인식은 제국주의자들이나 구

자살론: 고통과 해석 사이에서

미 과학자들에게 공통된 것이기도 했는데, 이무영은 세계적 추세를 제시해 근대문명과 자살의 관계를 연결 지었다. 그래서 헝가리, 독일, 오스트리아, 프랑스, 영국 등 "세계 각국의 자살 통계를 인용"하고 이를 내세워 말했다.[41] 즉 통계라는 '근대 지식'은 그와 같은 자살 인식의 강력한 증좌가 되고 있음을 보여준다.[42] 그러나 이무영은 정작 '자살의 문명화'나 근대화의 핵심이라 할, 자본주의나 개인주의 문제는 건드리지 못했다. 대신 "이십 세기에 이르러 과학문명이 발달되자 자살자는 과학의 소산 제 문명의 이기를 응용하게 되"었다 운운, 자살 방법의 문제로 근대문명과 자살의 관계를 해소하는 데 머물렀다.

둘째, 이무영에게 '자살의 근대'는 조선의 특수성에 있었다. "정치적으로나 경제적으로나 특수한 입장에 있으므로 이중삼중의 물질적, 정신적으로 타격을 받아 신경이 첨예해지는 까닭"이 조선에서 자살이 "격증"하는 '이유'라 했다. 이는 1920년대 이래 조선인 사회가 합의하고 있던 인식을 따른 것으로, 식민지 현실에 대한 비판적 관점과 '자살의 근대' 인식이 연결돼 있음을 보여주는 것이다. 그러나 검열 등의 이유 때문인지 이에 대한 더이상의 언급은 없다.

한편 이무영은 글의 목표가 "자살자의 심리를 해부하기" 위한 것이라는 점을 강조하고 있다. "인도박애로 인생 전반의 문제를 해결 지"은 톨스토이도 "일 개인의 자살 심리를 여실하게 해부하지 못하"였고 조선에도 이광수·염상섭 등 "자살을 취급치 않은" 작가가 없을 정도였는데도, "오히려 자살자의 심리만은 예술화 —작품화하지 못했다"고 주장한다. 또한 자살해서 더 유명해진

자살 문제에 대한 근대국가와 사회의 대응

"일본 작가 개천룡지개芥川龍之介나 생전춘월生田春月도 '이것이다' 할 만한 자살 심리에 대한 표현이 없었다"는 것이다. 생전춘월은 1930년에 38세의 나이로 자살한 서정시인 이쿠다 슌게츠고, 개천룡지개는 1927년에 수면제를 과다복용하고 35세를 일기로 자살한 아쿠타가와 류노스케다. 특히 아쿠타가와는 일본 근대문학의 한 개척자이며 『라쇼몽』의 작가로 유명한 자다. 그의 자살은 일본 예술가—자살자의 계보에서 하나의 상징으로 돼 있다. 일본 근대예술가들의 자살은 페시미즘과 심미주의를 이행하는 예술적 행위의 부분으로 간주된다. 그런데 이무영은 아쿠타가와가 유서에 '죽고 싶다'는 말만 잔뜩 써놓았지 자기의 자살 동기나 '자살 심리'를 표현해놓지 못했다고 툴툴거린다. 이는 유서 쓰기라는 글쓰기에 대한 오해에서 비롯한 말이라 할 수 있겠다.

　이무영은 "염세, 신병, 정신이상, 실연, 생활난 등이" 자살의 주된 '원인'이라면서 "세인을 놀래주려 하는 기분자살 기생이나 보험금을 탐한 직업자살 등이 있다"고 썼다. 세태를 보여줌과 동시에 논의가 회화화되는데, 한편으로 자살자 심리의 "변태성"을 규정하기 위해 "전문가의 학설"을 인용했다. 즉 정신장애와 직접 자살을 연관시키는 '의학 담론'을 따랐는데, "정신상에 장애 있는 자만이 자살한다"는 "에스키로—스"의 학설이나, 자살자 300명의 정신감정을 하고 논문을 발표했다는 "아—놀드·헤—라" 박사, "자살자의 약 반수는 육체적 정신적으로 질환 있는 자로서 자아의 생명이 절단되기 전에 자발적으로 중단"시킨다고 주장한 "우루렌돌프" 등을 인용했다. 전체적으로 자살에 관한 문명론, 통계, 정신의학 담론이 이무영의 자살론을 구성하고 있는 셈이다. 이것이 당대 자살에 대한 지식의 구성요소들일 것이다.

한편, 시인 이육사의 동생이자 뛰어난 비평가였던 이원조는 1931년 1월 29일부터 2월 4일 사이에 동아일보에 자살론을 연재했다. 따라서 이 글은 일제강점기와 해방기에 걸쳐 활약한 대표적인 비평가 이원조의 초기 산문이다. 당시 약관의 불문학도였던 이원조의 글은 "우리는 생명에 대한 아무 의무도 가지지 않았다. 차라리 우리는 생명에 대한 무상의 권리를 가졌을 따름이다"는 힘있는 문장으로 시작된다. 인간의 삶이란 누가 정해준 수명대로 살 의무를 지닌 것이 아니라, 생명력을 작용시켜 최대한 "사는 것답게 살아야 할 것"이라는 것이다. 쇼펜하우어나 니체 등 '생의 철학'의 영향을 받은 듯한 이 글에서 이원조는 자살에 대한 통속 도덕적 비판을 믿을 수 없고 수긍할 수도 없다고 주장한다. "자살은 약자의 최후 비명이다" "자살은 인생의 최대 죄악이다" "자살은 어리석다"는 등의 비판이 피상적으로는 삶을 옹호하고 죽음을 증오하는 것 같지만, 기실 그런 말들은 삶의 근본 의의를 "다 잊어버린 거의 상습적, 숙명적, 인습적 관념"에 근거한 것일 뿐이라는 것이다. 그런 비판이 자살을 선택한 이들의 윤리성이나 "심정은 이해도 하려 하지" 않는 것도 당연하다.[43] 자살자들은 삶의 본래성을 추구하다가 패배한 자들이다. 그래서 이 자살론의 결구는 다음과 같다.

그리고 다른 일면으로 생각해보아 최후로 자살의 일각까지 생각하고

자살 문제에 대한 근대국가와 사회의 대응

생각해도 새 국면이 보이지 않고 새 힘이 솟아나지 않는다면 다음 순간에 이 세계가 절인도가 되더라도 그른 인간의 소실은 아니다. 자살이라도 하여라. 그러나 자살의 일각에 최후로 한 번만 더 생각해보아라. 새 생활을!

인간의 가장 강한 수단은 삶이다. 자살을 극복한 삶이다. 사를 초월한 생이다.[44]

자살의 윤리성과 삶 자체의 의의를 동시에 인정하는 세련된 논리다. 이 독특한 글은 그러나 주의주의적이다. 그리고 진정한 삶을 해치는 것이 "제도의 불미"와 "불의의 억압"이라는 인식을 뒷받침하는 구체적인 자살의 사회적 상황에 대한 언급이 없다.

1930년대, '보통의' 자살

총동원체제 선포(1938년) 이전까지 조선의 자살률은 꾸준히 높아졌다. 1930년대에도 조선의 모든 지역에서, 소년에서 노인에 이르는 모든 연령층과 계층의 조선인들이 생활난과 신병, 가정불화, 염세나 실연 등의 '이유'로 자살을 선택했다. 그들은 목을 매거나 극약을 마시는 가장 '일반적인' 방법을 택하기도 했고, 우물에 뛰어드는 '전통적인' 방법을 택하기도 했다. 또한 달려오는 기차에 뛰어드는 '철도 자살'이라는 '유행'을 따르거나, 빌딩 옥상에서 뛰어내리고 자기 몸에 불을 지르는 '새로운' 방법을 택하는 사람들도 있었다. 그러나 자살은 더이상 새롭거나 충격적일 게 없는 일상적인 사회적 사실이 됐다.

자살론: 고통과 해석 사이에서

1920년대와 비슷하게 1930년대 동아일보 사회면에서도 여전히 자살 사건은 큰 비중을 차지하고 있었다. 그중에 입시에 실패한 어린 학생의 자살, 보기 드문 방법으로 분신한 여인, 네 살배기 아이를 업고 철도에 뛰어든 주부의 죽음, 개성에서 한강까지 와서 동반 자살한 묘령의 두 여성에 관한 내용 등은 크게 보도되기도 했다.[45] 그러나 한편 많은 경우 자살 사건은 심상하고 새로울 것 없는 일들로 취급되기 시작했다.

신문에서의 자살 서사와 담론도 폭주하는 새로운 사회악으로서의 자살을 다루던 1920년대와는 성격이 달라졌다고 보인다. 자살자에 대한 감성적인 연민을 표시하거나 자살을 낭만화하는 태도는 사라졌고, 자살의 '원인'과 과정을 상세하게 서사하는 경우도 거의 보이지 않는다. 또한 자살 문제를 다루는 논설들의 비판적 성격도 옅어졌다. 예컨대 1935년 2월 25일자 동아일보 1면 사설은 높아지는 자살률을 언급하면서, 우리 조선인이 전에는 군자 같은 심성을 갖고 있어 인내하고 진중했으나 이제는 쉽게 자살한다고 했다. 그러면서 오늘날 조선 사람은 제대로 된 자산이나 사회적 권리, 기구나 단체 등을 하나도 갖지 못한 "불행한 민중"이며 "초근목피" 신세임을 한탄하듯 말했다. 그러나 자살은 비겁한 짓이라면서 '가진 것 없어도 일 열심히 하자'는 게 이 글의 주지였다. 1937년 7월 2일의 사설 「자살의 무모無謀」도 높은 자살률을 언급하면서 심성이 변해 무모하고 허무하게 자살하는 사람이 많다고 했다. 그러면서 "세상은 고해"라든지, 생명은 소중한 것이라는 등 빤한 소리를 하는 걸로 글을 맺었다.[46] 한마디로 무기력해진 것이다.

자살 문제에 대한 근대국가와 사회의 대응

요약해보면 1910년대 조선사회에는 아직 자살 사건이 많지 않았을 뿐 아니라 사회 문제로도 부각되지 않았다. 1920년대에 들며 조선인들은 자살을 '조선인 사회'를 상상하는 중요한 매개로 생각하게 되었다. 이 시대의 사회주의와 사회과학적 인식의 진전이 이에 한몫했을 것이다. 이후 자살에 대한 지식과 인식은 현대적 형식을 다 갖추게 된다. 자살 통계와 사회구조에 대한 인식은 자살에 대한 사회적 인식론의 중요 축을 형성했다. 정신질환과 개인 책임 등 자살 문제의 윤리학도 이 시기에 정초된 것이다. 이러한 인식적 구조는 오늘날의 그것과 크게 다를 바 없다.

그러나 사회운동 세력과 종교단체 등의 '조선인 사회'가 자살 방지를 실제적인 정책적 화두로 떠올리지는 못했던 듯하다. 1920년대 조선에는 수재·기근의 피해자들이나 고아를 돕기 위한 사회단체인 '구제회'가 비교적 활발하게 조직됐고, 또한 석방된 전과자들의 사회 복귀를 돕는 면수免囚 구호회 등도 있었다.[47] 하지만 자살 예방과 자살기도자에 대한 긴급구제를 시도하는 단체는 출현하지 않았다. 아직 조선의 자살률은 낮았고, 자살보다는 절대빈곤이나 민족적 차별 같은 문제가 훨씬 더 커 보였기 때문이었을지 모른다. 근대 초기의 자살 문제는 상당히 '사회화'되었으나 아직 충분히 '의료화' 혹은 '정치화'되지는 않았다고 할 수 있다. 그러나 대한민국 건국 이후에는 달라진다. 빈곤과 아노미적 상황이 만연하고, 근대화의 새롭고도 잔인한 버전의 속도전이 펼쳐졌기 때문일 것이다.

근대화 개발 연대 자살 문제의
사회화와 자살예방 제도

1950~70년대에도 한국은 늘 세계에서 가장 높은 수준의 자살률을 유지했다. 연세대 의대 신경정신과 이호영·신승철 교수팀은 1965년부터 1988년까지 치안본부가 집계한 총 21만 6374명의 자살 기록을 토대로 분석한 「한국의 경제발전 과정에 있어서 자살률의 추이」란 연구논문을 발표한 적이 있다. 이 논문에 따르면 박정희 개발 초기인 1965년의 자살률은 29.81명으로 대단히 높았다가 1968년에는 24.56명으로 약간 떨어졌다. 그러나 박정희가 한 손으로 독재와 반공의 광기 어린 칼을 휘두르고 다른 한 손으로 공업화와 경제성장을 구가한 유신시대에는 오히려 자살률은 높아졌다. 1973년에는 자살률이 27.61명이었고 1975년에는 31.87명으로 정점을 이루었다. 이는 대한민국 건국 이래 자살률이 가장 높은 오늘

날과 거의 비슷한 수준이다. 오히려 고도성장이 지속되던 전두환정권 때는 자살률은 낮아져 1988년에는 18.59명(경찰 통계)이었다.[48]

박정희식 근대화가 '인간의 피'를 동력으로 했으며, 정치적으로는 북한과 다를 바 없는 '전체주의'적 통제나 일제의 총동원체제를 방불케 할 상황이 이뤄졌지만, 기실 사회의 심층에서는 '아노미'적 상황이 존재했음을 재확인해주는 수치가 아닌가 싶다. 뒤르켐은 "사회질서가 심각하게 재적응해야 하는 상황에서는 그것이 갑작스러운 성장이든 예기치 않은 재난이든 간에 사람들이 자살하기 쉽다"고 주장하며 자살이 증가하는 이유는 "위기"(고비)이기 때문이라했다.[49] 곧 '아노미적 자살'의 개념인데, 박정희 통치 연간은 일종의 사회적 '위기' 국면이자 인간적 삶의 '비상 상태'였던 것이다. 오늘날 사회과학은 그것을 '압축성장'이라는 부드러운 말로 불러준다.

1950~70년대에는 '일반적인' 자살 외에도 가족의 집단 동반자살이나 군복무자의 자살 같은 한국 특유의 자살도 만연했다. 그래서 1950년대 이래로 상당히 높은 수준에서 자살 담론과 자살 연구가 활발하게 전개되었다. 즉 자살을 새롭게 '지식화'해 자살의 다기한 원인에 대해 토론하고 그 예방이나 확산 방지에 대해서도 활발한 모색이 이뤄졌다는 것이다. 1950년대 후반의 자살 담론에서는 "생활고와 신병 비관, 가정불화"[50]가 주된 원인으로 지목되었다. 실제로 전쟁이 남긴 여파가 전 계층에 영향을 미쳤을 가능성이 높았다. '제대 군인' 중에 자살자가 많았고 한국적인 가족의 집단자살도 대폭 늘어났다.[51] 자살에 대한 사회학적 관점에서의 접근도 본격화됐다. 이만갑 같은 대표적인 사회학자는 한국전쟁 이후

자살론: 고통과 해석 사이에서

의 급격한 사회변동이 자살 급증의 배후에 있다고 주장했다. 이만
갑도 뒤르켐을 원용하며 사회통합의 수준과 자살 문제를 연동시켰
다.[52] 이로써 한국에서도 드디어 뒤르켐이 자살에 관한 담론·지식
의 핵심으로 부상했으며, 이는 의학·보건학에도 영향을 미쳐 '사
회위생학적' 관점을 정초하는 데 역할을 하기도 했다.[53]

이 시기 자살 문제에 관한 담론 중에서도 "집권층"이나 "위정
가爲政家"[54]의 정치적 책임을 거론하는 것도 있어 주목된다. 이는
1950년대 말 이승만정권으로부터의 급격한 민심 이반을 반영한
것이라고도 볼 수 있는데 '자살 문제의 정치화'가 정세에 힘입어
진전될 수 있었음을 보여준다.

이처럼 정치적 격동과 급격한 압축성장기의 초입이었던 1950년
대 말~60년대 초의 자살 문제에 대한 한국사회의 대응은 획기적
인 면이 있다. 1962년 1월에 서울 중림동에는 '자살미연방지상담
소'가 생기고[55] 6월에 그 출장소도 한강에 설치됐다. 순식간에 허
다한 노소남녀가 이 상담소를 찾았다 한다.[56] 또한 가톨릭 교딘이
큰 공헌을 했다. 1962년 9월 기톨릭중앙의료원은 부설 자살예방
센터를 열어 자살기도자의 치료와 상담, 재활까지 돕는 기관을 열
었다. 이 센터는 신경정신과 병동에 설치되어 극빈층 자살기도자
를 위한 병상을 따로 마련하고, 퇴원 후에는 천주교 구제회에서 자
활의 길을 열게 했다. 또한 이 센터를 통해 수준 높은 자살 담론과
자살학 연구도 진전됐다.[57] 한국의 자살 문제는 새롭게 종교의 세
례를 받게 되고 다른 지식의 공간 속으로 배치된 것이다.

그러나 이런 노력이 즉각 사회 전체나 정부의 제도적 수준에서

자살 문제에 대한 근대국가와 사회의 대응

의 반향을 이끌어낸 것 같지는 않다. 박정희 군사정부가 만연한 자살 문제에 대해 제스처를 취한 적은 있다. 이를테면 '생활고로 인한 자살'이 만연해지자 1963년 1월에 보건사회부(현 보건복지부)는 그런 자살 사건을 "미연에 방지하기 위해 영세민 구호를 철저히 실시토록 서울특별시 및 각도에 지시했다". 다분히 군사독재식이다. 특히 정희섭 보사부장관은 "만일 생활고로 인한 자살 사건이 일어나는 경우 당해 구호기관 책임자를 엄중 문책하겠다"고 하급기관을 협박했다.

가톨릭 교단이 아닌 다른 종교단체의 상담센터가 설립되고 자살 생각을 하는 사람들을 돕게 된 것은 1970년대 중반 이후다. 1976년 9월 '서울생명의전화'가 설립되면서부터 상담전화가 설치되고 1978년에는 '도움의전화'와 코미디언 심철호가 만든 '사랑의전화'가 개설되었다. 바로 자살률과 경제성장률이 동시에 하늘을 찌를 듯 높아진 때다. 박정희정권 통치 전 기간에 자살률은 상당히 높아, 사회사업의 차원에서 자살 예방과 상담 등에 대한 관심과 실행은 늘었지만 박정희정권은 이 문제에 대해 '정책' 수준의 관심을 갖지 않았다. 대신 전체주의적 권력으로서 박정권은 자살률을 은폐했다.[58] 유신사회의 정조情調는 '명랑'이어야 했기 때문이다.

그런데 자살이 박정희정권의 정책을 변화시킨 경우도 있다. 바로 1970년 전태일의 분신자살이다. 엄청난 사회적 반향을 불러일으키고 대한민국 역사를 바꾼 이 사건은 박정희정권의 노사정책에도 영향을 미쳐 노동부를 설치하게 했다.[59] 부정과 관권을 동원한 박정희가 겨우 이긴 1971년 대선을 몇 달 앞둔 시기이기도 했다.

자살론: 고통과 해석 사이에서

자살 문제가 진정 심각하다면

'원론적으로' 이명박정부의 자살예방법 제정은 한국정부가 '복지국가'로서의 또는 '생체권력'으로서의 통치성을 강화시킨 것으로 볼 수 있다. 다시 말해 우리는 이전보다 생명(삶)과 죽음에 더 많이 법률을 통해 개입하는 정부를 갖게 된 것이나. 과연 정부나 국가적인 제도가 어디까지 '개인들'의 행동인 자살(률)을 관리하거나 통제할 수 있을까? 북구 사민주의 국가들은 살기 좋은 나라들로 유명하지만 자살률은 상당히 높았다. 밤이 길고 일조량이 적은 자연환경의 영향이다. 그러나 이들은 자연 조건의 불리함을 합리적인 국가 관리와 사민주의적 사회연대로 보완한 사례이며, 영미 등의 경우는 신자유주의 탓에 조성된 '정글 사회'를 제도적·사회적 장치들로써 보완해 자살률을 낮출 수 있다는 것을 보여준다. 경쟁과 불평등이 아주 심각함에도 (또는 심각하기 때문에) 그에 대한 보완장치들이 사회에 의해 조성된 것이다. 한국에서도 보편 복지 담론이 운위되는 이때, 자살예방법은 존재하는 모든 개인이 국가 정책의 대상이며 사회구성원이라는 전제를 담고 있는 것이다. 이는 복지국가와 생체권력 사이의 관계에 대한 복잡한 토론을 야기한다.

그런데 주목할 것은 노무현정부와 이명박정부는 이미 자살률을 낮추기 위한 '종합대책'을 수립·집행했었다는 점이다. 노무현정부는 2004~8년 제1차 자살예방 5개년 기본계획을 시행했고, 이명박정권은 2008~13년까지 제2차 자살예방종합정책을 실시했다. 2차 자살예방종합대책에 따르면, '인구 10만 명당 자살사망률(=자살률)'을 20명 미만으로 낮추는 것을 목표로 하고 있다.[60] 이 2차 종합대책은 이번에 제정 공포된 법보다 더 구체적인 '예방'책들을 포함하고 있었다. 그 내용은 다음과 같은 것들이다.

현재 전국 초·중·고교 245곳에서 하는 정신건강 선별 검사를 2009년 450곳으로, 2010년엔 모든 초·중·고교로 확대하기로 했다. 이혼 가정과 위기 청소년, 홀몸 노인 등에 대한 상담 서비스도 강화한다. 2011년까지 지하철 스크린도어를 서울과 5대 광역시 지하철역 480곳 가운데 354곳에 설치하고, 고독성 농약 판매 땐 기록을 의무화하는 등 자살 수단 접근을 어렵게 하는 방안도 마련했다.[61]

또한 정부는 "2013년까지 자살 고위험군인 홀몸 노인 지원 같은 사회안전망 확충 등 간접 사업에 5258억 원을, 자살예방 프로

자살론: 고통과 해석 사이에서

그램 개발과 교육 등 직접 사업에 374억 원을 투입한다"[62]고 했다. 2013년까지 시행될 이 종합대책은 주로 청소년과 노인 자살 문제에 초점이 두어졌으며, 포괄적 예방보다는 즉각적인 방지 차원에 그리고 '위기 구제'에 초점이 두어진 특징이 있는 듯하다. 한편 예산 액수가 거론된 "직접 사업" "간접 사업"은 자살과 연관된 사회복지 정책과 교육 프로그램 등인데 액수가 너무 적다. 그런 탓인지 이 '종합대책'은 효과가 없었다. 2004~11년에도 자살률은 계속 높아졌다.

자살이 만연한 사회는 제대로 된 사회가 아니다. 그것이 바로 현재의 대한민국이다. 자살은 복합적이고 다차원적인 '원인'들을 갖고 있으며, 자살이라는 현상에 우리의 '사회·문화'가 총 응결돼 있다. 때문에 자살에 대한 대책은 '종합적'이어야 하며 다층적이면서도 구조적인 접근을 통해 도출돼야 한다.[63] 즉, 자살을 야기하는 사회구조를 고치고 '삶의 질'과 '행복'에 대한 인식의 패러다임을 고쳐나가는 것, 특히 학교나 직장에서 경쟁으로 야기되는 소외와 폭력의 상황을 줄이는 것, 자살위험군에 속하는 노인과 빈곤층 및 정신장애인 들에 대한 실질적인 물질적·정신적 지원을 확충하는 것, 그리고 종합적인 긴급구제를 행할 수 있는 예방센터를 전문적인 인력의 힘으로 운영하는 것이다. 물론 자살에 대한 바람직한 앎을 증대시키는 것도 선행과제다. 2012년에 발효된 자살예방법이 어떤 효과를 낳고 있는지는 또다른 중요한 분석의 과제가 될 수밖에 없다.

자살 문제에 대한 근대국가와 사회의 대응

자살의 모던과 포스트모던, 그리고

망각하고 있지만, 더 정확히 말하면 일상의 과업과 '바쁨'이 휘발시켜 지나쳐버리게 하고는 있지만, 죽음들 틈에서, 스스로 죽는 사람들 사이에서 살아왔다는 매우 새삼스런 자각이 이 글을 시작하게 됐다고 프롤로그에 썼다.

우리는 완전한 무無로 소멸하는 존재이며 이 육신의 삶이 결국 돌이킬 수 없이 몰락하고 중단되며, 그럼에도 삶이 죽음에 지지 않고 그 자체로 의미와 관계와 또 사랑으로 무한히 충만하다는, 고로 우리는 잘 살아가야 한다는, 또 그럼에도 그것은 '곧' 중단될 운명에 처할 수밖에 없다는, 이 곤란한 무한 변증법과 순환. 그리고 삶의 거의 맹목적인 연속의 법칙에도 불구하고, 존재함의 난경을 죽음으로써 돌파하거나 회피하는 존재들 또한 무수하다는, 엄연한 현실에 대한 지각 말이다.

이 책은 '자살의 근대'에 대해 문화론과 문화사적 접근을 시도한 것이다. 자살의 역사에 대한 연대기나 '역사학적' 접근 자체를 추구한 것은 아니며, '현재'와 결부된 자살의 문화에 대한 어떤 불충분한 계보학을 시도한 것이다. 그래서 우선, '자살의 원인'을 말하려는 담론에 대해 살피고 자살의 '원인'에 대한 다기한 파악과 재현의 시도가, 죽음의 권능과 타자의 삶/죽음의 '맥락'에 대한 장악의 노력이라 이해해야 한다고 했다. 근대 초기 한국에서의 '자살의 원인'은 기실 당대인들이 보편적으로 처한 새로운 '문제상황'과 고통에 다름 아닐 것이다. 그것은 곧 식민지 자본주의나 새로운 젠더 및 가족의 정황들이다. 자살의 문화는 그 고통들 가운데에서, 또는 고통에 대한 해석의 그늘에서 피어난다. 자살에 대한 개별자들의 인식과 문화적 의미화는 자살에 대한 국가와 사회의 대응과 상호작용한다. 그리하여 자살의 문화는, 자살을 '전염'되고 교육되는 사건으로 만든다. 매스컴이나 이데올로기적 국가장치가 교육하는 '감정 교육'과 생사관에 의해. 요컨대 자본주의, 젠더, 그리고 국가와 미디어, 그리고 그것들과 관계와 상호작용하는 '자아'가 '자살의 근대'의 사회·문화적 요소들이다.

자살의 '전염'(소위 '베르테르 효과')과 '교육'은 공시적인 것만은 아니다. 그렇다면 '자살의 후기근대'도 있을까? '자살의 근대'가 지속되는 한편, 죽음의 후기근대적 정황이 있고 그 속에서 자살의 후기근대라 불릴 만한 상태도 있다고 생각한다. 아직 막연하나마, 그 정황을 다음과 같이 말해보고 싶다.

그 첫째는, '삶/죽음'이 돈과 미디어에 완전히 둘러싸인 상황이다. 오늘날 인간의 삶은 미디어가 제공하는 환상과 실재의 틈바구니에서 진행된다. 물론 돈은 제1의, 궁극의 미디어다. 돈은 오늘날 이 세계에 존재하는 모든 것, 아니, 모든 것의 모든 것까지 매개하고 표상한다. 우리는 돈과 미디어 속에서 삶을 시종한다.

근래의 자살은 미디어에 의해 발설되고 해석되고 또 교육되는 수준을 넘어 미디어를 '매개로' 기획되고 중개된다. 2011년에 발표된 장강명의 소설 『표백』에는, 출구 없는 현실에 저항하기 위해 자살을 테러리스트들처럼 이용하는 젊은이들의 이야기가 다뤄졌다. 그들은 미디어를 사용했다. 즉, 저항과 그에 수반된 재앙의 실재를 현장 생중계한다는 영화 〈더 테러 라이브〉에서처럼 '더 수이사이드 라이브 The Suicide Live'가 소설에서 그려졌다. 그런데, 현실은 소설이나 영화보다 더 잔인하다. 그 잔인함은, 자살이 심각한 문제나 주제가 아니라 보고 듣고 소비하는 해프닝으로서 '온라인'에서 다뤄져 충족된다. 2011년 5월 아나운서 송지선씨의 죽음이나 2013년 7월 남성연대 성재기씨의 죽음은, 인터넷을 통해 예고되고 또 실시간으로 중개됐(다시피 했)다. SNS와 방송 카메라가 그 죽음들을 쫓아다녔다. 나에게 그보다 좀더 심각하게 느껴진 것은 두 자살이 다 별로 '숙고'를 거치지 않은 사건이었다는 사실, 그리고 외설적이고 부박한 대중문화의 현상 자체로서, 또는 파행적인 한국식 이념 대립의 일부로 인터넷에서 소비되었다는 사실이다. 인터넷으로

자살론: 고통과 해석 사이에서

대표되는 우리의 미디어 공간에서 죽음은 정말 쉽게 발화되고 또 매도된다. 물론 정당한 애도도 그 속에서 행해지지만 그것까지 포함해서 모든 것은 너무 쉽게 휘발된다. 독자께서는 이 죽음-자살-문화의 구조와 과정이 불편하지 않으신지?

덧붙여 자살의 후기근대는, 다른 무엇보다, 사람들의 정념이 바뀌어 '동정 없는 세상', 무관심과 비공감apathy의 세상을 사는 것이다. 무관심과 비공감은 이 후기근대의 자본주의, 신자유주의가 조직하고 몸과 정신을 근저에서 변화시킨 결과다.

곤란하게도, '모든 죽음'이 아니라, 어떤 죽음들의 사건들이 더 많은 영향과 충격을 미칠 수밖에 없다는 것도 프롤로그에서와 같다. 지난 1월 말에 읽은 유서 하나도 그랬다. 그 유서는 내가 읽어본 자살 유서 중에 가장 슬프고도 강렬한 것이었다. 유서의 필자는 역사와 현실과 그 속에 있는 인간 존재를 온전히 이해하고 있었다. 따라서 유서는 지극한 '문학성'을 가진 것이었다. 이 유서는 오래 기억되며 여러 번 인용될 것이다.

유서를 남기고 죽은 사람은 기아자동차 비정규직 해고 노동자이며 활동가였던 윤주형씨다. 1977년에 태어난 그는 2013년 1월 28일 자기 목을 매 삶을 중단했다.

무엇을 받아도 기쁘지 않았습니다.

내 마음이 그런 것을 어쩔 수 없었답니다.

아무도 내 이름을 기억하지 않았으면 하고 구구절절을 남깁니다.

용서를 구합니다.

혹여, 다만, 어울리지 않는 열사의 칭호를 던지지 마세요.

잊혀지겠다는 사람의 이름으로 장사하는 일은 얼마나 잔인한 일인지요.

아마도 저는 평생 엄마를 찾아 헤맸나봅니다. 조직도 노조도 친구도 동지도 차갑더라구요. 허기진 마음을 채울 수가 없어 너무 힘이 들었지요. 버티는 일조차 힘이 들더라.

세상에 낳는 건 누구나 평등해도 사는 일은 그렇지 않았는데, 참 다행인 것은, 그 누구나 죽음을 자신의 의지로 선택할 수 있다는 점이네요. 다행, 참 다행.

나에 대한 원망도 함께 사라졌으면, 주지 못한 뜨거운 내 마음은 남지 않고 조용히 사라졌으면.

그럴 수 있다면. (…)

나는 지층 가장 깊은 곳에 내려앉은

물맛을 보고

수액이 체관 타고 흐르는 그대로 한 됫박 녹말이 되어

나뭇가지 흔드는 어깻짓으로 지친

새들의 날개와

부르튼 구름의 발바닥 쉬게 할 수 있다면 좋겠다.

사철나무 그늘 아래 또 내가 앉아

아무것도, 되지 못하고

내가 나밖에 될 수 없을 때

이제는 홀로 있음이 만물 자유케 하며

자살론: 고통과 해석 사이에서

스물두 살 앞에 쌓인 술병

먼길 돌아서 가고

공장들과 공장들 숱한 대장간과 국경의 거미줄로부터

그대 걸어 나와 서로의 팔목 야윈

슬픔 잡아준다면 좋을 것이다. 그제서야 조금씩

시간의 얼레도 풀어져

초록의 대지는 저녁 타는 그림으로

어둑하고

형제들은 출근에 가위 눌리지 않는

단잠의 베개 밸 것인데

한 켠에서 되게 낮잠 자버린 사람들이 나즈막히 노래 불러

유행 지난 시편의 몇 구절을 기억하겠지.

바빌론 강가에 앉아

사철나무 그늘을 생각하며 우리는

눈물 흘렸지요.

　박근혜 당선 이후 여섯번째 노동자의 죽음이었다. 딴 데서 좀 말했기 때문에, 이 '노동 열사'의 유서와 죽음이 갖는 역사적 의미와 죽음을 둘러싼 이런저런 고난에 대해서는 생략하고[1] 이 책의 내용과 관련된 의미만 이야기하고 싶다. 잇단 노동자들의 자살이 다뤄지는 '문화'에 대해서 말이다.
　어느 샌가부터 노동자들의 죽음은 의미 있는 사회적 반향을 끌

어내지 못한다. 그들의 죽음이야말로 '사회적인 죽음' 그 자체임에
도 그렇다.[2] 쌍용차 노동자와 가족 들의 죽음도 무려 스물 몇 사람
이나 되었기 때문에 겨우 정치적 쟁점이 되었을 뿐이다. 이 '무반
응'이야말로 바로 그 잇단 죽음의 가장 유력한 사회적 원인이며,
또한 결과다. 그리고 그것은 오늘날 한국사회를 지배하는 죽음 문
화의 가장 선명한 한 형식이다. 우선 이는 이념과 정동의 불가분리
성을 보여준다. 인간해방의 이념과 대서사가 실종되어 대안사회에
대한 전망이 사라지자, 다른 인간 존재에 대한 연민도 소진된다.
'노동'에 대한 추방과 배제는 이러한 과정의 정치적·정서적 효과
의 하나다. 노동에 대한 배제는 노동자들의 죽음도 배제시킨다.

　그런 상태는 근저에서부터 일어난 '마음의 레짐'의 변화와 유관
하다. 신자유주의적 속물지배snobocracy가 정치 그 자체가 되고,
'자기계발'하는 경영(학)적 사유가 주체성의 가장 중요한 원천이 되
고, '인간 됨'이 호모이코노미쿠스 외의 다른 가능성을 갖지 못하
는 상태가 선연하다. 그리고 우리가 경험하고 있는 일종의 마비 상
태. 모든 계층과 젠더 주체의 생활세계와 사적 관계망 전체가 성과
주의에 식민화되고, 연애·가족 같은 관계조차 성과와 경쟁을 향
해 조직된다.[3] 이 과정에서 죽음은 『죽어가는 자의 고독』 같은 책
이 개탄한 것보다 더 멀리 추방되고 있다. 그러나 그것은 추방되
는 것이 아니다. 우리는 만연한 죽음들 속에 살고 있지만, 멈출
단 한 시간의 마음의 여유도 도무지 없는 것이다. 그래서 죽음은
어딘가에 달라붙어 기생하고, 웅크리고 있다. 트라우마처럼, 암
처럼. 그러다가 우리는, 바우만이 말한 것처럼 죽지die 않고 죽음

을 당한다killed.

　죽음에 대한 인식 능력과 표상을 배분하고 또 그것을 수용하는 것은 사회 전반의 윤리적 능력이나 이데올로기의 상황에 근거한다. 이제 우리는, 누가, 어떻게, 죽으면 충격을 받고, 또 그것을 인간다움에 대해 함께 성찰하고 실천하는 재료로 삼을 수 있을까? 따라서 우리는 '전반적으로 상태가 안 좋은' 것이다. 이런 점이 우리가 처한 '자살의 후기근대'가 아닌가 싶다.

부끄럽게도 꽤 오래전부터 '자살'에 대해 공부하고 글을 쓰고 있노라고 말하고 다녔다. 불민하고 불성실한 저자는 이번에도 여러 분들의 도움으로 겨우 책을 묶을 수 있었다.

이 책에 실린 글의 상당 부분은 『내일을여는역사』에 연재했던 것을 고치고 보완한 것이다. 잡지의 주간 하원호 교수님과 편집위원진, 그리고 실무 편집을 맡았던 조형열 선생님의 배려가 없었더라면 이 책은 써지지 못했을 것이다.

자살 연구는 통합적 학이며, 한국에서는 최근에야 '미개척' 상태를 벗어나고 있다. 박형민·정승화 선생님의 한국의 자살에 대한 사회학적 연구에 영향받고, 또 그를 발판으로 삼아 내 논의를 진전시킬 수 있었다. 또한 미국 시애틀에 있는 워싱턴 대학University of Washington의 역사학자 남화숙 교수님의 배려 덕택에 책에 실린 글의 일부를 학회에서 발표하고 논의해볼 수 있었다. 한편 역사학자 김호, 고전문학 연구자 이지하·한영규 선생님들은 전통시대의 자살과 재현에 관해서 도움을 주었다. 한국에서 전통사회에서 근대

사회로의 이행 과정에서의 '마음'의 변화나 자살의 양상에 대한 연구는 이제껏 거의 없었는데, 특히 김호 선생님의 가르침과 조언이 없었으면 이 책의 몇 부분은 아예 쓰지 못했을지 모른다.

평생의 친구인 정홍경 박사는 정신과 전문의로서, 이 공부를 시작할 때부터 지금껏 대화상대가 되어주고 상상하기 어려운 풍부한 임상경험과 전문적 지식을 바탕으로 책의 초고를 꼼꼼히 읽고 정신의학과 관련된 부분에 대한 자문을 해주었다. 또한 권용선·오혜진 두 인문학 연구자가 초고를 읽고 날카로운 조언을 주었다. 문학동네 박영신 차장님과 강명효 기획실장님은 글이 책으로 묶이게 되는 데 결정적인 도움을 주었다.

이 자리를 빌려 모두에게 그리고 미처 거명하지 못한 분들까지 아울러 깊은 감사의 뜻을 전한다.

2013년 11월
저자 올림

1장. 자살과 자기계발 사이에서: 자살 문제를 보는 관점

1 「노 대통령 "분신 투쟁수단 시대 지나" 발언에 노동계 '발끈'」, 오마이뉴스 2003년 11월 6일.

2 경찰청 통계와 통계청 통계의 차이에 대해서는 박형민, 「1997년~2006년 유서 분석과 '소통적 자살'에 관한 연구」, 서울대 사회학과 박사논문, 2008 등을 보라.

3 이런 태도는 물론 외국에도 있다. 자살자 유가족의 고통과 행동양식에 대해서는 김가득, 「자살로 자녀를 잃은 부모의 경험: 참척 고통과 화해」, 전북대 사회복지학과 박사논문, 2012 참조.

4 최근의 의미 있는 진전에도 불구하고 아직 한국의 자살학은 초보 단계에 있다. 아카데미 차원에서는 노인과 청소년 자살 등 계층 자살의 구체적 현상에 관한 논문들이 주로 보건학 같은 영역에서 나오고 있다.

5 또한 "자살자의 심리 세계를 아무리 재조합하고 싶어도 우리가 얻을 수 있는 실마리들은 언제나 간접적이고 부족하다"(케이 레드필드 재미슨, 『자살의 이해』, 이문희 옮김, 뿌리와이파리, 2004)고 한다. 이에 따르면 자살에 관한 모든 '해석'의 시도는 결과론일 뿐이라는 것이다.

6 천선영, 「자살의 이유를 알아야 하는 이유: 근대적 자살 이해에 대한 사회이론적 논의」, 『사회와이론』, 한국이론사회학회, 2008도 이와 비슷한 견지의 논의를 했다.

7 셸리 케이건, 『죽음이란 무엇인가』, 박세연 옮김, 엘도라도, 2012, 14장 참조. 오늘날 자살에 관한 대부분의 연구는 자살을 악이나 일탈행동으로 단순히 전제하는 경향이 있다. 그러나 자살의 윤리성 여부는 소크라테스 이래로 가장 '고전적'

인 논쟁의 주제였다. 박형민, 앞의 논문은 자살에 나타난 주체적(자기선택적) 행동성과 소통 지향성에 주목했다.

8 이에 관한 설명은 미셸 푸코, 『주체의 해석학』, 심세광 옮김, 동문선, 2007, 316쪽 참조.

9 피터 D. 크레이머, 『우울증에 반대한다』, 고정아 옮김, 플래닛, 2006을 보라. 한편 진화생물학자들은 동물의 자살이 살아남은 다른 동종의 개체를 위해 택하는 이타적인 행동이거나, 집단생활을 위한 적응의 일환으로 선택된 우울이 만드는 부산물로서 자살이라는 행위가 나타난다고 설명한다.

10 이에 관한 논의는 이동연, 「청소년과 연예인 자살의 의미계열」, 『문화과학』 2013년 여름호 참조.

11 피터 D. 크레이머, 앞의 책을 보라. 의학적 견해의 속화된 생물학적 사회화에 대한 방비가 필요하다. 즉 비판이나 속 깊은 통찰, 사회적 비관주의 전체를 질병이나 생물학적(또는 유전자) 결함으로 간주하는 지식의 득세를 단호히 거부해야 한다는 것이다. 유전자주의는 1990년대 이후 새로운 미국식 사고로서 이미 강한 시민권을 갖고 있다. 이것이 정치적 지식으로 확장되지 않도록 조심해야 한다. 즉, 이슬람교와 공산주의를 사고장애로 간주한다든가 또는 은둔과 자살을 죄악으로 간주하고 처벌하려는 생체권력은 탄생 가능하다. 또는 거기에 결부된 사회적 책임을 돌보지 않고 개인의 (유전자적) 결함이나 병리로 단순히 치부하는 미국식 생물학주의는 거부되어야 한다.

12 미국 신경정신의학의 '우울 만유론'을 강력히 비판하면서, 거기 결부된 '제약 자본'의 이해관계까지 폭로하고 있다. 크리스토퍼 레인, 『만들어진 우울증: 수줍음은 어떻게 병이 되었나』, 이문희 옮김, 한겨레출판, 2009 참조.

13 박형민, 앞의 논문은 이런 견지에서 '이유' 대신에 '자살자의 문제상황'이라 개념화하고 이를 "경제적 문제, 신체적 문제, 심리적 문제, 가족·애정 문제, 사회관계 문제" 등으로 분류했다.

14 천정환, 「1920년대 자살 급증, 오늘날과 닮은꼴」, 『신동아』 2004년 8월호.

15 경제와 청장년층 자살 문제에 관한 참고할 만한 보고로는 「비정규직-지니계수-자살률 '죽음의 삼각 고리'」, 한겨레 2009년 10월 11일자 참조.

16 박형민, 앞의 논문; 박형민, 「소통방식으로서의 자살」, 『문화과학』 2013년 여름호 참조.

17 천선영, 앞의 논문.

18 위키피디아 로마스 칼란타 항목 참조. 미국 워싱턴 대학의 어맨다 스웨인 Amanda Swain이 리투아니아 등 동구권의 분신자살에 대해 연구한 바 있다.

19 정승화, 「자살과 통치성: 한국사회 자살 담론의 계보학적 분석」, 연세대 사회학과 박사논문, 2012, 254쪽.

자살론: 고통과 해석 사이에서

20 김석주·박영수·이혜원·박상민, 「북한 의사들이 바라보는 북한의 정신의학 현황」, 『정신신체의학』 20(1), 한국정신신체의학회, 2012, 32~39쪽.

21 「국내 정착 탈북자 자살률, 일반 국민 3배」, 데일리NK 2012년 10월 24일.

22 진단을 받은 여성 환자가 남성의 약 두 배였다. 성별 및 연령별 증가율은 70세 이상 남성(82%), 70세 이상 여성(81%), 50대 여성(54%), 50대 남성(40%), 60대 여성(40%) 등의 순으로 높았다. 「우울증 키우는 사회… '묻지 마 범죄' 부메랑」, 세계일보 2012년 10월 15일.

23 이를테면 사이토 다마키, 『사회적 우울증』, 이서연 옮김, 한문화, 2012 같은 책을 보라.

24 「정신질환 진료 건수·진료비 매년 늘어」, 데일리메디뉴스 2009년 9월 30일.

25 서동진, 「자기계발의 의지, 자유의 의지: 자기계발 담론을 통해 본 한국 자본주의 전환과 주체형성」, 연세대 사회학과 박사논문, 2005. 이외에도 근자에 식민지 시대부터 오늘날에 이르는 자기계발 문화에 관한 논의가 진행되고 있다. 김정은, 「'자기돌봄'으로서의 자기계발: 자기계발서 독자들을 중심으로」, 서강대 사회학과 석사논문, 2008; 장희정, 「자기계발의 시대: 프랭클린 플래너 유저들의 모임을 중심으로」, 서강대 사회학과 석사논문, 2007 참조.

26 오혜진, 「1920~30년대 자기계발의 문화정치학과 스노비즘적 글쓰기」, 성균관대 석사논문, 2009; 소영현, 『부랑청년 전성시대』, 푸른역사, 2008; 소영현, 『문학청년의 탄생』, 푸른역사, 2008; 천정환, 「처세·교양·실존: 1960년대의 '자기계발'과 문학문화」, 『민족문학사연구』, 민족문학사학회, 2009 등을 보라.

27 토머스 조이너, 『왜 사람들은 자살하는가?』, 김재성 옮김, 황소자리, 2012. 그러나 저자의 사회관이 지나치게 소박하다.

28 뒤르켐은 자신의 『자살론』(황보종우 옮김, 청아출판사, 2008)에서 '비사회적 요인들'을 다루면서도 사회학자는 "사회 전체적으로 감지되는 요인"에만 관심을 갖는다고 한다. 그는 『자살론』에서 근대 학문으로서의 사회학을 구축한 이답게 '사회(학)적인 것' 자체를 추출하려는 정밀한 노력을 기울인다. 그럼에도 『자살론』이 가진 한계는 있다.

2장. '마음의 봉건'으로부터의 이행

1 조재곤, 『그래서 나는 김옥균을 쏘았다』, 푸른역사, 2005, 50~51쪽 등을 참조.

2 조선의 능지형과 관련해서는 심재우, 「조선시대 능지처사형 집행의 실상과 그 특징」, 『사회와역사』 통권 제90집, 한국사회사학회, 2011. 6. 능지처사 등 중국식 봉건적 형벌제의 잔인함과 그 이행에 대해선 티모시 브룩 외, 『능지처참: 중국의

잔혹성과 서구의 시선』, 박소현 옮김, 너머북스, 2010 참조.

3 갑신정변을 목도한 미국 의사 H. N. 알렌의 『알렌의 일기』(김원모 옮김, 단국대학교출판부, 1991) 1885년 1월 30일자 및 1885년 2월 3일자.

4 모든 관련자의 가족들이 똑같은 운명을 맞은 것은 아니었다.

5 이부영 외, 「『삼국사기』와 『삼국유사』에 나타난 한국 고대인의 자살」, 『신경정신의학』 82권, 대한신경정신의학회, 1988년 1월, 124~39쪽; 이부영 외, 「『고려사』와 『고려사절요』에 나타난 자살 사례에 관한 연구」, 『서울의대 정신의학』 114권 4호, 1988 등을 참조할 수 있다.

6 「형조에서 사노 원만과 간통한 주인집 처녀 고음덕의 참형을 건의하다」, 『세종실록』 46권, 세종 11년(1429) 11월 4일(병오). 이하 『조선왕조실록』 인용은 모두 국사편찬위원회 '조선왕조실록 홈페이지(http://sillok.history.go.kr)' 국역본에 의한 것임.

7 「전라도 관찰사가 함길도의 향호로 이사하는 것을 꺼리어 자살한 옥과현의 호장 조두언의 처자를 역리에 정할 것을 병조에 이첩하다」, 『세종실록』 84권, 세종 21년(1439) 2월 14일(계해).

8 「군사·학교 제도의 폐단의 시정과 토목 공사의 제한을 건의하다」, 『중종실록』 중종 31년(1536) 1월 11일(정묘).

9 「서능보가 상소하여 충렬사와 민성에게 제사지낼 것을 청하다」, 『순조실록』 19권, 순조 16년(1816) 12월 25일(기해).

10 토머스 조이너, 앞의 책 참조.

11 '우울憂鬱'이라는 말의 용례는 조선 후기 『조선왕조실록』에만 아주 드물게 나타난다. 예컨대 『숙종실록』 51권, 숙종 38년(1712) 5월 5일(정해) 네번째 기사 「임금이 가뭄의 일로 비망기를 내리다」에서 숙종은 큰 가뭄에 백성이 고통당하자 자책하면서 이 단어를 쓴다. 한편 알렌과 헤론이란 두 의사가 같이 써서 「제중원 1차년도 보고서」(1886)라 알려진 「조선정부 병원 제1차년도 보고서」(H. N. Allen & J. W. Heron, *First Annual Report of the Korean Government Hospital*, Seoul, 1886)에서 조선인 외래환자 중 우울증Melancholy 케이스는 4건이 보고되어 있다.

12 정일영, 「조선 후기 성별에 따른 자살의 해석: 정조대 『심리록』의 자살 관련 사건을 중심으로」, 『의사학: 대한의사학회지』 제17권 제2호, 대한의사학회, 2008. 12, 155~75쪽의 분류다.

13 정조 명찬, 「양양 이해인의 옥사」, 『국역 심리록 2』, 신종순 외 옮김, 민족문화추진회, 1981, 78쪽.

14 「청주 박만세의 옥사」, 같은 책, 300쪽. 이외에도 더 많은 예가 있다.

15 뒤르켐은 19세기적인 '문명/야만'론의 시야에 의지해 명예자살을 야만적인 사회에서 일어나는 일이라 치부하는 경향이 있었다.

자살론: 고통과 해석 사이에서

16 이 유서는 원래 「열녀이씨유서烈女李氏遺書」라는 제목이 붙어 훗날 후손들에 의해 1945년에 간행된 바 있고, 이수봉, 「규방문학에서본 이조여인상」(『여성문제연구』 제1집, 효성여대 한국여성문제연구소, 1971)에 처음 소개됐다. 권호, 「碑誌·哀詞 및 遺書類 연구」, 건국대 국문과 박사논문, 1994, 52쪽.

17 이 문장은 권호, 같은 논문(52쪽)에 해독해놓은 유서를, 성균관대 이지하 선생님의 도움을 얻어 현대어로 옮긴 것이다. 원문 자체를 두고 옮긴 것이 아니어서 오독의 소지가 있지만, 전체의 맥락과 뜻을 전달하는 데는 전혀 무리가 없다고 판단해 실었다. 띄어쓰기와 구두점 삽입도 모두 필자가 한 것이다.

18 이에 관한 자세한 해석과 내용은 권호, 같은 논문을 참조.

19 독립신문(한글판) 1896년 11월 22일자; 독립신문(한글판) 1897년 2월 2일자 등 참조.

20 「녹록한 남자」, 대한매일신보 1909년 6월 27일.

21 「임지로 떠나는 경상도 도사 권지를 인견하다」, 『세종실록』 94권, 세종 23년 (1441) 12월 17일(기유) 등을 참조.

22 유교적 질서가 일상과 평민의 삶을 강하게 규율했던, 18~19세기에 '사회가 불안정해질 만큼' 자살과 살인이 증가하고 있었고, 이에 대해 새로운 도덕의 기준을 마련하는 일은 상당히 중대한 논의과제였다 한다. 이 대목에 대한 논의는 특히 경인교대 김호 선생님의 가르침을 따른 것이다. 김호, 「'의살義殺'의 조건과 한계: 다산의 『흠흠신서』를 중심으로」, 『역사와현실』 84호, 2012. 6. 331~62쪽 또는 김호, 『정약용 조선의 정의를 말하다: 『흠흠신서』로 읽은 다산의 정의론』, 책문, 2013을 참조.

23 현대 미군의 전쟁에서 살해 경험을 분석한 데이브 그로스먼, 『살인의 심리학』(이동훈 옮김, 플래닛, 2011) 같은 책은 타인을 죽이기가 얼마나 어려운 일인가를 '실증' 자료로 보여준다.

24 『살인의 역사』 같은 서구 사회사 연구서는 타살의 경우로써 이 같은 점을 증명해두었다. 근대로 들며 살인률이 현저히 낮아졌다는 것이다. 피테르 스피렌부르그, 『살인의 역사: 중세에서 현대까지 살인으로 본 유럽의 풍경』, 홍선영 옮김, 개마고원, 2011 참조. 한편 이때 살인율과 자살률의 복잡한 연동관계의 문제가 새로 제기될 수 있다.

25 정재홍 자살 사건은 대한매일신보나 황성신문 1907년 7월 2일자에 상세히 보도됐다.

26 박은식의 『한국통사』에 의하면 1910년 한일병합 소식을 접하고 스스로 목숨을 끊은 전국의 선비는 27~28명이다. 이 숫자는 어떤 면에서는 대단히 적다. 1919년 3·1운동 기간의 공식 사망자 수는 7500여 명이었으며 일본 고전 『주신구라忠臣藏』의 소재가 된 유명한 집단자살 사건에서, 모욕당하고 자결한 주군의 원수를 갚은 뒤 일시에 할복한 사무라이는 모두 47명이었다(그리고 1945년, 히

로히토 천황의 '무조건 항복' 방송을 듣고 자살한 일본 군인과 민간인 수도 상당
  히 많은 것으로 알려져 있다).

27 이를테면 박용천(한양대 의대 신경정신과), 「'원망하지 말라' 고인 뜻 받들자」, 서
  울경제신문 2009년 5월 27일자 등을 보라.

28 「창기의 자살」, 매일신보 1918년 3월 7일.

29 『조선총독부 통계연보』 참조.

30 클라우디아 울브리히, 「역사적 시각으로 본 유럽의 자기증언」, 정병욱·이타가키
  류타 엮음, 『일기를 통해 본 전통과 근대, 식민지와 국가』, 소명출판, 2013, 18쪽
  에서 재인용.

31 에밀 뒤르켐, 앞의 책, 251쪽.

32 정일영, 앞의 논문 참조. 그러나 전통사회의 자살에 있어서 일반적인 남녀차인지
  를 확정하기는 어렵다.

33 물론 하층 여성에게 이 잔혹함은 상상을 초월한 것이었을 테다. 이에 관해서는
  손경희, 『조선이 버린 여인들: 실록이 말하지 않는 이야기』, 글항아리, 2008 등
  을 참조할 수 있다.

34 「여주 충찬위 남영희의 아내가 죽은 남편을 따라 자결하다」, 『중종실록』 41권, 중
  종 16년(1521) 4월 27일(무신).

35 「전라 감사 장만이 유팽로와 안영의 정문 포장을 건의하다」, 『선조실록』 170권,
  선조 37년(1604) 1월 23일(갑술); 「열녀 최유석의 아내를 정표케 하다」, 『인조실
  록』 2권, 인조 1년(1623) 7월 6일(갑오).

36 「절부 오씨에게 영업의 문을 정려하도록 명하다」, 『숙종실록』 49권, 숙종 36년
  (1710) 11월 20일(경술).

37 「겁탈당한 성균관 학록 오한상의 버린 첩이 목을 매어 자살하다」, 『성종실록』
  261권, 성종 23년(1492) 1월 6일(정축).

38 참고로 『조선왕조실록』 사이트에서 '정사情死'로 검색할 수 있는 기사 건수는 0이다.

39 생년과 성 외에 이름은 불확실하다고 한다. 이 작품의 전반적 사항에 대해서는
  황수연, 「자결을 통해 본 욕망의 문제: 『열녀 홍씨전』을 중심으로」, 『한국고전여
  성문학연구』 16권, 한국고전여성문학회, 2008 등 참조.

40 황수연, 같은 논문. 황수연은 조선 열녀전들이 남편이 죽고 난 뒤 '미망인'의 삶
  은 마치 여분의 삶처럼, 즉 스스로 죽음을 통해서만 생의 의미를 완성하거나, 죽
  음으로 가는 도정으로 묘사된다고 지적했다.

41 강명관은 '열녀 만들기'는 전기에서부터 남성-유교국가인 조선의 국가 프로젝트
  였으며 조선 후기에 이르러 '열녀'는 제작 완료됐다고 한다. 강명관, 『열녀의 탄
  생』, 돌베개, 2009.

42 정일영, 앞의 논문에서의 분석이다. 정일영에 의하면 남성이 여성 자살의 원인을

자살론: 고통과 해석 사이에서

제공한 경우가 32건이나 됐다.

43 「제천 이기대의 옥사」, 『국역 심리록 2』, 304~5쪽.

44 정조 명찬, 『국역 심리록 5』, 강여진 외 옮김, 민족문화추진위원회, 2006, 166~67쪽.

45 앞의 「청주 박만세의 옥사」 등 참조. 정일영의 논문에도 이런 점이 지적돼 있다.

46 김호, 「조선후기 의열의 정치학: 정약용의 자살론을 중심으로」, *UW the Center for Korean Studies Workshop: The Politics of Honorable Death and Martyrdom in Korean History*에 수록된 발표문(2013년 6월 8일)에서 재인용.

47 장경남, 「17세기 열녀 담론과 소설적 대응」, 『민족문학사연구』 47권, 민족문학사학회, 2011 참조.

48 김혈조, 「燕巖의 烈女咸陽朴氏傳 再考」, 『大東漢文學』 제24집, 대동한문학회, 2006 참조.

49 강명관은 박지원이 남긴 다른 여러 글에 남편이 죽자 따라 자살한 여러 여성의 전기傳記가 실려 있다는 점을 상기하며 박지원의 '열녀' 비판의식이 함량 미달임을 지적했다. 박지원은 다만 여성이 남편의 사후 따라 죽는 행위의 사회적 확산에 대해서 비판적이었다는 것이다. 강명관, 「열녀함양박씨전 재론」, 『동양한문학연구』 제32집, 동양한문학회, 2011.

50 이 같은 복수 문제에 관련된 이데올로기에 관해서 김호, 앞의 글 참조.

51 독립신문 1896년 9월 3일.

52 「정승용 등 각 도의 효자와 열녀들을 표창하도록 하다」, 『고종실록』 20권, 고종 20년(1883) 10월 27일(갑술).

53 「염도희, 나용석, 박춘빈 등에게 표창하는 방법에 대해 장례원에 명하다」, 『고종실록』 43권, 고종 40년(1903) 10월 17일(양력).

54 독립신문 1899년 5월 18일.

55 「김씨 절개」, 대한매일신보 1909년 6월 19일.

56 「십구 세의 열녀, 경상북도 영주의 김동일의 처 우씨」, 동아일보 1920년 6월 14일. 청상과부가 남편이 죽은 것을 슬퍼하다가 죽자 주변에서 열녀라고 칭송했다.

57 이에 관해서는 이영아, 「1910년대 유학생 단편소설에 나타난 죽음의식」, 『국어국문학』 제141호, 국어국문학회, 2005, 351~52쪽; 윤정헌, 「1920년 전후 한국소설에 나타난 죽음 양상고: 기녀의 자살을 중심으로」, 『한민족어문학』 13권, 한민족어문학회, 1986 등 참조.

58 죽음과 관련된 신소설의 전반적인 구도는 '죽음(살인·자살)-복수' 또는 '자살 미수·살해 미수-구원'의 틀을 형성하고 있다. 이재선, 「개화기 소설의 문학사회학」, 이재선·김학동·박종철 공저, 『개화기문학론』, 형설출판사, 1982; 조영란, 「신소설에 나타난 '주'의 인식과 형상화 연구」, 성균관대 국어국문학과 석사논문, 2010 등 참조.

59 『학지광』 10호, 342쪽.

60 「신성훈 희생」, 매일신보 1917년 1월 24일.

61 채만식, 「박명」, 동아일보 1925년 10월 9~16일; 정홍섭 엮음, 『채만식 선집』, 현대문학, 2009.

62 같은 글.

63 『국역 심리록 2』의 「대수철의 옥사」나 「강웅이의 옥사」 등을 보라.

64 권보드래, 『1910년대, 풍문의 시대를 읽다』, 동국대출판부, 2008, 193쪽.

65 工藤武城, 「朝鮮特有の犯罪本夫殺害犯の婦人科學的考察」, 『朝鮮』 1933년 2~8월호 내용을 장용경, 「毒婦와 小婦의 얼굴 너머: 일제 시기 본부 살해 여성의 이미지—인식과 성적 욕망」, 역사문제연구소 심포지엄 자료집 『경계에 선 민중, 새로운 민중사를 향하여』, 성균관대동아시아학술원, 2009에서 간추린 데 따름.

66 「남편 실여 자살」, 매일신보 1917년 10월 26일.

67 앤서니 기든스, 『현대 사회의 성 사랑 에로티시즘: 친밀성의 구조변동』, 배은경 외 옮김, 새물결, 2001 참조.

68 「청년남녀 정사원혼」, 매일신보 1914년 7월 29일. 이 기사는 대단히 감상적으로 자살 사건을 서술해두었다. 이는 근대 초기 자살 보도 태도의 한 형식이다.

69 「권총으로 삼인을 살해하고 자살式지흄」, 매일신보 1918년 8월 6일; 「간부간부間 夫姦婦의 비를 갈으고 그 칼에 져도 자살」, 매일신보 1918년 10월 1일.

70 외국에서도 노인 남성의 자살률은 여성에 비해 높다. 『2005 수명, 자살률, 삶의 만족도에 관한 OECD 사회통계지표』 등을 참조.

71 엘리자베스 D. 하비, 『복화술의 목소리』, 정인숙 외 옮김, 문학동네, 2006.

72 이런 전통은 꽤 오래 이어진다. 최인훈의 1966년작 「웃음소리」도 자살하는 여성의 내면을 남성 작가가 재현한다.

73 「신생활에 들면서」, 『삼천리』 1935년 1월호.

3장. 사랑과 자살, 실연과 정사

1 「"헤어진 여자친구 불러달라" 자살 소동 대학생 무사구조」, 울산매일신문 2012년 11월 11일.

2 「한강대교 자살 방지칠」, 한겨레 1995년 9월 23일.

3 「심중처녀 차저가서 단도로 자살소동」, 동아일보 1929년 11월 6일.

4 「인류 감정의 다면상 실연 소동: 성적 갈등의 표본실」, 『별건곤』 제31호, 1930년 8월 1일.

5 「청년 간의 악경향」, 동아일보 1922년 6월 20일.

6 「여교사의 실연 투수, 한강에 빠진 여교사 박정한 남자를 원망」, 동아일보 1922년 5월 26일; 「헌병이 실연자살, 평양칠성문안에서」, 동아일보 1925년 2월 14일; 「예기음독」, 동아일보 1930년 11월 26일; 「실연으로 철도자살 중국 사람이」, 동아일보 1924년 8월 29일.

7 「남자전문졸업생 간친회 당일의 인상 3」, 동아일보 1934년 3월 14일.

8 「무엇에 쓰라는 남녀 존재? (2)」 동아일보 1927년 3월 7일.

9 소수이지만 여성끼리의 동반자살도 있었다. 특히 1931년 4월 경성 장안을 떠들썩하게 만든 김용주와 홍옥임의 동반자살은 '정사'로 간주됐다. 『별건곤』 제40호, 1931년 5월 참조. 십 대 여학생들이나 미혼 여성들 사이의 '동성연애'가 흔한 시대였다.

10 동아일보 1923년 6월 15일자.

11 강명화 사건과 당대의 젠더 상황에 대해서는 사건 당시부터 지금까지 여러 논자와 책이 다루었다. 그중 가장 대표적인 것은 나혜석이 쓴 「강명화의 자살에 대하여」(동아일보 1923년 7월 8일)라 하지 않을 수 없다. 근래 한국 문화사 연구에서는 권보드래, 『연애의 시대』, 현실문화연구, 2003 등이 대표적이다.

12 廚川白村, 「近代の戀愛觀」, 『戀愛觀及雜纂』, 東京: 改造社, 1929, 43쪽; 권보드래, 같은 책, 180쪽 재인용.

13 권보드래, 같은 책, 182쪽.

14 「장유 먹고 정사코자」, 동아일보 1923년 1월 29일. 적은 빈도지만 1920년대에는 간장을 먹고 자살을 기도한 사례들이 가끔 있었고, 그에 성공한 사례도 있다.

15 일본의 경우 1908년부터 1910년까지 일본에서 있었던 정사 사건을 정리한 자료에 의하면 총 501건의 정사 및 정사 미수 사례에서 직업별로 보면 남자는 상인이나 직공, 여자는 예기·창기·작부 등이 많았다. 한쪽이라도 고등교육을 받은 사람인 경우는 오히려 드물었다 한다. 권보드래, 앞의 책 참조.

16 천정환, 「식민지 모더니즘의 성취와 운명」, 박태원, 『박태원 단편선 소설가 구보 씨의 일일』, 문학과지성사 2005.

17 같은 글.

18 「타올으는 애정에 남녀가 선후하야 정사, 주위의 사정불허가 원인 자살·정사」, 동아일보 1923년 9월 30일.

19 정사에 대한 비판 담론도 물론 많았다. 이를테면 『신민』 1926년 9월호 특집을 보라.

20 「자기의 작품 「死와 그 前後」의 무대면을 그대로 실현한 아리시마 다케오 씨의 정사 사건」, 동아일보 1923년 7월 1일.

21 「비관하야 정사, 쥐 잡는 약을 먹고」, 동아일보 1923년 8월 24일; 「아리시마 씨의 정사를 듯고 자살한 여자」 동아일보 1923년 7월 15일; 「아리시마 씨의 死를 듯고 묘령 미인이 또 자살」, 동아일보 1923년 7월 20일; 「인천의 정사, 필경 목적도

달」, 동아일보 1923년 7월 24일.

22 「어린 남녀가 음독정사코자」, 동아일보 1923년 10월 9일.

23 레나타 살레클, 『사랑과 증오의 도착』, 이성민 옮김, 도서출판b, 2003 참조.

24 「불륜의 정사 유부녀와 대학생」, 경향신문 1963년 2월 9일.

25 「4남매의 아버지 여급과 정사」, 경향신문 1963년 11월 4일.

26 「처제와 정사기도 결혼 못 함을 비관, 처녀만 황천길」, 경향신문 1963년 5월 8일.

27 「두 20대 여관서 음독」, 경향신문 1963년 2월 20일.

28 「미병美兵과 정사」, 경향신문 1963년 4월 24일; 「정사로 종말진 「직장연애」 진상은 이렇다」, 경향신문 1963년 11월 19일.

29 최인훈, 「웃음소리」, 『한국소설문학대계 42』, 동아출판사, 486쪽.

30 이성은, 「포스트 386의 Sexuality와 친밀성」, 『소통과문화』 제2호, 2009 참조.

31 이는 영국 사회학자 기든스의 개념이다. 앤서니 기든스, 앞의 책.

32 천정환, 「가족주의를 복사하는 연애」, 『소통과문화』 제2호, 민음사, 2009.

33 「결혼 적령기 여 60% "아직…" 20대 후반 미혼률 35년 새 6배 증가」, 한국일보 2010년 7월 28일.

34 프로젝트는 물론 '합리적'인 것이어야 하고, 과정 또한 의미 있는 일이어야 한다. 당연히 여성의 사회적·문화정치적 독립성과 탈-결혼 및 탈-이성애의 상황이 증대된 결과다. 프로젝트로서의 연애 개념은 김현경, 「프로젝트로서의 '연애'와 여성 주체성에 관한 연구」, 이화여대 여성학과 석사논문, 2003.

35 「크게 바뀐 청소년 결혼관: 남녀 고교생 가치관 조사연구 결과」, 경향신문 1974년 2월 15일.

36 「대학생 46% "용돈 부모 의존"… "직접 해결해야"는 3%에 그쳐」, 스포츠칸 2008년 1월 13일.

37 이에 관해서는 권보드래 외, 『아프레걸 사상계를 읽다: 1950년대 문화의 자유와 통제』, 동국대학교출판부, 2009 참조.

38 열정적 사랑은 성적 감정과 번민 그리고 무아지경의 정서를 동반하는 사랑이다. 각각의 개념에 대해서는 기든스, 앞의 책 등을 참고하라.

39 동아일보 1963년 5월 17일; 경향신문 1963년 5월 20일.

40 「전속 앞둔 소령이 애인과 정사」, 동아일보 1963년 6월 4일.

41 「현직 검사가 정사」, 경향신문 1965년 5월 31일 참조.

42 「현직 검사 산장서 변사, 다방 마담과 함께」, 동아일보 1965년 5월 31일.

43 물론 비위非違 연루와 '조직 보호' 때문에 검찰수사를 받다가 자살한 고위-관료-남자의 경우는 2000년대 이후 새로운 남성 자살의 한 표상이 되기도 했다.

44 「검사들이 여성 종업원보다 미녀 모델 원해」, 프레시안 2010년 10월 12일자 등을 참조.

자살론: 고통과 해석 사이에서

45 「애인과 정사 공화당 수사과장」, 경향신문 1966년 1월 28일.

46 「교감·여교사 정사, 음악실서 극약」, 경향신문 1971년 11월 5일.

47 「교사와 여고생 설악산서 정사」, 동아일보 1971년 8월 9일.

48 「민사당 양분 위기에 직면」, 경향신문 1966년 5월 3일; 「횡설수설」, 동아일보 1971년 6월 8일; 「일본의 군사력」 동아일보 1970년 4월 24일; 「미봉책인 요법 시은지준부이의 명분과 문제점」, 매일경제 1971년 9월 30일.

49 「후유증」, 매일경제 1971년 7월 6일.

50 「여공 살해범 구속, 정사를 가장」, 동아일보 1976년 4월 8일; 「정사기도 남자만 숨져」, 경향신문 1978년 5월 24일 등 참조.

51 서중석, 『한국현대사 60년』, 역사비평사, 2007, 148쪽.

52 「사랑은 88만 원보다 비싸다」, 『한겨레21』(제772호) 2009년 8월 10일.

53 엄기호, 『아무도 남을 돌보지 마라』, 낮은산, 2009(「사랑은 88만 원보다 비싸다」, 『한겨레21』 제772호에서 재인용).

54 김은아, 「신자유주의 시대 고학력 20대 여성의 '연애 스펙' 관리와 주체성 변화에 관한 연구」, 이화여대 여성학과 석사논문, 2012.

55 「신병 비관해오던 20대 연인 동반자살」, 뉴시스 2010년 10월 3일; 「해운대 가정집서 30대 남녀 동반자살」, 뉴시스 2009년 10월 31일.

56 「2009년 남편·애인에게 살해된 여성 최소 70명」, 프레시안 2010년 1월 19일.

57 통계청, 『2010 통계로 본 여성의 삶』, 한국개발연구원, 2010 중 '여성긴급전화 상담 유형'을 참고. 이에 따르면 2005~9년 사이에 가정폭력 문제 상담 건수는 전체 건수 4만 7266건에서 6만 5074건으로, 그 비율은 30.5%에서 34.1%로 늘어났다.

58 이수정, 「가정폭력에 기인하여 배우자를 살해한 여성 재소자의 심리특성에 관한 연구」, 『한국사회및성격심리학회지』 제20권 2호, 한국심리학회, 2006.

59 앤서니 기든스, 앞의 책에서 사용된 용어법이다.

4장. 식민지 조선인의 자살과 '해석 갈등'

1 '해석 갈등'은 프랑스 철학자 폴 리쾨르의 책 제목에서 따왔다. 국역본은 『해석의 갈등』, 양명수 옮김, 아카넷, 2001을 참조했다. 이 책에서 리쾨르는 텍스트가 삶에서 시작되는 것이며, 타자에 대한 해석을 통해 인간은 성숙된다는 등의 논변을 펼친다. 자살 사건과 자살자의 마음이 마치 하나의 텍스트가 되는 듯, 국가나 주변인들의 해석을 불러일으키고 또한 해석 주체의 자기이해를 증진시킨다는 점을 상기하고자 했다.

2 역사통합정보통합시스템이나 네이버 디지털뉴스 라이브러리에서의 검색 기준

이다. 박은정, 「1920년대 동아일보에 나타난 조선인 자살의 실태」, 한국교대 역사교육과 석사논문, 2007에 의하면 1920년대 기사 색인에 나타난 자살 기사는 1706건으로 1920년대 조선인 전체 자살자 수 15338명의 11.1%에 해당한다.

3 여기에 총독부가 낸 정신의료·사회보건 관련 자료들을 보탤 수 있다. 이를테면 村山智順, 『朝鮮の鬼神』, 朝鮮總督府, 1929(한국어판: 무라야마 지준, 『조선의 귀신』, 김희경 옮김, 동문선, 2008), 伊藤憲郎 編, 『朝鮮性慾犯罪』, 朝鮮總督府, 1931 등을 참고했다.

4 국적은 '조선인' '일본인' '중국인' '기타 외국인'이다. 이 자료는 통계청 국가통계 포털(www.kosis.kr)의 '과거 통계'에서 볼 수 있다.

5 「엇갈린 자살통계 왜?」, 한겨레 2009년 9월 6일.

6 박은정, 앞의 논문에도 관련 통계가 정리돼 있다.

7 정승화, 앞의 논문, 126쪽.

8 통계청 국가통계포털(www.kosis.kr) 참조.

9 식민지 시대뿐 아니라 자살자의 실명이나 자살 방법 등을 상세하게 그대로 보도하는 관행은 최근에도 계속되고 있다. 언론중재위원회나 보건복지부는 자살자의 실명이나 자살 방법을 보도하지 말도록 권고하고 있으나 지켜지지 않는 경우도 허다하다. 최근 연구에 의하면 오늘날 한국에서 자살에 관한 대중매체의 보도는 '잠재적 자살자'에게 '일정 정도' 영향을 끼치는 것으로 되어 있다. 김병철, 「자살 보도가 잠재적 자살자에게 미치는 영향」, 『커뮤니케이션학연구』 제18권 1호, 한국커뮤니케이션학회, 2010.

10 이에 관해서는 정승화, 앞의 논문 참조.

11 박형민, 『자살, 차악의 선택: 자살의 성찰성과 소통 지향성』, 이학사, 2010에 나타난 유서와 유서 분석을 참고하라.

12 박형민, 같은 책.

13 신영미, 「한국 근대소설에 나타난 자살과 낭만성의 관련 양상 연구」, 인하대 국어국문과 박사논문, 2009; 이영아, 「1920년대 소설의 '자살' 형상화 양상 연구」, 『한국현대문학연구』 제33집, 한국현대문학회, 2011.

14 장석주, 『나는 문학이다』, 나무이야기, 2009 등을 참조.

15 유성호, 최동호 등 '전문가'의 자문을 얻어 썼다는 정철훈, 「문학사의 풍경: 소월을 죽음에 이르게 한 병病」(국민일보 2012년 7월 5일)이 김소월 사인에 대한 설들을 정리하고 있다.

16 근대 초기 매체와 문학의 '탐보적 주체'에 관해서는 이용희, 「1920~30년대 단편 탐정소설과 탐보적 주체 형성과정 연구」, 성균관대 국어국문학 석사논문, 2009 참조.

17 「경의선 일등차에서 공전 교수 자살: 고등관 교수 목촌준길씨 날카로운 면도칼

자살론: 고통과 해석 사이에서

로 목을 질너서」, 매일신보 1919년 1월 13일.

18 다음 두 기사를 바탕으로 한 것이다. 「낙제생의 투신자살」, 동아일보 1922년 5월 31일; 「시체는 고미발견姑未發見; 자살한 조순현, 원인은 불명하다」, 동아일보 1922년 6월 1일.

19 "개인적이고 사회적이며 생물학적인"은 케이 레드필드 재미슨, 앞의 책 부제다. 이런 다차원적인 교차점들 위에서 자살 사건이 발생한다는 것이 오늘날 자살학의 절충적이고도 지배적인 견해인 듯하다.

20 「시체는 고미발견; 자살한 조순현, 원인은 불명하다」, 동아일보 1922년 6월 1일.

21 자살생존자의 자살률은 상당히 높은 것으로 알려져 있다. 관련된 한국의 논의는 이근무 외, 「자살자 가족들의 경험에 대한 현상학적 사례 연구」, 『한국사회복지학』 제62권 2호, 한국사회복지학회, 2010.

22 이에 관련해 남재일의 최근 연구는 또다른 시사점을 준다. 한겨레와 동아일보에 실린 185건의 자살 관련 기사를 분석한 이 연구에 의하면 한국 신문의 자살 보도는 "정신의학적 관점, 심리적 관점처럼 자살을 사회적 문제가 아닌 개인의 문제로 보는 시각이 우세했"으며 자살을 철학적·사회경제학적 관점에서 보는 시각은 상대적으로 미미하다는 것이다. 남재일의 결론은 오늘날 "한국 신문의 자살 보도는 사회통합을 위해 자살행위를 문제 있는 개인의 사회적 이탈로 규정하는 자살자에 대한 배제와 차별의 담론"이라는 것이다. 남재일, 「한국 신문의 자살 보도의 담론적 성격」, 『언론과학연구』 제10권 3호, 한국지역언론학회, 2010.

23 근대화와 함께 높아진 일본의 자살률은 1910년대에 이미 10만 명당 20명 수준이었다. 이는 1920년대까지 내내 유지되다가 일본이 본격적으로 군국주의화하는 1930년대엔 점차 하락하고, 총력전 시기에는 표에서 보는 바와 같이 10%대로 낮아진다. '자유'가 대폭 감소했기 때문일 것이다. 종전 후 1950년대에 일본의 자살률은 다시 30%대 이상으로 엄청나게 높아진다. モーリス·パンゲ, 『自死の日本史』, 竹内信夫 옮김, 講談社, 2011, 28~29쪽.

24 정승화, 앞의 논문, 213쪽.

25 조선총독부 엮음, 『조선의 인구 현상朝鮮の人口現象』, 조선총독부, 1927, 422~23쪽. 정승화, 앞의 논문에서 재인용.

26 천선영, 앞의 논문 「자살의 이유를 알아야 하는 이유: 근대적 자살 이해에 대한 사회이론적 논의」 참조. 그러나 천선영은 자살 해석에 대해 이해관계를 갖는 '생체권력'과 '사회'의 자살에 관한 태도를 구분하지 않았다. '사회'와 타자가 자살자의 '마음'을 알고자 하는 것은, (생체)권력의 욕망과 구별될 수 있는 지점이 있다고 생각한다.

27 정정훈, 「돌볼 필요가 없는 생명, 살 가치가 없는 생명: 자살의 사회적 차원과 자본-권력의 동맹체」, 『문화과학』 2013년 여름호.

5장. 자살과 ‘경제’ 그리고 자살의 ‘식민지 근대’

1   「‘자살률 1위’ 오명 벗을까」, 한겨레 2008년 12월 23일.

2   「이자율 44% 한국, 야쿠자의 ‘노다지’」, 한겨레 2011년 2월 21일.

3   「우쓰노미야 일본변협 회장 “한국 대부업 금리 20%로 제한을”」, 중앙일보 2011년 2월 21일.

4   한겨레 2011년 2월 21일자 앞의 기사.

5   「빚의 징수로 매질을 일삼아 백성을 자결케 한 해사 당상관과 낭관을 파면시키게 하다」, 『영조실록』 2권, 즉위년(1724) 11월 6일(병오).

6   한국에서도 2000년대 이후 ‘경제’와 자살의 함수관계를 논하는 꽤 많은 연구가 발표됐다. 관련한 한국의 연구는 크게 둘로 대별될 수 있다. 주로 경제적 상황이 자살생각에 미치는 영향에 대한 것과, 자살률과 거시적 경제지표에 대한 것이다. 전자의 것으로는 다음과 같은 것들이 있다. 김유정, 「자살생각에 미치는 요인에 대한 분석: 경제적 요인을 중심으로」, 충남대 경제학과 석사논문, 2011; 정예지, 「개인의 사회경제적 수준과 학교 환경이 청소년의 자살 생각에 미치는 영향」, 서울대 보건위생학과 석사논문, 2011; 이한나, 「사회경제적 수준이 청소년의 자살 사고思考에 미치는 영향」, 서울대 행정학과 석사논문, 2006.

7   박형민, 앞의 책 등에 정리된 자료를 참조.

8   Antonio Rodríguez Andres, “Income inequality, unemployment, and suicide: a panel data analysis of 15 European countries,” *Applied Economics vol. 37(4)*, Taylor&Francis, 2005; 김종섭, 「경제위기와 자살: 한국과 중남미 3개국의 비교」, 『라틴아메리카연구』 제23권 3호, 한국라틴아메리카학회, 2010에서 인용.

9   유경원 외, 「국가별 패널자료를 이용한 자살률 결정요인 분석」, 『한국경제연구』 제18권, 한국경제연구학회, 2007, 59~78쪽.

10 김종섭, 앞의 논문; 박형민, 앞의 책은 1990년대 이후 우리나라 경제성장률과 자살률 사이에 높은 연관성이 있다고 했다.

11 노용환, 「자살의 경제학적 분석: 우리나라 시도별 패널자료를 이용한 접근」, 『경제학연구』, 한국경제학회, 2006, 196쪽.

12 은기수, 「경제적 양극화와 자살의 상관성: 1997년 외환위기를 전후하여」, 『한국인구학』 제28권 2호, 한국인구학회, 2005.

13 Antonio Rodríguez Andres, “Inequality and Suicide Mortality: A Cross-Country Study,” *Development Research Working Paper Series 13/2006*, Institute for Advanced Development Studies, 2006은 세계 40개국의 통계를

비교하여 그 같은 결과를 얻어낸 것이라 한다.

14 김종섭, 앞의 논문, 60쪽.

15 노용환, 「자살 위험의 미시적 결정요인 분석」, 『보건경제와 정책연구』 제13권 제1호, 한국보건경제정책학회, 2007은 이런 문제에 대한 성찰이 돋보이는 경제학자의 논문이다.

16 박형민의 연구에 나타난 것과 같은 자살자들의 유서와 자살 서사에서의 '이유'들을 참고해보라. 박형민은 이를 '소통'이라 개념화하고 소통을 중심으로 자살의 동기와 유형을 추적했다. 박형민, 앞의 책.

17 『경찰 통계연보』 각년판. 정승화, 「1950~60년대 한국사회 경제구조 변화와 가족 동반자살」, 『내일을여는역사』 2011년 여름호에서 인용.

18 주익종, 「식민지기 조선인의 생활수준: 논쟁의 재검토」, 이대근 외, 『새로운 한국 경제발달사』, 나남, 2005 등을 참조. 주익종의 글은 '조선인'의 실질소득이 증가했다는 점을 주요한 근거로 들어 조선인의 '생활 수준'이 향상했다고 주장한다. 이는 조선인 내부의 계급 분화나 숙련·비숙련 노동자 사이의 차이는 고려하지 않고 단순히 조선인 대 '일본인' 사이의 분배 비중만 고려하고 있다.

19 이대근 외, 앞의 책 및 정태현, 『한국의 식민지적 근대성찰』, 선인, 2005; 김대호 외, 『일본의 식민지 지배와 식민지적 근대』, 동북아역사재단, 2009에 실린 논문 등을 참조.

20 「미가가 살인」, 매일신보 1917년 5월 27일.

21 「권두언 세 사람 중 몃치나 행복하냐」, 『삼천리』 제17호, 1931년 7월, 1쪽.

22 『조선총독부 통계연보』 참조.

23 「돈의 조화」, 동아일보 1932년 12월 10일.

24 이대근 외, 앞의 책에 실린 김낙년 등의 논문 참고.

25 클라이브 해밀턴, 『성장숭배: 우리는 왜 경제성장의 노예가 되었는가』, 김홍식 옮김, 바오, 2011 참조.

26 「진남포 실업가 투신자살」, 동아일보 1920년 7월 22일; 「생활난으로 춘천 김영순 자살, 빗을 졸니고 살 수 업서서」, 동아일보 1921년 4월 17일.

27 「경성시 내○동 김진포씨 실직 자살」, 동아일보 1921년 3월 6일. 제목의 이름은 오식이다.

28 또는 그렇게 표상되었다. 필자는 주로 동아일보에 실린 3천여 건의 자살 관련 기사들과 졸고 「1920년대 조선의 자살과 '해석의 갈등'」, 『내일을여는역사』 2011년 여름호에 제시된 목록의 소설들을 주로 참고했다. 자살자들의 유서는 신문기사에 포함된 경우들이다.

29 「광희문 성벽하에 경성합동 박한경과 처 장씨 노부부의 음독자살」, 동아일보 1921년 5월 11일.

30 물론 총독부가 설치·실시한 사회사업단체나 조선구호령(1944년) 같은 것이 있
    기는 했다.

31 「기근 끄테 절도 면목 업서 자살」, 동아일보 1931년 8월 2일.

32 이때 조선 사회주의자들 중심의 조선기근구제회가 조직되어 활동했으나 일제의
    탄압으로 해산했다. 이하영, 「조선기근구제회 참여세력 연구」, 성균관대 사학과
    석사논문, 2009 참조.

33 「비절참절한 기근」, 동아일보 1925년 8월 13일; 「동사! 아사! 전년보다 증가」, 동
    아일보 1930년 10월 14일; 「참! 냉해의 여독 아사, 동사만 백여 명」, 동아일보
    1936년 4월 12일.

34 평양 일기자, 「지방논단 자살과 아사」, 동아일보 1930년 3월 24일.

35 같은 기사.

36 정승화, 앞의 논문.

37 「농가 20% '절대빈곤'」, 한겨레 2011년 3월 31일.

38 법정 이자율과 일반은행 이자율, 사채 이자율은 계속 변해왔다. 식민지 시기의
    이자율 추이는 이인휘, 「금융제도의 형성과 발전」, 이대근 외, 앞의 책을 참조.

39 「빗에 졸려 자살 양잿물을 마시고」, 동아일보 1924년 10월 12일; 「형의 빗에 자
    살」, 동아일보 1926년 2월 1일

40 「거재를 탕진코 빗에 졸려 자살」, 동아일보 1934년 2월 23일.

41 「빗에 졸려 로인이 음독자살 곡가 참락의 일영향」, 동아일보 1930년 11월 16일.

42 다음 기사들을 보라. 「채귀에 졸려 유리자 속출」, 동아일보 1929년 11월 26일;
    「채귀에게 잔곡차압 남부여대로 이산중」, 동아일보 1929년 10월 23일; 「채귀에
    몰려 할복자살」, 경향신문 1961년 6월 30일 등.

43 「채귀에 졸려 칠십옹 음독」, 동아일보 1931년 12월 14일.

44 「채귀에 못 견디어 노인이 자살」, 동아일보 1937년 12월 30일.

45 「채귀에 몰려 살인강도질」, 동아일보 1929년 9월 28일.

46 「삼원채금 때문에 살인결투 연출」, 동아일보 1940년 6월 30일.

47 앞의 동아일보 1929년 10월 23일 기사, 그리고 경기도 안성의 사례도 비슷했다.
    이 소작농들도 이태 연달아 농사를 실패하고 "채귀들의 채금 독촉은 성화 갓고
    악지주들의 무리한 도조를 판출할 도리가 업슴으로" 집과 세간을 버린 채 "표랑
    의 길을 떠나"게 되었다. 앞의 동아일보 1929년 11월 26일 기사.

48 「진남포 실업가 김정민씨 투신자살, 십구일 오전 구시 시외 삼화천에서, 자살 원
    인은 전황의 여파」, 동아일보 1920년 7월 22일; 「마산 어시장 실업가액수」, 동아
    일보 1931년 5월 20일.

49 전봉관, 『황금광시대』(살림, 2005) 또는 『럭키경성』(살림, 2007)을 참고할 수 있다.

50 「기미에 실패하고 군산해에 투신」, 동아일보 1927년 4월 4일.

자살론: 고통과 해석 사이에서

51 「연미실패로 결항코 자살」, 동아일보 1931년 9월 15일.

52 이 주장은 이인휘, 앞의 글, 227~29쪽을 따른 것이다.

53 한편, 이 절의 내용은 졸고 「1941년의 박태원과 '자화상 3부작': 식민지 자본주의와 문학 기계에 관한 일고」, 최원식 외, 『전환기, 근대 문학의 모험』, 민음사, 2009를 수정해 일부를 가져온 것이다.

54 일제 시기 공금융 시스템에 대해서는 정병욱, 『한국 근대 금융 연구: 조선식산은행과 식민지 경제』, 역사비평사, 2004 참조.

55 「대두하는 토지 투기, 관계은행 목하 주의중」, 동아일보 1925년 5월 9일 등의 자료를 참고할 수 있다.

56 '투기'가 어떻게 (소)시민들과 작가·지식인들까지를 포획하고 있었는지에 대해서는 『럭키 경성』 등 전봉관의 책을 참고.

57

연도	가격 지수	연도	임대료 지수
1936	100	1936	100
1937	116	1937	109
1938	133	1938	136
1939	183	1939	181
1940	216	1940	227

표는 「朝鮮に於ける不動購買力の研究」, 『殖銀調査月報』 57, 1943. 2, 13쪽; 하원호, 「일제 말 통제경제정책과 물가통제」, 『대동문화연구』 제54집, 성균관대 동아시아학술원 대동문화연구원, 2006, 141~43쪽에서 재인용. 이 지수는 일본식 건물의 중류주택과 목조기를 기준으로 한 것임.

58 「돈암정의 지구계획 명년도에 완성 토지상담계설치코 주선」, 동아일보 1938년 12월 23일. 이 계획은 1939년도에 3개년 계속사업이 완성될 예정이었다.

59 당시 동아일보 기사 「사설 토지 투기의 억제」(1940년 4월 27일)는 이 시기 전후의 부동산 투기 문제가 어떤 맥락을 갖고 있었던 것인지 압축적으로 설명해준다.

60 같은 기사.

61 김백영, 「일제하 서울에서의 식민권력의 지배전략과 도시 공간의 정치학」, 서울대 사회학과 박사논문, 2005, 240~46쪽 등 참조.

62 1938~40년 즈음에도 조선에서는 자살자가 상당히 많았다. 신병과 가정불화, 치정도 이유가 됐지만, 역시 생활고가 가장 높은 빈도수의 이유였다. 「왜 자살을 하나? 생활난 백십구 명이 최다 병고가 차위」, 동아일보 1939년 3월 20일; 「작금 개성의 우울상 자살출가 변사자 속출」, 동아일보 1940년 5월 30일 등의 기사를 보라. 시대의 '명랑'은 거대한 코미디 내지 역설의 구호였던 것이다.

63 유경원 외, 「국가별 패널자료를 이용한 자살률 결정요인 분석」, 『한국경제연구』 제18권, 한국경제연구학회, 2007, 59~78쪽.

64 홍종학, 「살고 싶은가? 진보에 투표하라: 자살률에 관련한 슬픈 진실」, 프레시안 2011년 10월 21일자는 미국의 예를 들어 보수 정권이 집권할 때 자살률이 높아졌다는 통계학적 사실을 보여주고 있다.

65 이 법은 1962년 1월 15일 처음 제정되었으나 1998년 1월 13일 이자제한법폐지법률에 의해 폐지되었다. 이후 2007년 3월 개인적인 금전거래와 미등록 사채업자의 금전거래를 적용대상으로 법이 부활했다. 이후 법정 대부업체는 44%, 비등록 대부업도 30%만 이자를 받을 수 있게 돼 있다. 그러나 제 1·2금융권에서 돈을 빌릴 수 없는 사람들을 먹잇감으로 엄청난 이자를 받는 고리대금업이 현실에서 성행하고 있다(「연리 2862%… 785만 원 대출, 63일간 3150만 원 받아」, 한겨레 2011년 9월 28일). 물론 이 법을 어기는 대부업자에 대한 처벌도 아주 관대하다.

6장. 정신질환과 자살: 식민지 조선의 정신착란과 신경쇠약

1 무라야마 지준, 『조선의 귀신』, 김희경 옮김, 동문선, 2008, 218~21쪽.

2 이에 관해서는 에드워드 쇼터, 『정신의학의 역사』, 최보문 옮김, 바다출판사, 2009.

3 「신경정신과→정신건강의학과 변경 추진」, 의협신문(www.doctorsnews.co.kr) 2009년 11월 5일.

4 牧忠勝, 『日本自殺考』, 關西出版クラブ事務所, 1937, 39쪽 등을 참고.

5 물론 "정신이상"에 의한, 또는 "정신병자의 자살"이라는 어사가 사용된 보도는 1920년대 초부터 적지 않게 있었다. 예컨대 「정신이상으로 자살」, 매일신보 1921년 3월 21일; 「정신병의 여자가」, 동아일보 1922년 12월 13일; 「정신병녀 자살 도모」, 중외일보 1928년 1월 31일 등.

6 나머지는 김동인이 번안했다는 소설 「유랑인의 노래」에서 2회 사용된 것으로 되어 있다. 동아일보의 해당 기사들은 다음과 같다. 「충북의 자살과 타살」(1925년 4월 13일); 「작년 중 변사자 청주에 오십구 명」(1925년 3월 21일); 「자살은 천오백여」(1925년 10월 11일).

7 「시형학대로 자살 생활난도 심하야 개성 철도 자살」, 동아일보 1925년 6월 17일.

8 「수상 자동차로 오인 단도 들고 비승습격」, 동아일보 1929년 10월 30일.

9 "せいしん−さくらん【精神錯亂】[名] 話のつじつまが合わなかったり、意味不明なことを口走ったりするなど、一見して異常とわかるもの。錯亂。"『日本國語大辭典』

10 "さく−らん【錯亂】[名] (スル) 入り亂れて秩序がなくなること。ごちゃごちゃになること。特に、感情や思考が混亂すること。「考えが—する」「—狀態」"『日本國語大辭典』

11 「처자 죽이고 자살 정신착란증 발작의 참극?」, 동아일보 1955년 10월 4일.

12 매일경제 1971년 1월 19일.

13 「산재환자 투병중 자살 업무상 재해 간주해야 대법 판결」, 매일경제 1993년 10월 24일.

14 민성길 등이 쓴 『최신정신의학』은 제1판이 1987년에 나왔고 제5판이 2010년에 나왔다(www.riss.kr/search/detail/DetailView.do?p_mat_type=d7345961987b50bf&control_no=07a7555b9e4e1bc3).

15 토머스 조이너, 앞의 책.

16 신경쇠약에 관한 비어드의 저작과 초기 신경쇠약의 개념에 대해서는 에드워드 쇼터, 앞의 책; 크리스 한스컴 외, 「근대성의 매개적 담론으로서 신경쇠약에 대한 예비적 고찰: 박태원의 단편소설을 중심으로」, 『한국문학연구』 제29집, 동국대학교 한국문학연구소, 2005.

17 에드워드 쇼터, 앞의 책, 193쪽.

18 이영아, 『육체의 탄생』, 민음사, 2008 참조.

19 「서태후의 병상」, 황성신문 1901년 5월 27일; 「장장액원단」, 대한매일신보 1908년 12월 2일 등을 참조.

20 森安連吉, 「神經衰弱に就いて」, 『朝鮮及滿洲』 58, 1912년 10월.

21 척안중아자, 「상여 (5)」, 동아일보 1920년 7월 18일.

22 김숙희, 「나쓰메 소세키 작품에 나타난 신경쇠약: 후기 작품과 신경의 안정을 중심으로」, 『일본언어문화』 제18집, 일본언어문화학회, 2011.

23 「빈빈한 한강 자살」, 동아일보 1921년 7월 21일.

24 「은행 지배인이 독약 먹고 자살, 원인은 신경쇠약」, 동아일보 1922년 10월 27일.

25 「연락선상에서 청년 투신, 원인은 신경쇠약으로 세상을 비관」, 동아일보 1923년 5월 28일

26 에드워드 쇼터, 앞의 책, 218쪽.

27 George M. Beard, *American Nervousness, Its Causes and Consequences: A Supplement to Nervous Exhaustion(Neurasthenia)*, New York: G. P. Putnam's Sons, 1881; 한스컴, 앞의 논문, 57쪽에서 재인용.

28 아사다 아키라, 『도주론』, 문아영 옮김, 민음사, 1999 등.

29 「안씨 행위 불명」, 동아일보 1921년 3월 17일.

30 「청년의 번민을 상징하는 중앙학교 뒤산의 자살 사건, 죽은 사람은 로동대회 간부 이중각군으로 판명」, 동아일보 1923년 3월 5일.

31 동아일보 1932년 8월 17일.

32 최현배, 「조선 민족 갱생의 도 (7)」, 동아일보 1926년 10월 1일.

33 한스컴, 앞의 논문, 166쪽.

34 그런데 연령 및 성별로 집단을 분류해 우울(증)이 자살에 미치는 영향력을 실증
    적으로 비교·분석한 강상경, 「우울이 자살을 예측하는가?: 우울과 자살태도 관
    계의 성별·연령 차이」(『사회복지연구』 41(2), 2010)에 따르면 우울이 자살에 미
    치는 영향정도는 성별·연령대별로 다르다. 즉 우울이 자살에 미치는 영향은 여
    성보다 남성에게서 강하게 나타나고 65세 이상 여성의 경우 우울과 자살 태도가
    유의미한 관계가 없다고 했다. 그러나 이 연구는 '자살행동'이 아니라 '자살 태도'
    에 대한 것임에 유의해야 한다.

35 피터 D. 크레이머, 앞의 책 참조.

36 이 같은 우울증 만능론에 관한 강력한 반론도 있다. 특히 그러한 사고방법이 다
    국적 제약기업의 이윤추구와 연관돼 있다는 담론도 만만치 않다. 에단 와터스,
    『미국처럼 미쳐가는 세계』, 김한영 옮김, 아카이브, 2011.

37 「신경쇠약은 병 중에 뎨일 문뎨될 병. 아동의 맘은 봄과 가티 평화」, 동아일보
    1929년 1월 10일; 「신경쇠약 든 중학생 이원대군 자살(선천)」, 동아일보 1933년
    11월 29일 등을 보라.

38 「조혼으로 만히 생기는 생식긔성 신경쇠약증」, 동아일보 1932년 2월 27일~3월
    1일. 이 병에 대한 "(1) 부로-무가리움 2.0 부로-무나도리움 1.0 고미정전 2.0"
    등으로 진정제를 쓰고 "(2) 디아스다-제 1.0 건말 0.3" 등이고 "주사약으로는 스
    페루마딘이라는 약이 있"는데 이는 "동물의 불알에서 만든 소위 호루몬이라는
    것"이라 했다.

39 성교육을 전면 중고교에 도입할 것을 주장하여 유명한 김윤경의 글 「성교육의 주
    창」(『동광』 제11호, 1927년 3월)은 왜곡된 성의식이나 성욕의 금기화가 가져오
    는 부작용을 열거하다가 "자살, 정사, 신경쇠약, 「히쓰테리」, 광폭이 늘어"간다
    고 했다(이영아, 앞의 책 참조). 자살과 정사, 신경쇠약, 히스테리가 환유적 연관
    물이었던 것이다.

40 「신경쇠약 청년 철도에 투신」, 동아일보 1931년 5월 22일; 「자항코 자살 원인은
    신경쇠약」, 동아일보 1938년 7월 1일; 「포목상이 자살, 원인은 신경쇠약」, 동아
    일보 1939년 5월 3일; 「신경쇠약 숭실생도 자살」, 동아일보 1937년 10월 18일;
    「신경쇠약으로 음독자살」, 동아일보 1932년 11월 5일.

41 「신경쇠약은 어떤 병인가」, 동아일보 1934년 2월 25일; 「신경쇠약은 병 중에 뎨
    일 문뎨될 병」, 동아일보 1929년 1월 10~11일. 그리고 다음의 광고를 참조하라.
    「신경쇠약의 두가지 형」 동아일보 1938년 6월 5일; 「신경쇠약 병자에게 권하고
    싶은 영양요법」, 동아일보 1936년 7월 15일.

42 「내 마음이 들리니? 치명적인 현대인의 병 우울증」, 조선일보 2011년 7월 6일 따
    위를 참조.

43 이를테면, 「자살의 원인 되는 여러 가지 신경병」, 매일신보 1930년 6월 5일에는

자살론: 고통과 해석 사이에서

다음 같은 구절이 있다. "엇던 부인은 그것으로 하야 히스테리-나 신경쇠약이
나 조울병, 조발성치보 가튼 병을 ○○키○ 심중의 궁박 상태는 점점 깁허져 결
국 발광자살로 ○를 맛치게 된다. 자살자의 대개는 신경병자라고 하지 안으면
안 된다."
44 이방현, 「일제시대 신문에 나타난 정신질환자 사회표상」, 이화여대 사회복지학
과 박사학위논문, 2010.

7장. 자살 문제에 대한 근대국가와 사회의 대응

1   지난해 국회입법조사처가 발표한 자료에서의 추정치라 한다. 「복지부, 삼성생명
과 자살·암 예방 사업 MOU 체결」, 이투데이 2012년 2월 8일.
2   박형민의 동명의 책 제목의 표현임.
3   이미 직무상의 과로와 스트레스가 자살 원인으로 인정되는 경우 산재 보상이 가
능하다는 판례도 있다. 이달휴, 「근로자의 자살과 산재인정」, 『비교노동법논총』
제17호, 한국비교노동법학회, 2009.
4   미셸 푸코, 『성의 역사 1: 앎의 의지』, 이규현 옮김, 나남, 1990, 149쪽.
5   『성의 역사』에는 "지상의 군주이건 피안의 군주이건 군주만이 행사할 수 있는 죽
음에 대한 권리를 침해하는 방식이기 때문에 옛날에는 죄였다"고 번역돼 있다.
6   같은 책, 149쪽.
7   천선영, 『죽음을 살다: 우리 시대 죽음의 의미와 담론』, 나남, 2012, 39쪽 및
10장 참조.
8   『숙종실록』 11권, 숙종 7년(1681) 3월 3일(병진) 두번째 기사.
9   각각 「평안도에 기근이 심하여 영유현의 백성이 자결하다」, 『숙종실록』 4권, 숙송
1년(1675) 7월 14일(경자) 첫번째 기사 및 「검토관 권적이 김제의 굶어 죽은 사인의
일을 아뢰니 구휼하다」, 『영조실록』 8권, 영조 1년(1725) 세번째 기사 등을 참조.
10 정일영, 앞의 논문 「조선 후기 성별에 자살의 해석」 참조.
11 「전라도 관찰사가 함길도의 향호로 이사하는 것을 꺼리어 자살한 옥과현의 호
장 조두언의 처자를 역리에 정할 것을 병조에 이첩하다」, 『세종실록』 84권, 세종
21년(1439) 2월 14일(계해) 세번째 기사; 「임지로 떠나는 경상도 도사 권지를 인
견하다」, 『세종실록』 94권, 세종 23년(1441) 12월 17일(기유) 두번째 기사.
12 「심상운·심익운 형제에게 자결하게 하다」, 『영조실록』 126권, 영조 51년(1775)
12월 23일(병인) 다섯번째 기사 등도 참조. 심상운은 이때 자살하지 않고 있다가
정조가 즉위한 후 주살당했다.
13 「의금부의 낭청을 보내어 유영경에게 전지를 유시하고 자결하도록 할 것을 명하

다」, 『광해군일기』(중초본) 8권, 즉위년(1608) 9월 5일(기축) 세번째 기사.

14 「양사가 합사하여 유영경에게 소급하여 전형하길 청하였으나 윤허하지 않다」, 『광해군일기』(중초본) 53권, 광해 4년(1612) 5월 7일(경자) 두번째 기사.

15 장계택, 「경찰문답」, 『서북학회월보』 제3호, 1908년 8월, 14~15쪽.

16 자살기도자에 대한 인도의 처벌법은 영국의 식민지 당국에 의해 제정된 것이라 한다(「자살기도 처벌법 폐지 印(인) 대법원 "식민 잔재"」, 경향신문 1994년 4월 29일).

17 정승화, 앞의 논문 「자살과 통치성: 한국사회 자살 담론의 계보학적 분석」 참조.

18 「배화식양裵華植孃의 자살 기사를 독하고」, 동아일보 1926년 8월 5일.

19 생체권력으로서의 총독부의 전반적인 성격에 대해서는 조형근, 「식민지체제와 의료적 규율화」, 김진균·정근식 외, 『근대주체와 식민지 규율권력』, 문화과학사, 1997을 참고.

20 총독부 병원에 설치한 정신과 병동, 소위 '동8호실'이 정신과병동이었다. 이부영, 「일제하 정신과 진료와 그 변천: 조선 총독부 의원의 정신과 진료(1913~1928)를 중심으로」, 『의사학』 제3권 2호, 대한의사학회, 1994; 이나미, 「서양 정신의학의 도입과 그 변천과정: 17세기부터 일제초기까지」, 서울대 의학과 박사논문, 1995.

21 이방현, 앞의 논문.

22 「자살장으로 화한 한강」, 동아일보 1922년 5월 16일.

23 자살예방이나 인사 상담소에 대한 기사는 거의 없다. 인사 상담소에 대해서는 「평양부의 사회사업」, 동아일보 1921년 9월 3일; 「구직자의 취직수」, 동아일보 1925년 7월 8일 등등.

24 「자살의 노를 만회코자 룡산서에서 모집한 현상문」, 동아일보 1922년 6월 14일

25 「사신이 발동된 한강: 자살과 자살미수가 계속」, 동아일보 1923년 7월 3일.

26 「한강의 희생자 작년엔 오십오 명」, 동아일보 1931년 1월 22일.

27 「새벽에 사는 사람들 (7): 자살바위 지키는 승복모자」, 동아일보 1972년 1월 13일.

28 「한강대교 자살 방지칠」, 한겨레 1995년 9월 23일.

29 「광안대교에 '자살방지전화' '생명의전화' 6대 설치키로」, 부산일보 2012년 1월 17일.

30 「생활난과 자살」, 동아일보 1924년 8월 16일.

31 「소유신성의 한계 (상): 현대도덕의 의의」, 동아일보 1926년 2월 8일.

32 「자살이 늘어감은 불경기 탓이 아니다」, 조선중앙일보 1932년 11월 24일; 警務摠監部, 「經濟問題は 自殺增加の原因でない」, 『警務彙報』 제306호, 75쪽(정승화, 「식민지 시기 자살에 대한 사회적 책임론의 형성」, 한국사회사학회, 『사회와 역사』 제96집, 한국사회사학회, 2012, 45쪽 재인용).

33 「빈빈한 참극: 자본주의 정신의 악희와 타약한 자」, 동아일보 1926년 8월 17일.

자살론: 고통과 해석 사이에서

34 정승화, 「식민지 시기 자살에 대한 사회적 책임론의 형성」(한국사회사학회, 『사회와역사』 제96집, 한국사회사학회, 2012)에 논쟁의 추이와 논지가 정리돼 있다. 정승화는 이 논쟁을 위시한 1920년대의 자살 담론을 당시 민족주의 대 사회주의의 운동 구도에 대입하여 "민족주의 우파의 사회관과 상호부조를 바탕으로 한 사회연대론적 사회관, 사회주의적 사회관으로 구분하였고 각각의 사회관에 따른 자살에 관한 인식과 자살 담론의 특성"으로 3구분했다.

35 한치진, 「현대자살재론 (9)」, 조선일보 1927년 2월 28일.

36 정승화, 앞의 글, 52쪽.

37 정승화, 앞의 글, 55쪽.

38 신언준, 「자살유행에 대한 사회학적 고찰」, 『조선지광』 67, 1927년 5월, 58쪽. 이하 인용도 이 글에서의 인용임.

39 デュルケーム, 『デュルケム自殺論』, 鈴木宗忠・飛澤謙一共 옮김, 東京: 寶文館, 1932.

40 이무영, 「자살만담 (1)」, 동아일보 1931년 11월 6일.

41 이무영, 「자살만담 (2)」, 동아일보 1931년 11월 7일.

42 이런 식의 태도는 「자살과 문화는 정비례된다」(『삼천리』 제3권 11호, 1931년 11월)에서도 똑같이 발견된다.

43 이원조, 「자살론」, 동아일보 1931년 1월 29일.

44 이원조, 「자살론 3」, 동아일보 1931년 2월 4일.

45 다음을 참조. 「청주에 최신식 자살 원인은 생활난」, 동아일보 1939년 6월 4일; 「고해인생의 백태 실연, 실직, 싸움, 자살 등등」, 동아일보 1937년 7월 28일; 「자살원정 이백 리」, 동아일보 1939년 7월 6일; 「동심에서 일어난 비극의 자살 사건 재검토」, 동아일보 1939년 4월 7일.

46 각각 「자살을 왜 하는가」 동아일보 1935년 2월 25일; 「자살의 무모」, 동아일보 1937년 7월 18일.

47 「면수 구호회 성립을 보고」, 동아일보 1926년 2월 22일 등을 참조

48 유신·5공 초 자살률 높아: 이호영·신승철 교수팀 '경제발전 관련' 논문 분석」, 한겨레 1989년 10월 8일. 통계청 자료에 의하면 1980년대에 가장 자살률이 낮았다. 즉 전두환·노태우정부 때다. 통계청 자료는 1983년부터 자살률을 포함시키고 있는바 경찰청 자료와 특히 차이가 큰 듯하다. 1986년 8.6명, 1989년에는 7.4명에 불과하다. 즉 경찰 통계 18.59명에 비해 2분의 1도 되지 않는다. 통계청의 잘못인지, 사망신고 때 사람들이 허위로 신고한 탓인지 알 수 없다. 이 논문은 이호영·신승철·이은실, 「한국인의 자살 1965~1988」, 『신경정신의학』 제29집 4호(대한신경정신의학회, 1990)에 개재되어 발표됐다.

49 에밀 뒤르켐, 앞의 책, 303쪽.

50 「사태 난 자살 사건」, 경향신문 1957년 1월 31일; 임지연 「1960년대 소녀 자살담
   론과 지식장」, 『현대문학의 연구』 제46호, 한국문학연구학회, 2012에서 재인용.

51 「또 일가족 자살」, 동아일보 1958년 5월 15일. 한국전쟁 또는 베트남전쟁을 겪은
   제대군인의 '외상후증후군'에 의한 자살 문제는 이제껏 연구되거나 토론된 바가
   없는 듯하다.

52 이만갑, 「자살의 사회학적 고찰 (상)」, 경향신문 1957년 7월 28일; 이만갑, 「자살
   의 사회학적 고찰 (하)」, 경향신문 1957년 7월 29일 등.

53 임지연, 앞의 논문.

54 「민심의 황폐와 집권층의 책임」, 동아일보 1957년 2월 28일; 「자살의 책임」, 경
   향신문 1957년 7월 24일.

55 「자살의 정신병리를 말한다」, 경향신문 1962년 2월 18일; 「손쉽게 판매되는 극
   약」, 경향신문 1962년 5월 3일.

56 「실연 한강족에 합동결혼식도」, 경향신문 1962년 6월 29일.

57 「자살을 없애자 염세증 진단」, 동아일보 1963년 3월 22일; 「집단자살은 살인 행
   위」, 경향신문 1966년 12월 6일 등의 기사는 이 병원의 조사나 의사의 말에 의존
   하고 있으며, 자살생각을 해본 환자 2201명을 대상으로 사회위생학과 프로이트
   주의, 그리고 임상치료 결과까지 거론한 김종은, 「자살요인에 대한 사회위생학적
   연구」, 『중앙의학』, 중앙문화사, 1963 같은 수준 높은 논문이 발표되기도 했다.

58 박정희정권의 자살률 은폐 등 유신정권하의 자살과 통치성에 관한 논의는 정승
   화의 박사논문을 참고하라.

59 「노동부 신설 때늦은 감」, 동아일보 1970년 12월 14일.

60 「〈기획〉 생명을 사랑해주세요 ④: "한국, 미국·핀란드·영국의 자살예방 전략 벤
   치마킹 하라"」, 왓처데일리 2011년 5월 30일(www.watcherdaily.com/news/
   view.html?section=1&category=88&no=6135)

61 「'자살률 1위' 오명 벗을까」, 한겨레 2008년 12월 23일.

62 같은 기사.

63 현재까지의 자살학 연구에서 국가 간 자살률 비교를 행하면서 계층 및 연령대별
   비교를 시도한 경우는 거의 없다.

에필로그

1 천정환, 「열사의 정치학과 그 전환」, 『문화과학』 2013년 여름호 참조.

2 「잇단 노동자 자살, 1단 보도조차 않는 조중동」, 미디어오늘 2012년 12월 24일.

3 조주은, 『기획된 가족』, 서해문집, 2013 참조.

: 참고문헌 :

1. 기본자료

경향신문, 대한매일신보, 독립신문, 동아일보, 매일신보, 조선일보, 조선중앙일보, 중
외일보, 한겨레, 황성신문
『개벽』, 『동광』, 『별건곤』, 『삼천리』, 『서북학회월보』, 『신동아』, 『신민』, 『조선지광』, 『청
춘』, 『학지광』

『조선왕조실록』 국역본(조선왕조실록 홈페이지 http://sillok.history.go.kr)
한국고전종합DB(http://db.itkc.or.kr)
朝鮮總督府, 『朝鮮の人口現象』, 1927.
朝鮮總督府, 『朝鮮總督府統計年報』
朝鮮總督府, 『慣習調査報告書』, 1912.
통계청 국가통계포털(www.kosis.kr)
경찰청, 『경찰 통계』(사이버경찰청 정보마당 www.police.go.kr)

2. 논문

강명관, 「열녀함양박씨전 재론」, 『동양한문학연구』 제32집, 동양한문학회, 2011.
강상경, 「우울이 자살을 예측하는가?: 우울과 자살태도 관계의 성별 · 연령 차이」, 『사
회복지연구』 41(2), 2010.

권호, 「碑誌·哀詞 및 遺書類 연구」, 건국대 국문과 박사논문, 1994.

김가득, 「자살로 자녀를 잃은 부모의 경험: 참척 고통과 화해」, 전북대 사회복지학과 박사논문, 2012.

김대호 외, 『일본의 식민지 지배와 식민지적 근대』, 동북아역사재단, 2009.

김백영, 「일제하 서울에서의 식민권력의 지배전략과 도시 공간의 정치학」, 서울대 사회학과 박사논문, 2005.

김병철, 「자살 보도가 잠재적 자살자에게 미치는 영향」, 『커뮤니케이션학연구』 제18권 1호, 한국커뮤니케이션학회, 2010.

김석주·박영수·이혜원·박상민, 「북한 의사들이 바라보는 북한의 정신의학 현황」, 『정신신체의학』 20(1), 한국정신신체의학회, 2012.

김숙희, 「나쓰메 소세키 작품에 나타난 신경쇠약: 후기 작품과 신경의 안정을 중심으로」, 『일본언어문화』 제18집, 일본언어문화학회, 2011.

김유정, 「자살생각에 미치는 요인에 대한 분석: 경제적 요인을 중심으로」, 충남대 경제학과 석사논문, 2011.

김은아, 「신자유주의 시대 고학력 20대 여성의 '연애 스펙' 관리와 주체성 변화에 관한 연구」, 이화여자대 여성학과 석사논문, 2012.

김정은, 「'자기돌봄'으로서의 자기계발: 자기계발서 독자들을 중심으로」, 서강대 사회학과 석사논문, 2008.

김종섭, 「경제위기와 자살: 한국과 중남미 3개국의 비교」, 『라틴아메리카연구』 제23권 3호, 한국라틴아메리카학회, 2010.

김종은, 「자살요인에 대한 사회위생학적연구」, 『중앙의학』, 중앙문화사, 1963.

김현경, 「프로젝트로서의 '연애'와 여성 주체성에 관한 연구」, 이화여대 여성학과 석사논문, 2003.

김혈조, 「燕巖의 烈女咸陽朴氏傳 再考」, 『大東漢文學』 제24집, 대동한문학회, 2006.

김호, 「'의살義殺'의 조건과 한계: 다산의 『흠흠신서』를 중심으로」, 『역사와현실』 제84호, 2012.

______, 「조선후기 의열의 정치학: 정약용의 자살론을 중심으로」, *UW the Center for Korean Studies Workshop: The Politics of Honorable Death and Martyrdom in Korean History* 발표문(2013년 6월 8일).

남재일, 「한국 신문의 자살 보도의 담론적 성격」, 『언론과학연구』 제10권 제3호, 한국지역언론학회, 2010.

노용환, 「자살의 경제학적 분석: 우리나라 시도별 패널자료를 이용한 접근」, 『경제학연구』, 한국경제학회, 2006.

______, 「자살 위험의 미시적 결정요인 분석」, 『보건경제와 정책연구』 제13권 제1호, 한국보건경제정책학회, 2007.

박형민, 「1997년~2006년 유서 분석과 '소통적 자살'에 관한 연구」, 서울대 사회학과 박사논문, 2008.

______, 「소통방식으로서의 자살」, 『문화과학』 2013년 여름호.

서동진, 「자기계발의 의지, 자유의 의지: 자기계발 담론을 통해 본 한국 자본주의 전환과 주체형성」, 연세대 사회학과 박사논문, 2005.

신영미, 「한국 근대소설에 나타난 자살과 낭만성의 관련 양상 연구」, 인하대 국어국문과 박사논문, 2009.

심재우, 「조선시대 능지처사형 집행의 실상과 그 특징」, 『사회와역사』 제90집, 한국사회사학회, 2011.

오혜진, 「1920~30년대 자기계발의 문화정치학과 스노비즘적 글쓰기」, 성균관대 석사논문, 2009.

유경원 외, 「국가별 패널자료를 이용한 자살률 결정요인 분석」, 『한국경제연구』, 제18권, 한국경제연구학회, 2007.

윤정헌, 「1920년 전후 한국소설에 나타난 죽음 양상고: 기녀의 자살을 중심으로」, 한민족어문학』 제13권, 한민족어문학회, 1986.

은기수, 「경제적 양극화와 자살의 상관성: 1997년 외환위기를 전후하여」, 『한국인구학』 제28권 2호, 한국인구학회, 2005.

이근무 외, 「자살자 가족들의 경험에 대한 현상학적 사례 연구」, 『한국사회복지학』 제62권 2호, 한국사회복지학회, 2010.

이나미, 「서양 정신의학의 도입과 그 변천 과정: 17세기부터 일제 초기까지」, 서울대 의학과 박사논문, 1995.

이달휴, 「근로자의 자살과 산재 인정」, 『비교노동법논총』 제17호, 한국비교노동법학회, 2009.

이동연, 「청소년과 연예인 자살의 의미계열」, 『문화과학』 2013년 여름호.

이방현, 「일제시대 신문에 나타난 정신질환자 사회표상」, 이화여대 사회복지학과 박사학위논문, 2010.

이부영, 「일제하 정신과 진료와 그 변천: 조선 총독부 의원의 정신과 진료(1913~1928)를 중심으로」, 『의사학』 제3권 2호, 대한의사학회, 1994.

______ 외, 『삼국사기』와 『삼국유사』에 나타난 한국 고대인의 자살」, 『신경정신의학』 제82권, 대한신경정신의학회, 1988.

______ 외, 『고려사』와 『고려사절요』에 나타난 자살 사례에 관한 연구」, 『서울의대 정신의학』 제114권 4호, 1988.

이성은, 「포스트 386의 Sexuality와 친밀성」, 『소통과문화』 제2호, 2009.

이수정, 「가정폭력에 기인하여 배우자를 살해한 여성 재소자의 심리 특성에 관한 연구」, 『한국사회및성격심리학회지』 제20권 2호, 한국심리학회, 2006.

이영아, 「1910년대 유학생 단편소설에 나타난 죽음의식」, 『국어국문학』 제141호, 국어국문학회, 2005.

______, 「1920년대 소설의 '자살' 형상화 양상 연구」, 『한국현대문학연구』 제33집, 한국현대문학회, 2011.

이용희, 「1920~30년대 단편탐정소설과 탐보적 주체 형성과정 연구」, 성균관대 국어국문학 석사논문, 2009.

이하영, 「조선기근구제회 참여세력 연구」, 성균관대 사학과 석사논문, 2009.

이한나, 「사회경제적 수준이 청소년의 자살사고思考에 미치는 영향」, 서울대 행정학과 석사논문, 2006.

이호영·신승철·이은실, 「한국인의 자살 1965~1988」, 『신경정신의학』 제29집 4호, 대한신경정신의학회, 1990.

임지연 「1960년대 소녀 자살담론과 지식장」, 『현대문학의 연구』 제46호, 한국문학연구학회, 2012.

장경남, 「17세기 열녀 담론과 소설적 대응」, 『민족문학사연구』 제47권, 민족문학사학회, 2011.

장용경, 「毒婦와 小婦의 얼굴 너머: 일제 시기 본부 살해 여성의 이미지−인식과 성적 욕망」, 역사문제연구소 심포지엄 자료집 『경계에 선 민중, 새로운 민중사를 향하여』, 성균관대동아시아학술원, 2009.

장희정, 「자기계발의 시대: 프랭클린 플래너 유저들의 모임을 중심으로」, 서강대 사회학과 석사논문, 2007.

정승화, 「식민지 시기 자살에 대한 사회적 책임론의 형성」, 『사회와역사』 제96집, 한국사회사학회, 2012.

______, 「자살과 통치성: 한국사회 자살 담론의 계보학적 분석」, 연세대 사회학과 박사논문, 2012.

______, 「한국사회 근대적 자살 개념의 형성: 식민지 시기 자살론에 대한 분석을 중심으로」, *Re-visioning Korean History from a Long-term and Large-scale Perspective*, 연세대학교, 2010.

______, 「1950~60년대 한국사회 경제구조 변화와 가족동반자살」, 『내일을여는역사』 2011년 여름호.

______, 「식민지 시기 자살에 대한 사회적 책임론의 형성」, 한국사회사학회, 『사회와역사』 제96집, 한국사회사학회, 2012.

정예지, 「개인의 사회경제적 수준과 학교 환경이 청소년의 자살 생각에 미치는 영향」, 서울대 보건위생학과 석사논문, 2011.

정일영, 「조선 후기 성별에 따른 자살의 해석: 정조대 『심리록』의 자살 관련 사건을 중심으로」, 『의사학: 대한의사학회지』 제17권 제2호, 대한의사학회, 2008.

정정훈, 「돌볼 필요가 없는 생명, 살 가치가 없는 생명: 자살의 사회적 차원과 자본−권력의 동맹체」, 『문화과학』 2013년 여름호.

조영란, 「신소설에 나타난 '추'의 인식과 형상화 연구」, 성균관대 국어국문학과 석사논문, 2010.

천선영, 「자살의 이유를 알아야 하는 이유: 근대적 자살 이해에 대한 사회이론적 논의」, 『사회와이론』, 한국이론사회학회, 2008.

천정환, 「열사의 정치학과 그 전환」, 『문화과학』 2013년 여름호.

______, 「처세·교양·실존: 1960년대의 '자기계발'과 문학문화」, 『민족문학사연구』, 민족문학사학회, 2009.

______, 「가족주의를 복사하는 연애」, 『소통과문화』 제2호, 민음사, 2009.

______, 「1920년대 조선의 자살과 '해석의 갈등'」, 『내일을여는역사』 2011년 여름호.

크리스 한스컴 외, 「근대성의 매개적 담론으로서 신경쇠약에 대한 예비적 고찰: 박태원의 단편소설을 중심으로」, 『한국문학연구』 제29집, 동국대학교 한국문학연구소, 2005.

통계청, 『2010 통계로 본 여성의 삶』, 한국개발연구원, 2010.

황수연, 「자결을 통해 본 욕망의 문제: 『열녀 홍씨전』을 중심으로」, 『한국고전여성문학연구』 제16권, 한국고전여성문학회, 2008.

하원호, 「일제 말 통제경제정책과 물가통제」, 『대동문화연구』 제54집, 성균관대 동아시아학술원 대동문화연구원, 2006.

Antonio R. Andres, "Income inequality, unemployment, and suicide: a panel data analysis of 15 European countries," *Applied Economics vol. 37(4)*, Taylor&Francis, 2005:

______, "Inequality and Suicide Mortality: A Cross−Country Study," *Development Research Working Paper Series 13/2006*, Institute for Advanced Development Studies, 2006.

H. N. Allen & J. W. Heron, 「조선정부 병원 제1차년도 보고서」, *First Annual Report of the Korean Government Hospital*, Seoul, 1886.

3. 단행본

강명관, 『열녀의 탄생』, 돌베개, 2009.

권보드래, 『연애의 시대』, 현실문화연구, 2003.

______, 『1910년대, 풍문의 시대를 읽다』, 동국대출판부, 2008.

______ 외, 『아프레걸 사상계를 읽다: 1950년대 문화의 자유와 통제』, 동국대학교출판

부, 2009.

김진균·정근식 외, 『근대주체와 식민지 규율권력』, 문화과학사, 1997.

김호, 『정약용 조선의 정의를 말하다: 『흠흠신서』로 읽은 다산의 정의론』, 책문, 2013.

데이브 그로스먼, 『살인의 심리학』, 이동훈 옮김, 플래닛, 2011.

레나타 살레클, 『사랑과 증오의 도착』, 이성민 옮김, 도서출판b, 2003.

무라야마 지준, 『조선의 귀신』, 김희경 옮김, 동문선, 2008.

미셸 푸코, 『성의 역사 1: 앎의 의지』, 이규현 옮김, 나남, 1990.

______, 『주체의 해석학』, 심세광 옮김, 동문선, 2007.

민성길, 『최신정신의학』 제1판, 일조각, 1987.

______, 『최신정신의학』 제5판, 일조각, 2010.

박태원, 『성탄제 外』, 동아출판사, 1995.

______, 『박태원 단편선 소설가 구보씨의 일일』, 천정환 엮음, 문학과지성사, 2005.

박형민, 『자살, 차악의 선택: 자살의 성찰성과 소통 지향성』, 이학사, 2010.

사이토 다마키, 『사회적 우울증』, 이서연 옮김, 한문화, 2012.

서중석, 『한국현대사 60년』, 역사비평사, 2007.

셸리 케이건, 『죽음이란 무엇인가』, 박세연 옮김, 엘도라도, 2012.

소영현, 『문학청년의 탄생』, 푸른역사, 2008.

______, 『부랑청년 전성시대』, 푸른역사, 2008.

손경희, 『조선이 버린 여인들: 실록이 말하지 않는 이야기』, 글항아리, 2008.

아사다 아키라, 『도주론』, 문아영 옮김, 민음사, 1999.

앤서니 기든스, 『현대 사회의 성 사랑 에로티시즘: 친밀성의 구조변동』, 배은경 외 옮김, 새물결, 2001.

야코프 부르크하르트, 『이탈리아 르네상스의 문화』, 이기숙 옮김, 한길사, 2003

엄기호, 『아무도 남을 돌보지 마라』, 낮은산, 2009

에단 와터스, 『미국처럼 미쳐가는 세계』, 김한영 옮김, 아카이브, 2011.

에드워드 쇼터, 『정신의학의 역사』, 최보문 옮김, 바다출판사, 2009.

에밀 뒤르켐, 『자살론』, 황보종우 옮김, 청아출판사, 2008.

엘리자베스 D. 하비, 『복화술의 목소리』, 정인숙 외 옮김, 문학동네, 2006.

이대근 외, 『새로운 한국경제발달사』, 나남, 2005.

이영아, 『육체의 탄생』, 민음사, 2008.

이재선·김학동·박종철 공저, 『개화기문학론』, 형설출판사, 1982.

장석주, 『나는 문학이다』, 나무이야기, 2009.

전봉관, 『경성 자살 클럽』, 살림, 2008.

______, 『럭키경성』, 살림, 2007

______, 『황금광시대』, 살림, 2005.

정병욱, 『한국 근대 금융 연구: 조선식산은행과 식민지 경제』, 역사비평사, 2004.

정조 명찬, 『국역 심리록 2』, 선종순 외 옮김, 민족문화추진회, 1981.

정조 명찬, 『국역 심리록 5』, 강여진 외 옮김, 민족문화추진회, 2006.

정태헌, 『한국의 식민지적 근대성찰』, 선인, 2005.

채만식, 『채만식 선집』, 정홍섭 엮음, 현대문학, 2009.

조재곤, 『그래서 나는 김옥균을 쏘았다』, 푸른역사, 2005.

조주은, 『기획된 가족』, 서해문집, 2013.

천선영, 『죽음을 살다: 우리 시대 죽음의 의미와 담론』, 나남, 2012.

최원식 외, 『전환기, 근대 문학의 모험』, 민음사, 2009.

케이 레드필드 재미슨, 『자살의 이해』, 이문희 옮김, 뿌리와이파리, 2004.

크리스토퍼 레인, 『만들어진 우울증: 수줍음은 어떻게 병이 되었나』, 이문희 옮김, 한겨레출판, 2009.

정병욱 · 이타가키 류타 엮음, 『일기를 통해 본 전통과 근대, 식민지와 국가』, 소명출판, 2013.

클라이브 해밀턴, 『성장숭배: 우리는 왜 경제성장의 노예가 되었는가』, 김홍식 옮김, 바오, 2011.

토머스 조이너, 『왜 사람들은 자살하는가?』, 김재성 옮김, 황소자리, 2012.

티모시 브룩 외, 『능지처참: 중국의 잔혹성과 서구의 시선』, 박소현 옮김, 너머북스, 2010.

폴 리쾨르, 『해석의 갈등』, 양명수 옮김, 아카넷, 2001.

피터 D. 크레이머, 『우울증에 반대한다』, 고정아 옮김, 플래닛, 2006.

피테르 스피렌부르그, 『살인의 역사: 중세에서 현대까지 살인으로 본 유럽의 풍경』, 홍선영 옮김, 개미고원, 2011.

H. N. 알렌, 『알렌의 일기』, 김원모 옮김, 단국대학교출판부, 1991.

村山智順, 『朝鮮の鬼神』, 朝鮮總督府, 1929

伊藤憲郎 編, 『朝鮮性慾犯罪』, 朝鮮總督府, 1931.

牧忠勝, 『日本自殺考』, 關西出版クラブ事務所, 1937.

デュルケーム, 『デュルケム自殺論』, 鈴木宗忠 · 飛澤謙一共 譯, 東京: 寶文館, 1932.

モーリス・パンゲ, 『自死の日本史』, 竹内信夫 譯, 講談社, 2011.

자살론: 고통과 해석 사이에서

IMF 8, 32, 49, 60, 193, 203, 207,
  211, 247, 283

자살론
고통과 해석 사이에서

ⓒ 천정환

1판 1쇄   2013년 11월 18일
1판 3쇄   2020년 10월   5일

지은이 천정환 | 펴낸이 염현숙
기획 강명효 | 책임편집 박영신 | 편집 황은주 고선향 | 모니터링 이희연
디자인 엄혜리 | 마케팅 정민호 이숙재 양서연 박지영
홍보 김희숙 김상만 지문희 김현지
제작 강신은 김동욱 임현식 | 제작처 한영문화사

펴낸곳 (주)문학동네
출판등록 1993년 10월 22일 제406-2003-000045호
주소 10881 경기도 파주시 회동길 210
전자우편 editor@munhak.com | 대표전화 031)955-8888 | 팩스 031)955-8855
문의전화 031)955-3578(마케팅) 031)955-2697(편집)
문학동네카페 http://cafe.naver.com/mhdn | 트위터 @munhakdongne
북클럽문학동네 http://bookclubmunhak.com

ISBN 978-89-546-2291-2 03300

* 이 책의 판권은 지은이와 문학동네에 있습니다.
  이 책 내용의 전부 또는 일부를 재사용하려면 반드시 양측의 서면 동의를 받아야 합니다.
* 이 도서의 국립중앙도서관 출판예정도서목록(CIP)은 서지정보유통지원시스템 홈페이지
  (http://seoji.nl.go.kr)와 국가자료종합목록 구축시스템(http://kolis-net.nl.go.kr)에서 이용
  하실 수 있습니다.(CIP제어번호: CIP2013023024)

* 잘못된 책은 구입하신 서점에서 교환해드립니다.
  기타 교환 문의: 031) 955-2661, 3580

www.munhak.com